石油教材出版基金资助项目

石油高等院校特色规划教材

国际石油天然气贸易

胡国松 温馨 主编

本书由
西南石油大学"研究生教材建设项目"资助
（项目编号 19YJC22）

石油工业出版社

内 容 提 要

本书介绍国际油气贸易的基本理论与基本知识，主要内容包括：国际油气贸易的概念与特点、国际油气贸易的产生与发展、国际油气贸易理论、国际油气供给与需求、国际油气贸易价格、国际油气现货贸易、国际油气期货贸易、国际油气贸易格局、国际油气贸易合同、中国对外油气贸易的发展和管理体制、中国对外油气贸易格局与能源安全。每章给出了"延伸阅读"，以便用理论和知识分析现实问题。最后"附录"部分罗列了国家相关油气贸易的政策、法规。

本书可作为高等院校相关专业学生的教材或重要教学参考书，也可供经济管理部门和石油企事业单位干部职工学习国际油气贸易知识参考。

图书在版编目（CIP）数据

国际石油天然气贸易 / 胡国松，温馨主编 . —北京：
石油工业出版社，2021.12（2025.2 重印）
石油高等院校特色规划教材

ISBN 978-7-5183-5133-6

Ⅰ．①国… Ⅱ．①胡… ②温… Ⅲ．① 石油贸易—国际贸易—高等学校—教材 ② 天然气—国际贸易—高等学校—教材 Ⅳ．① F746.41

中国版本图书馆 CIP 数据核字（2021）第 261950 号

出版发行：石油工业出版社
（北京市朝阳区安华里 2 区 1 号楼 100011）
网　址：www.petropub.com
编辑部：（010）64523693
图书营销中心：（010）64523633　（010）64523731
经　　销：全国新华书店
排　　版：北京点石坊文化发展有限责任公司
印　　刷：北京中石油彩色印刷有限责任公司

2021 年 12 月第 1 版　2025 年 2 月第 2 次印刷
710 毫米 ×1000 毫米　开本：1/16　印张：20.75
字数：318 千字

定价：49.00 元
（如发现印装质量问题，我社图书营销中心负责调换）
版权所有，翻印必究

前言

石油被誉为"黑金"、工业的血液，是世界第一战略物资和商品，是推动人类社会工业化进程的重要力量。作为许多国家优先发展的支柱产业，油气工业在世界各国占有极为重要的地位。自从人类选择了石油，石油就成为全人类政治、经济、军事、战略斗争的核心之一。石油工业的出现，使20世纪的政治、经济发生了彻底的改变，争夺石油资源已成为国际军事、经济斗争、政治斗争的重要手段。

截至2019年底，全球原油探明储量达到2070亿吨，其中80%的资源主要集中在中东、俄罗斯、中亚和北美等地区。近些年来，得益于页岩油革命美国原油产量的增长，北美和中东成为世界主要的原油增产地区，而南美地区和亚太地区原油产量出现了明显的下滑。与此同时，世界石油需求和消费重心进一步向亚太东移。随着石油生产与消费时空上的进一步失衡，石油资源国之间、消费国之间、消费国和资源国之间双边和多边矛盾更趋复杂，由此引发政治、军事、外交冲突的不确定因素也将进一步增加。

与石油相比，天然气是一种更加清洁、低碳、高效的化石能源。作为"替煤代油"的天然气，在进入21世纪以来国际社会应对气候变化和碳减排的大背景下，更肩负着能源消费结构从化石能源向可再生能源过渡的重要使命，迎来了"黄金发展期"，每年以约10%左右的增速，成为全球增长最迅猛的清洁能源。

我国是世界主要产油国之一，也是石油消费和进口增长速度最快的国家之一。1993年我国开始成为石油净进口国，2006年成为天然气净进口国。2017年以来，中国已经连续4年成为世界上最大的原油进口国家和地区。2020年，我国原油进口量达到5.4亿吨，比2019年增长7.3%，对外依存度高达73%。近年来，我国天然气产业发展得如火如荼，在天然气消费呈现爆发式增长的同时，进口量不断攀升，2018年超过日本成为世界天然气第一大进口国，并超过韩国成为全球LNG第二大进口国。为应对国内消费规模的迅速扩大，我国积极开拓进口源地，与"一带一路"沿线国家共同合作开发油气资源，构建多层次海外供给体系，保障我国能源安全。

目前，全球经济与能源格局正面临着深刻变革，在积极主动扩大对外开放的理念指导下，中国将在更深更广的层面上参与世界油气市场角逐，在国际化的竞争中谋求能源安全，实现我国经济利益、政治利益的最大化。大力发展天然气是中国建立清洁低碳、智慧高效、经济安全能源体系的必然选择。

2006年，我们尝试写了一本《国际石油贸易》教材（中国财政经济出版社出版），作为"国际经济与贸易"本科生和"产业经济"专业硕士研究生学习"国际石油经济与贸易"课程的参考教材，并在2010年、2014年修订出版了第二版、第三版。10余年来，国际油气经济与贸易形势发生了重大变化，原教材内容涵盖天然气贸易内容少且相关数据信息陈旧，为此，我们决定重新编写一本《国际石油天然气贸易》教材，力争内容覆盖更全面、分析更深入、案例更翔实。2021年恰逢"入世"第20个年头，按照"管住中间、放开两头"的油气体制改革思路，2019年我国成立了国家油气管网公司，油气勘探、开发、经营权进一步开放，外资进入中国市场的步伐将也越来越快。面对国内外环境的挑战，如何做足准备、练兵练将、培养人才、增强自我竞争力，已成为业界最迫切需要解决的课题。

本书是西南石油大学"研究生教材建设项目"资助的规划教材之一（项目编号19YJC22）。全书共分11章。第一章、第二章、第三章由胡国松撰写；第四章由温馨、刘仕华撰写；第五章、第六章、第七章由温馨撰写；第八章由温馨、胡晨撰写；第九章由王原生、胡晨撰写；第十章由胡国松、王惠明撰写；第十一章由王惠明撰写。西南石油大学温馨副教授负责全书统稿，胡国松教授负责全书审定。陈阳、王雅倩、张梦岚、庞凡薇、李敏慧、戚雪娇、陈佳静、卢青等为相关章节撰写收集了大量资料并参与了部分初稿撰写，在此表示感谢。

本书在撰写过程中，参阅了大量文献资料，在此对相关文献的作者表示感谢。

由于作者水平有限，本书错误与疏漏之处在所难免，恳请专家、学者和广大读者批评指正。

目 录

第一章 国际油气贸易的概念与特点 ······ 1
    第一节 国际油气贸易的概念 ······ 1
    第二节 国际油气贸易的分类 ······ 3
    第三节 国际油气贸易的特点 ······ 7
    第四节 国际油气贸易的其他重要概念 ······ 13
    复习思考题 ······ 15
    延伸阅读 ······ 15

第二章 国际油气贸易的产生与发展 ······ 17
    第一节 国际石油贸易的产生与发展 ······ 17
    第二节 国际天然气贸易的产生和发展 ······ 22
    第三节 国际油气贸易的动因 ······ 27
    复习思考题 ······ 30
    延伸阅读 ······ 31

第三章 国际油气贸易理论 ······ 33
    第一节 经典国际贸易理论 ······ 33
    第二节 油气资源与生产理论 ······ 36
    第三节 油气供需与价格理论 ······ 40

第四节　其他理论流派 44
复习思考题 47
延伸阅读 48

第四章　国际油气供给与需求 50
第一节　国际油气资源 50
第二节　国际油气供给 57
第三节　国际油气需求 64
第四节　国际油气供需特点 70
复习思考题 73
延伸阅读 73

第五章　国际油气贸易价格 77
第一节　国际石油价格机制 77
第二节　国际天然气价格机制 102
第三节　影响国际油气价格的因素 110
复习思考题 114
延伸阅读 114

第六章　国际油气现货贸易 119
第一节　长期合同贸易 119
第二节　现货贸易 121
第三节　准现货贸易 125
复习思考题 127
延伸阅读 127

第七章　国际油气期货贸易 132
第一节　油气期货贸易综述 132
第二节　主要石油期货市场及特点 138

第三节　主要国际天然气期货市场及特点 ……………… 147
　　第四节　油气期货交易与套期保值 …………………… 153
　　复习思考题 ………………………………………………… 155
　　延伸阅读 …………………………………………………… 156

第八章　**国际油气贸易格局** …………………………………… 159
　　第一节　国际油气贸易商品结构 ……………………… 159
　　第二节　国际油气贸易地区格局 ……………………… 164
　　第三节　国际油气贸易国别结构 ……………………… 173
　　第四节　国际油气贸易运输方式 ……………………… 176
　　第五节　国际油气贸易新格局 ………………………… 191
　　复习思考题 ………………………………………………… 196
　　延伸阅读 …………………………………………………… 196

第九章　**国际油气贸易合同** …………………………………… 199
　　第一节　国际油气贸易合同概述 ……………………… 199
　　第二节　国际油气贸易合同的订立 …………………… 206
　　第三节　国际油气贸易合同的履行 …………………… 214
　　第四节　国际油气贸易合同欺诈风险及防范 ………… 217
　　第五节　国际 LNG 进口贸易合同 …………………… 219
　　复习思考题 ………………………………………………… 225
　　延伸阅读 …………………………………………………… 226

第十章　**中国对外油气贸易的发展和管理体制** …………… 232
　　第一节　中国 1949 年之前对外油气贸易的发展 …… 233
　　第二节　中国 1949 年之后对外油气贸易的发展 …… 237
　　第三节　中国油气期货市场的发展 …………………… 249
　　第四节　中国现货运营与交易枢纽 …………………… 254
　　第五节　中国对外油气贸易管理体制 ………………… 256

复习思考题 ·· 262
　　延伸阅读 ·· 263

第十一章　中国对外油气贸易格局与能源安全 ················· 270
　　第一节　原油进口贸易格局 ··· 270
　　第二节　成品油贸易格局 ·· 272
　　第三节　天然气贸易格局 ·· 277
　　第四节　能源安全与油气安全 ·· 281
　　第五节　中国对外油气贸易安全困境 ································· 285
　　第六节　实现中国对外油气贸易健康发展措施 ···················· 290
　　延伸阅读1 ·· 300
　　延伸阅读2 ·· 303

附　　录 ··· 306
　　附录1　原油计量单位换算表 ·· 306
　　附录2　石油产品质量与体积系数换算表 ··························· 307
　　附录3　能量当量换算表 ··· 308
　　附录4　重要工业品自动进口许可证明申请表 ···················· 309
　　附录5　重要工业品自动进口许可证明 ······························ 310
　　附录6　2022年原油非国营贸易进口允许量总量、申请条件和申请程序 ··· 311
　　附录7　2021年成品油（燃料油）非国营贸易进口允许量申领条件、分配原则和相关程序 ·· 313

参考文献 ··· 318

第一章

国际油气贸易的概念与特点

石油、天然气现在和今后一个较长时期依旧是世界经济发展的主要能源。在经济全球化时代，任何国家都不可能完全依靠自己的力量提供满足本国经济和社会发展所需要的油气资源和产品，只有通过积极参与国际油气经济贸易和国际油气竞争活动，才能获取本国经济发展所需要的油气资源和市场。

第一节　国际油气贸易的概念

一、石油、天然气

广义的石油（petroleum）包括埋藏在地下的所有碳氢化合物（烃类）。烃类由于所含的碳原子和氢原子的数目不同，在常温常压下分别呈现为气态、液态和固态 3 种形态。天然石油是各种烃类的混合物，因而按照各种烃类混合比例的不同也呈现为液体（原油）、气体（天然气）和固体（石蜡、天然沥青等）。

狭义的石油（oil）在商业上一般是指液体状态的原油（crude oil）。原油即天然石油，在常温下是一种流动或半流动液体。它常与天然气并存，是一种多成分的复杂混合物。原油有多种分类方式：例如，根据关键馏分的特性,分为石蜡基、环烷基和中间基原油3类;根据含硫量,分为超低硫、低硫、含硫和高硫原油4类;根据密度,分为轻质、中质、重质和特重原油4类。可是,原油虽然为液体,其中大都溶解了一定的气态和固态烃类。这些气态烃类,或当原油从地下采出时,由于压力变化而挥发,或在原油初加工时被分离出来。部分固态烃类在原油加工时被分离出来,而有些则一直溶解在液态的石油产品中。

由于碳氢化合物的结构不同,且含有不同的杂质(如硫等),所以世界各地的原油的性质和馏分就有很大差别。原油馏分和含硫量的多少决定着原油加工的难度和经济性,因此,原油馏分和含硫量往往成为影响原油价格的重要因素。

天然气(natural gas)是气态烃类混合物,主要成分以甲烷为主,燃烧后无废渣、废水产生,具有使用安全、热值高、洁净等优势,可以分为气态天然气和液化天然气。

液化天然气(liquefied natural gas,LNG),被公认是地球上最干净的化石能源,体积约为同量气态天然气体积的1/625,质量仅为同体积水的45%左右。液化天然气是天然气经压缩、冷却至其沸点(-161.5℃)温度后变成液体,通常液化天然气储存在-161.5℃、0.1兆帕左右的低温储存罐内,用专用船或油罐车运输,使用时重新气化。

二、石油、天然气贸易

狭义的国际油气贸易,主要指油气产品贸易,包括国际原油贸易以及国际天然气贸易。

国际原油贸易指原油在国家之间的商品交易。全球原油供应和消费存在地理上的不平衡,因此大量的原油需求要通过贸易的方式来满足,原油贸易已经成为原油产业链的重要组成部分。

国际天然气贸易指天然气在国家之间的商品交易。这种国际贸易是通过陆地管道输送和海运液化天然气(LNG)来进行的,最终通过管道输送到用户。天然气进入市场必须通过输送管道,因此天然气市场不如石油市场发达、覆盖面大。国际天然气贸易也表现出很强的区域性特征。

广义的国际油气贸易,又称为世界油气贸易,是指世界各国(地区)之间的油气交换和油气劳务（技术）交换活动，由世界各国（地区）的油气对外贸易构成。广义的油气贸易不仅包括油气产品的交易，还包括专利、商标、专有技术以及装备制造等服务与产品的贸易往来，具体可分为国际原油贸易、国际石油产品贸易、国际天然气贸易以及油田服务贸易。

油田服务贸易主要包括油田技术服务和装备行业，是指以油田为主要业务场所，主要为石油天然气勘探与生产提供工程技术支持和解决方案的生产性服务行业。油田服务行业包括从地球物理勘探到工程建设的一系列技术服务活动，广义上的油田服务行业还包括石油装备和器材的制造业务。油田服务行业上游主要包括船舶、泵阀、仪表仪器以及工程辅料等设备提供商，下游主要是石油天然气勘探开发企业。

第二节　国际油气贸易的分类

一、按油气移动方向分类

按油气移动方向，可将国际油气贸易分为油气出口贸易、油气进口贸易与油气过境贸易。

油气出口贸易，是指将本国生产和加工的油气运往他国市场销售的贸易活动。

油气进口贸易，是指将外国生产和加工的油气输入本国市场销售的贸易活动。

油气过境贸易，是指两国间的油气贸易活动需经第三国完成，对第三国而言，这种油气贸易活动就叫油气过境贸易。

二、按油气商品形式分类

按油气商品形式，可将国际油气贸易划分为油气商品贸易与油气技术贸易。

油气商品贸易，是指有形的（visible）、可以看得见的油气商品贸易，如原油、成品油、润滑油、天然气贸易等。

油气技术贸易,是指无形的(invisible)的油气商品贸易,如石油与天然气勘探开发技术、油气运输、油气金融服务、油气劳务合作、油气企业管理咨询等。

三、按油气运输方式分类

(一)石油运输方式

按照石油运输方式,可将国际石油贸易划分为海运石油贸易、管运石油贸易、陆运石油贸易。

海运石油贸易,即采取海上油轮运送的方式进行石油贸易活动。大部分国际石油贸易采取的是这种贸易方式。

管运石油贸易,即采取管道(陆上和海上)运送的方式进行石油贸易活动,在国际石油贸易中占重要地位。

陆运石油贸易,即采取陆路(包括公路、铁路、内江河湖)运送方式的石油贸易活动。一般在陆地相邻国家间采用这种石油贸易方式。

(二)天然气运输方式

天然气有多种商品形式,主要包括管道天然气(PNG)、液化天然气(LNG)、压缩天然气(CNG)、天然气合成油(GTL)、吸附性天然气(ANG)及天然气水合物(NGH)等。目前国际天然气贸易的运输方式主要是管道运输和液化运输。与管道气相比,LNG凭借方便运输、机动灵活、安全高效等优点,已逐渐成为最活跃的天然气供应形式。

LNG运输,是将天然气在产地附近冷冻为液态,然后用冷冻集装箱或液化气船运送到世界各地的市场,到达目的地后,再加热还原成气态,输送到当地的管道系统中。

四、按油气贸易合同分类

按照油气贸易方式的发展,可将国际油气贸易划分为合同油气贸易、市场油气贸易。

合同油气贸易,即油气出口国(地区)同油气进口国通过订立政府间长期油气贸易合同,明确双方的责任、权利和义务,双方按长期油气贸易合同约定开展油气贸易往来。1973年第一次石油危机前,合同油气贸易是国际石油贸易的一种重要形式。

市场油气贸易，即通过国际油气市场（包括原油市场和成品油市场、天然气市场），从事油气买卖的行为和方式。

五、按油气贸易形式分类

按照油气贸易标的物的形式，可将国际油气贸易划分为现货油气贸易与期货油气贸易。

现货油气贸易指交易双方在国际油气现货市场上买卖油气现货（汽油、柴油、航空煤油、燃料油、天然气）的交易行为。世界上较大的石油现货市场有美国纽约、英国伦敦、荷兰鹿特丹和新加坡。1973年第一次石油危机以前，石油现货交易量在世界石油贸易总量中所占份额不到5%，现货价格只反映长期合同超产的销售价格。因此，这个阶段的石油现货市场，称为"剩余市场"（residual market）。20世纪70年代石油危机后，随着现货交易量及其在世界石油市场中所占比例逐渐增加，石油现货市场由单纯的剩余市场演变为反映原油的生产、炼制成本及利润的"边际市场"（marginal market），现货价格也逐渐成为石油公司、石油消费国政府制定石油政策的重要依据。

期货油气贸易指交易双方通过在油气期货市场上的公开竞价，买卖未来时间的"油气标准合约"的交易方式。在国际石油期货市场上，目前交易的品种主要有原油、成品油和燃料油等3种类型。20世纪70年代初发生的第一次石油危机，给世界石油市场带来巨大冲击，石油价格剧烈波动，直接导致了石油期货的产生。石油期货诞生以后，其交易量一直呈现快速增长之势，已经超过金属期货，是国际期货市场的重要组成部分。

原油期货是最重要的石油期货品种。世界上重要的原油期货合约有4个：纽约商业交易所（NYMEX）的轻质低硫原油即"西得克萨斯中质原油"期货合约、高硫原油期货合约，伦敦国际石油交易所（IPE）的布伦特原油期货合约，新加坡交易所（SGX）迪拜酸性原油期货合约。NYMEX的西得克萨斯中质原油期货合约规格为每手1000桶，报价单位为美元/桶。该合约推出后交易活跃，为有史以来最成功的商品期货合约，它的成交价格成为国际石油市场关注的焦点。

目前，天然气的现货及期货贸易都在天然气交易中心进行。世界上重要的天然气交易中心有美国的亨利中心（Henry Hub）、英国天然气交易中心（NBP）、荷兰的TTF、德国NCG（Net Connect Germany）和GPL（Gaspool Balancing Services）天然气交易中心、中国的上海石油天然气中心等。

六、按支付和清偿方式分类

按清偿工具的不同，可将国际油气贸易划分为自由结汇油气贸易、易货油气贸易、贷款换油气贸易。

自由结汇油气贸易（free-liquidation trade）是指以国际货币美元、欧元等作为清偿手段的国际油气贸易，又称现汇油气贸易。

易货油气贸易（barter oil trade）指以货物经过计价作为清偿工具的国际油气贸易方式。它大多存在于油气出口国和进口国之间，最基本的形式是用油气换取专门规定的货物或服务，此外还有以油抵债、以油换油、回购交易等多种形式。回购交易是卖方将销售油气所得收入的一部分用来购买油气进口国家的货物。这种交易较为灵活，油气出口国可以从油气进口国所提供的多种货物和服务项目中进行选择，挑选其愿意接受的货物或服务，作为销售油气的全部或部分收入。

贷款换油气贸易是资金丰裕而油气短缺的国家通过向资金短缺而油气资源丰富的国家提供贷款以换取进口油气的贸易活动。与从国际油气市场上直接购买"贸易油气"和直接投资海外从而获取"份额油气"不同，贷款换油气贸易所选择的谈判对象既不是财大气粗的中东石油生产国，也不是地缘政治风险极高的国家，而是与中国一样的新兴国家。这些国家内外部环境相对稳定，同时对国外资本又有较高需求。

自2009年以来，我国先后与俄罗斯、委内瑞拉、安哥拉、哈萨克斯坦和巴西5国签订了总额为450亿美元的"贷款换油气"协议。按照这些协议，在未来15～20年间，中国将通过向相关国家的石油企业提供贷款，换取每年3000万吨左右的原油供应。"贷款换石油"对贷款双方而言，可谓各取所需。

第三节　国际油气贸易的特点

一、规模巨大

石油贸易是世界上最大宗的商品贸易,在世界商品贸易中所占份额超过 10%。石油是一种分布极不均匀的资源,现代石油工业诞生不久,石油就以一种重要的国际贸易商品出现,世界石油产量超过 70% 进入了贸易领域,支撑着各国的经济社会发展,第二次世界大战后这一趋势更加明显。

2019 年,世界石油产量达 44.85 亿吨,贸易量达到 34.81 亿吨,贸易量占总产量超过 3/4(表 1-1)。国际天然气贸易是继石油之后又一重要的大宗商品贸易。2019 年,天然气贸易量达到 12866 亿立方米,约占世界天然气总产量约 1/3(表 1-2)。天然气贸易具有明显的地区性。由于天然气运输、储存不便且下游利用工程投资浩大,因此天然气贸易量和贸易范围与石油、煤炭无法相比。国际天然气贸易主要在欧洲、北美和亚太地区进行,其中生产和出口集中在北美和中东地区,而进口和消费主要集中在欧洲和亚太地区,生产地和消费地有所背离。

表 1-1　2015—2019 年世界石油贸易占产量比值

年份	石油产量(百万吨)	贸易量(百万吨)	贸易量占比(%)
2015	4354.8	3092.6	71.02
2016	4368.0	3191.4	73.06
2017	4379.9	3417.4	78.02
2018	4474.3	3501.9	78.27
2019	4484.5	3480.9	77.62

资料来源:BP 世界能源统计年鉴。

表 1-2 2015—2019 年天然气贸易规模

年份	天然气产量（亿立方米）	贸易量（亿立方米）		贸易量占比（%）
		管道天然气	液化天然气	
2015	35387	7090	3371	29.57
2016	35498	7144	3583	30.22
2017	36804	7407	3939	30.83
2018	38679	8054	4310	31.97
2019	39897	8015	4851	32.25

资料来源：BP 世界能源统计年鉴。

二、影响因素多

（一）生产与消费区域背离

世界油气资源分布极度不均衡，油气生产地高度集中，油气资源高度集中在中东地区、中南美洲地区、俄罗斯以及美国。与世界油气生产地区相对集中不同，世界石油消费地区分布极为广泛，世界上绝大部分国家需要进口油气。西欧许多国家都是油气净进口国，对进口依赖程度达到 50% 以上。

（二）受地缘政治影响大

与一般商品相比，油气商品主要的特点在于其经济和政治的双重属性。石油作为带有政治属性的商品，并不完全遵循市场规则，有时甚至背离市场规则。20 世纪不但出现了一批上下游一体化的超大型跨国石油公司，在 60—70 年代还出现了欧佩克和国际能源署这样的国际卡特尔（垄断组织的一种）。这些垄断集团和垄断公司在很大程度上控制了世界油气市场，带有强烈的国家和政治色彩，这也就使得国际油气贸易更容易成为国家间、国家集团间政治斗争的工具。各国或政治同盟之间相互利用与钳制，大国通过对小国的政治、经济活动来不断扩大自身势力范围，同时压缩对手的战略空间，而小国或同盟则通过大国之间的互相竞争，发挥自身砝码作用，以求自身利益最大化。

（三）关乎国家能源乃至国家安全

油气资源是关系经济安全和国家安全的重要战略物资，油气安全是国家经济安全和国家安全的重要内容。油气安全对不同国家具有不同含义：对油气生产国和出口国而言，主要是指油气生产安全和市场安全（即稳定的需求市场）；对油气消费国和进口国而言，油气安全主要是指油气供应安全和油气利用安全（即油气资源经济性安全和油气资源生态环境安全）。油气经济性安全是国家油气安全的基础，一个国家的油气安全既取决于对油气资源潜力的客观认识和合理开发利用，也与这个国家参与国际油气合作的程度有关。通过开展国际油气协调与合作，一方面，各国可以相互借鉴先进管理和技术，确保世界经济稳定发展；另一方面，国际油气合作也会给相关国家的油气安全带来一定的威胁，一旦合作战略失误，必将对这些国家的油气工业带来巨大的冲击，从而危及该国油气安全乃至国家安全。

（四）影响一国（地区）经济社会发展

国际油气贸易对油气出口国、进口国的经济社会发展均会造成极大影响，许多国家的经济衰退或停滞不前都与油气供应及价格波动有不同程度的联系。如石油大国伊朗，本可凭借强大的工业和石油，成为中东地区的经济大国，但是因长期受到美国制裁，国内民不聊生、危机四伏。因为石油禁运，伊朗石油产量不断降低，每年的石油收益要少600亿美元以上。作为油气资源同样丰富的卡塔尔，积极参与国际油气贸易，成为全世界最富有的国家之一。为维护世界经济的平稳发展，不管是发达国家还是发展中国家，不管是油气生产国还是油气消费国，都需要在平等互利的基础上进行油气经济协调与合作。

三、复杂程度高

（一）价格机制复杂

在石油工业的早期阶段（到20世纪20年代末），石油与普通商品的差别不大，并不被看作资源性大宗商品。与普通商品类似，石油市场的定价基本由供求关系决定，具有较高的竞争性。从1928年起，独立的石油工业定价体系形成，并经历了跨国石油公司定价（1928—1973年）、欧佩克定价（1973—1986年）和期货定价（1986年至今）等几个重要的阶段。从原油定价机制的变迁可以看出，市场供求关系和产业结构变化，生产和消费模式的变化，以及现货市场和金融市场的发展等，都是影响石油定价机制的主要因素。

石油价格除了受到供求、经济因素影响，还会受到地缘政治因素及心理预期的影响。2011年初，巴林、也门、埃及、利比亚、叙利亚先后陷入政治动荡，引发了整个中东政局的恐慌，再次验证了长期以来人们的担心。这一危机直接导致WTI原油期货价格冲高到110美元/桶，而Brent原油期货价格则超过了120美元/桶，这种期货价格的快速上涨就是来源于可能的石油供给中断的担忧和恐惧。2018年，数次国际政治经济中的重大事件都不同程度影响着油价波动走势。

国际天然气市场大致可以分为垄断性市场和竞争性市场两类，不同的市场所涉及的天然气定价机制也不一样。天然气的替代能源（如煤炭、燃料油等）较多，且价格相对较低。天然气的终端价格高于能够产生同样热值的替代能源的终端价格时就很可能被替代，这就使天然气的定价与其市场的价值相背离。对于不同国家和地区来说，天然气的成本、质量高低、开采难度、国家监管等禀赋条件截然不同，政府对天然气价格以及天然气市场的干预程度和方式都有差别，导致天然气定价机制复杂。

（二）度量衡制度不统一

国际油气贸易涉及不同的度量衡制度。在国际油气贸易计量中，有通用的法定计量单位，如立方米、升、千克、吨，也有非法定计量单位，如立方英尺、立方英寸、英加仑、美加仑、磅、英吨、美吨、桶等。对各油气贸易国家而言，有的国家习惯用公制，有的国家用英制，还有的国家用美制，因此，对各种常用的度量衡单位应有所了解，以免计算时发生误解，造成贸易纠纷。附录1给出了原油计量单位换算关系。

（三）周期特征明显

上述特点再加上越来越明显的投机运作（特别是期货贸易），使国际石油贸易价格往往大起大落。石油生产、消费、运输具有周期性特点，并且与世界经济发展紧密关联，这就使得国际石油贸易价格呈现周期性变化。但这种价格变化与其他商品相比，在幅度、周长（周期长短）、周间隔等方面并不规则,因此给人留下了国际油价难以预测的印象。

（四）运输方式多元

国际油气贸易运输方式众多,海运（油轮运输）和管运（国际输油管道运输）是世界油气进出口运输的主要方式。由于主要的油气进口国与出口国之间远隔重洋,而且进出口的数量十分巨大,所以大部分的油气运输又是经由海洋运输来完成的,除此之外还有国际油气管道运输、油气铁路运输、油气公路运输以及油气内河运输等方式。

四、经营风险大

（一）信用风险

信用风险又称违约风险,指债务发行方无法按照债务条款还本付息,给债务投资者带来损失的可能性。信用环境风险对国际油气贸易的正常运作起着至关重要的作用,主要由行业资本密集型、资源密集型以及价格波动频繁所致。油气资源不可再生,各公司为持续经营必须不断进行新资源的开发,这就意味着油气公司需要时刻投入庞大资本以开发足够的资源,但是,国际油气价格的波动却是非常剧烈的,急涨急跌现象十分突出。当国际油气价格不景气影响公司收益时,为维持庞大的资本支出,公司常常面临外部融资的需求,因此,一个稳健而顺畅的信用环境有利于企业进行外部融资维持公司正常运营,而当信用环境急剧恶化、流动性紧张时,外源融资渠道堵塞,运营资金链面临极大压力,从而限制企业正常运营。因此,信用环境风险因素对国际油气贸易有极大的影响。

（二）价格风险

价格风险指市场价格的不确定性对物质商品资产所带来的收益或损失。由于影响价格的因素有很多,所以价格风险又分为:（1）供给性价格风险,指可供应市场的商品数量的变化导致的价格波动风险;（2）需求性价格风险,指市场需求的异常波动导致的价格波动的风险;（3）宏观性价格风险,指宏观经济形势变化导致的商品价格波动风险;（4）政治性价格风险,是国际国内政治局势、国际性政治事件、国际关系格局的变化、各种国际商业组织的建立及有关商业协议的签订、政党的更迭等导致的价格波动风险;（5）政策性价格风险,指价格波动导致的国家的政策、措施效率弱化的风险;(6)季节性价格风险,指价格的季节性变动带来的市场、经济和社会风险;(7)突发性价格风险,指自然灾害、流行疾病等突发事件对商品价格产生的影响。油气资源作为重要的国际大宗商品,深受上述因素影响,价格波动频繁,幅度越来越大。参与国际油气贸易的主体主要是各国际油气公司,各跨国油气公司的经济利润高低可体现价格波动给国际油气贸易带来的风险。

(三)运输风险

由于全球油气资源的分布与消费区域之间的不平衡,油气贸易在国际经济的发展中扮演着重要的角色。世界上的大部分油气通常通过国际油轮运往世界各地,而全球油气海运线路又有多处狭窄而重要的"咽喉"通道,包括霍尔木兹海峡、马六甲海峡、苏伊士运河、曼德海峡、土耳其海峡、巴拿马海峡、丹麦海峡、好望角等,无论这些海上输油路线出现什么问题,都会对世界油气供应造成重大影响,从而影响国际油气价格。这些全球油气海上贸易要道,即使只是暂时性的阻塞或关闭,也可能导致能源总成本和世界能源价格的大幅上涨。油气油轮在这些要塞点同样容易受到海盗盗窃、恐怖袭击、战争或政治动荡、油气泄漏等运输事故的影响。管道运输和陆上运输的风险包括经过各国不同的文化习俗、经过地区的自然环境变化,以及管道本身材质引起的风险。

(四)政治风险

虽然人们对政治风险的定义很多,但是基本形成了一个比较一致的观点,即政治风险是由东道国政局的不稳定和政策的不连续性而导致国际商业活动受到影响,并致使其经营管理绩效和其他目标遭受损失的不确定性。而作为极其重要的战略资源的石油与天然气,已经超出了一般商品对于国家的战略重要性,因此,国际油气贸易会更容易招致政治风险。这些政治风险形成能源行业特有的政治风险,比如近期的"石油民族主义"。美国安全问题专家迈克尔·克莱尔教授(Michael T. Klare)指出"在所有的资源中,没有哪一种能比石油更可能在21世纪挑起国家之间的冲突。"石油是引起军事冲突、导致战争的一个重要因素。这是因为,作为工业血液的石油,已经成为许多国家的国家安全命脉,石油资源对一个国家生存与发展的意义非比寻常。因此，当有严重威胁国家油气安全的事件发生时，政府将会不惜使用武力来进行干涉和保护。中东地区是典型的因为争夺石油资源而战争频发的地区。四次中东战争、两伊战争、海湾战争以及伊拉克战争，无一不是围绕石油资源的争夺而进行的战争。

（五）汇率风险

汇率风险存在于国际贸易的整个时期和各个方面。汇率作为一个基本变量，受到众多因素的影响，而利率、通胀率等变量对汇率变动的调整也是滞后的和不完全的。因此，当汇率发生变化时，不仅将引起价格的临时变化，而且对国际贸易的环境产生长期甚至永久性的影响，进而改变整个市场的竞争态势。近些年来，国际金融市场上外汇汇率波动幅度日益加大，美元持续大幅贬值，而以美元计价的世界油气价格也随之大幅波动，给参与国际油气贸易的各方带来一定风险。

第四节　国际油气贸易的其他重要概念

一、油气贸易值与油气贸易量

油气贸易值，又叫油气贸易额，有对外油气贸易值和国际油气贸易值之分。对外油气贸易值是指一国（地区）一定时期内油气进出口价值的货币表现，包括油气出口值（按 FOB 价格计算）和油气进口值（按 CIF 价格计算）两部分。国际油气贸易值一般是用世界通用货币表示的世界各国对外油气贸易总和，通常以世界油气出口总值来计算，因为这一指标中不含有货物运费及保险费。

油气贸易量（quantum of oil trade），即按一定时期不变价格为标准计算出来的油气贸易值。在实际工作中，油气贸易量的计算一般采用以固定年份为基础的进出口价格指数，去除当时的进口值和出口值总额，求出一个已经消除了价格因素的近似值，即油气贸易量＝进出口总额（计算期）/进出口价格指数。

二、油气净出口和油气净进口

油气净出口和油气净进口是表示一国（地区）在一定时期内油气或某种油气商品出口值与进口值的差额。当出口值大于进口值时叫净出口，反之则叫净进口。净出口和净进口一般以数量表示，反映一国（地区）油气或某种油气商品一定时期内在国际石油贸易中的地位和作用。

三、油气贸易顺差和逆差

油气贸易顺差（favourable balance surplus），是指一个国家（地区）在一定时期内（通常为一年）的油气出口总值大于石油进口总值的状态，又称为油气贸易"出超（surplus）"；若油气进口值大于油气出口值，则称"油气贸易逆差（unfavourable balance）"或油气贸易"入超（deficit）"。若油气进口值与油气出口值相等，则称油气贸易平衡。

四、油气贸易结构

油气贸易结构，指各类油气商品在国际油气贸易中所占的地位和比重，如在国际油气贸易中原油、成品油、天然气等所占的比重，在成品油贸易中汽油、柴油、煤油等所占的比重。石油贸易结构可分为石油出口结构和石油进口结构，前者反映在一个国家或地区的石油出口中，石油及石油制品的数量构成及其相互之间的比例关系；后者反映在一个国家或地区的石油进口中，石油及石油制品的数量构成及其相互之间的比例关系。一个国家或地区的油气贸易结构归根到底是由该国家或地区的油气供给和需求状况决定的。

五、油气贸易地区分布

油气贸易地区分布（oil trade by regions），又称国际油气贸易地理方向，表明各洲、各国（地区）在国际油气贸易中所占的地位和作用，即各洲、各国（地区）参加国际油气贸易商品流通的水平。

六、对外油气贸易依存度

对外油气贸易依存度（ratio of dependence on foreign oil trade），是指一国国民经济对油气进出口贸易的依赖程度。它可以分为油气出口依存度和油气进口依存度。前者主要针对油气出口国而言，可用油气出口总量在国内油气生产总量中所占比重表示，也可用油气出口总值在总出口中所占比重表示；后者主要针对油气进口国而言，一般用进口油气在国内油气消费总量中所占比重表示，也可用油气进口总值在总进口中所占比重表示。

 复习思考题

1. 广义的国际油气贸易与狭义的国际油气贸易有哪些区别？
2. 国际油气贸易分为哪几类？
3. 国际油气贸易的特点是什么？
4. 国际油气贸易的经营风险有哪些？

 延伸阅读

时机到了！亚洲国家宜抱团争取天然气定价话语权消除亚洲溢价

随着能源消费结构转向清洁化、低碳化，亚洲地区已经成为全球天然气需求新的增长点。当前全球天然气资源供给宽松，商业模式日趋灵活多样，中国等亚洲国家天然气市场化改革迈向纵深，这为亚洲天然气产业的持续发展注入新动能。

1. 多重利好推动亚洲天然气需求持续攀升

过去 10 年，亚洲地区天然气的消费量从 5000 亿立方米增长至 8000 亿立方米以上，年均增速为 5.1%，是全球平均增速的 2 倍。预计未来 20 年，亚洲地区天然气消费量的全球占比将从目前的 1/5 增加到 1/4 以上。2018 年，亚洲地区进口液化天然气（LNG）超过 3200 亿立方米，约占全球 LNG 贸易量的 75%。全球 LNG 进口量排名前三的国家——日本、中国、韩国均在亚洲，同时印度、巴基斯坦、泰国等新兴市场发展潜力巨大，亚洲已经成为推动全球天然气贸易增长的重要引擎。从供应端看，新建 LNG 液化项目的 FID（最终投资决定）正在回升，全球天然气液化能力持续增长，亚洲地区天然气资源可获得性增强。从市场运营看，LNG 市场参与主体增多，流动性增强，商务模式和合同条款在灵活性方面出现诸多积极变化，这对亚洲以及全球 LNG 市场的持续健康发展至关重要。

当前中国、印度、新加坡、日本和韩国等亚洲国家的天然气市场化改革正迈向纵深，这为亚洲天然气市场注入了新动能。但当前亚洲地区依然缺乏完善的天然气区域市场机制和定价机制，尚未形成公认的全球价格指数，且长期存在亚洲溢价，同时随着技术进步，可再生能源成本快速降低，这都给亚洲地区天然气产业的持续发展带来挑战。

多位专家表示，随着全球天然气市场进入新变局，亚洲国家合作机会来临，各国应寻求互利共赢的发展模式，合作建设亚洲天然气交易中心，积极争夺天然气定价话语权，共同消除亚洲溢价。2012年到2017年间，韩国与中国、日本实现了多船次的 LNG 换货，合作潜力巨大。亚洲地区应携手推进 LNG 基础设施商业化共享，丰富运输路线，提高终端利用效率，减少基础设施投资，降低采购成本。

2. 市场化改革释放中国天然气市场活力

当前，中国天然气市场化改革持续深入推进。国家油气管网公司已于2019年成立，旨在推动形成上游油气资源多主体多渠道供应、中间统一管网高效集输、下游销售市场充分竞争的油气市场体系。

从欧美成熟的天然气市场改革和运作经验来看，天然气市场重构和改革的最核心环节在于管输和销售环节的分离。国家油气管网公司成立后，应转变监管观念，努力降低市场壁垒，特别是一些隐性壁垒，更加重视市场主体间的竞争协商，提升整个产业链运行效率。

价格改革是中国天然气市场化改革中极为重要的一环。当前中国天然气产业链定价机制尚未理顺，未能完全真实反映供求关系。

也有专家认为，未来中国可通过逐步放开价格管制、建立调峰气价机制、加强管输和配气价格监管、建立阶梯价格和季节差价等差别化价格体系、实行精准民生补贴等一系列措施理顺终端用气价格，进一步释放市场活力。

（本文原标题为《亚洲地区天然气需求持续攀升　天然气发展迎来新动能》，原载于新华网2019.8.31，有删改）

第二章

国际油气贸易的产生与发展

人类利用油气历史悠久。早在1000多年前我国的古书中就有石油燃烧制墨和天然气煮盐等方面的记载。在古埃及、古巴比伦、古波斯、古希腊、古罗马等文明古国,油气早已被用于照明、制烛、制墨和制药等方面。但由于生产力发展水平的制约,世界各地对油气的早期利用延续的时间很长。19世纪50年代末期,现代石油工业兴起,并在随后的100多年中得到迅速发展;而天然气的大规模利用则是在20世纪70年代以后。随着现代科学技术的飞跃发展,油气用途日益增大。如果说20世纪是"石油世纪",那么21世纪将是"天然气世纪",世界油气贸易方兴未艾。

第一节 国际石油贸易的产生与发展

一、国际石油贸易的产生

人类从使用自然露头的石油开始至今已有数千年的历史。在这许多世纪中,石油生产的规模很小,对世界历史的进程几乎没什么影响。直到1900年灯油时代结束,现代石油工业才迅速成长起来。随着汽车的使用,汽油成为重要燃料,才逐步形成大规模的石油工业,国际石油贸易才逐渐发展起来。

1782年,法国人发明了煤油灯,这为石油的使用开创了一个新纪元,但直至 1850 年,照明用油仍依靠动植物油。1859 年,近代第一口油井——德雷克(Drake)油井获得了商业性成功,对石油工业的发展起了决定性影响,矿物油才开始逐步取代动植物油。

从德雷克井开始,随着世界各地钻井工程的发展,现代石油工业迅速成长起来。在德雷克井之后,美国发现的石油成倍增加,俄国随之开发了储量丰富的巴库油田,委内瑞拉、伊朗、罗马尼亚、印度尼西亚等国家也开始大量生产原油。

1901 年,美国在得克萨斯的斯宾德尔·托普(Spindle Top)发现了大油田,油田的初始产量为每天 8.4 万桶,相当于当时世界石油产量的 20%。随后,俄克拉何马、伊利诺伊和加利福尼亚等州都成为主要的石油生产基地,美国石油工业迅速崛起,1930 年其每天的原油产量达 250 万桶,占世界总产量 64%,大大超过其他石油生产国。美国石油工业进入大规模发展时,就开始将大量多余的煤油、汽油等产品向欧洲各国输出,这就开始了石油产品的国际贸易。在这个阶段,美国始终控制全世界的原油产量,成为占统治地位的石油出口国(表 2-1)。但直到第二次世界大战前,原油在国际贸易中并不占重要地位,原油大多在产地先加工后再出口。美国是这一时期世界所有石油产品最重要的供应者。

这一时期,国际石油贸易中的产品价格完全由以美国公司为主的"石油七姊妹"控制、决定和掌握。国际原油价格沿用了"单一基点制",这就完全排除了卖方的竞争。而且这种人为的原油价格还要使买方认为这是由于卖方的竞争在交货地点形成了同一价格。因此,在很长一段时期,世界原油及石油产品价格一直使用比较高的美国石油价格水平(FOB 墨西哥湾)。

表 2-1　1860—1940 年世界石油产量份额分布

年份	世界石油产量(百万吨)	地区或国别所占比例(%)							
		美国	俄国	东欧	亚洲	中东	委内瑞拉	墨西哥	亚太
1860	0.07	98	—	—	—	—	—	—	—
1870	0.80	91	—	—	—	—	—	—	—

续表

年份	世界石油产量（百万吨）	地区或国别所占比例（%）							
		美国	俄国	东欧	亚洲	中东	委内瑞拉	墨西哥	亚太
1880	4.00	88	11	—	—	—	—	—	—
1890	10.40	60	38	—	—	—	—	—	—
1900	20.30	43	51	—	—	—	—	—	—
1910	44.60	64	21	6	6	—	—	—	—
1920	93.70	64	23	—	4	2	—	—	—
1930	199.40	63	7	—	4	—	10	3	—
1940	269.90	64	11	—	4	5	9	—	—

资料来源：杨景民.现代石油市场.北京：石油工业出版社，2003.

人类使用石油虽有千年的历史，但到19世纪现代石油工业才兴起，石油工业的规模发展推动了国际石油贸易的产生和发展，并对世界历史的进程产生了极大的推动作用。

二、国际石油贸易的发展阶段

（一）第二次世界大战后至20世纪60年代——国际石油出口中心转移与跨国垄断集团的崛起

随着第二次世界大战的结束，美国在国际石油产品供应上的统治地位也宣告不复存在。由于中东石油资源的大量发现，到20世纪50年代，波斯湾地区的重要作用逐渐显现出来。美国占世界石油总产量的百分比，很长一个时期一直超过60%，到1953年才开始下降到50%以下。同时，由于煤炭迅速失去了它作为世界主要燃料的地位，在工业化国家的能源需求中所占比重迅速下降，石油以其低廉的价格，在市场上占有的份额迅速上升。美国国内的石油需求量成倍增长。从1948年起，美国就开始从中东进口原油，并逐渐从一个石油净出口国变成了一个石油净进口国，国际石油的主要出口中心也因此从墨西哥湾转移到了波斯湾地区。

随着国际石油出口中心从墨西哥湾转移到波斯湾地区，美国的跨国石油公司在美国政府的纵容和支持下，迅速取代了英国石油公司在中东的石油霸主地位。战后不久,美国跨国石油公司即宣布不承认旨在限制美国石油资本在中东扩张的"红线协定"❶。1946 年末,埃克森和美孚石油公司撇开伊拉克石油公司的其他成员,共同购买了在"红线协定"范围内阿美石油公司 40% 的股份。这标志着"红线协定"已被撕毁,20 世纪 30 年代以来西方跨国石油公司共同瓜分中东石油资源的格局被打破,美国跨国石油公司在中东进一步扩张的步伐就此开始。

在美国政府的压力下,1954 年,英伊石油公司(英国石油公司的前身)、英荷壳牌公司、法国石油公司和美国 5 家公司在伦敦开会,达成了垄断和瓜分伊朗石油资源的协议。协议规定:协议各方共同组建国际财团,负责开采和销售伊朗的石油资源;到 20 世纪 50 年代中期,在美国跨国石油公司的大肆排挤下,英国、荷兰等老牌西方国家的跨国石油公司在中东石油资源市场中的份额已下降到 40% 以下,而美国跨国石油公司在中东石油资源市场中的份额已上升到近 60%。随着第二次世界大战后民族解放运动高涨,伊朗国内反英情绪日益强烈,要求石油国有化的浪潮此起彼伏。但是,由于斗争力量的分散,这些国家仍然没有摆脱跨国石油垄断集团的控制。

由于世界石油需求的迅速增加,美国和欧洲地区对中东石油的依赖日益增强。虽然在 20 世纪 50 年代的最初几年国际石油价格普遍上涨,但随着伊朗原油的大量供应、苏伊士运河的重新开放,加上阿尔及利亚、尼日利亚等新油源的出现,石油过剩日益加剧。到 20 世纪 50 年代末期,国际石油价格开始下降,从中东运到欧洲和北美的原油价格更加低廉,使产油国特别是中东国家的政府收入大大降低,由此促成各产油国采取联合行动的动机。1960 年 9 月,石油输出国组织的成立,标志着控制石油市场的权力开始向中东转移。此间,原油也逐渐发展成为国际贸易中的大宗商品。

---

❶ "红线协定"是 1928 年英国、法国、美国、荷兰等国的跨国石油公司为把持和独占中东伊拉克地区而签订的。"红线协定"规定:协议各方有共同占有、开发奥斯曼帝国石油资源的权利;协议任何一方在任何时候发现的任何油田均属协议各方共有;非经协议其他方同意,协议任何一方不得开发该地区的石油资源;由英国石油公司、英荷壳牌公司、新泽西标准石油公司、美孚石油公司共同参股组成伊拉克石油公司。

(二) 20世纪70年代——两次"石油危机"

1973年10月第四次中东战争爆发,为打击以色列及其支持者,石油输出国组织的阿拉伯成员国当年12月宣布收回石油标价权,并将其原油价格从3.011美元/桶提高到10.651美元/桶,使油价猛然上涨了两倍多,从而触发了第二次世界大战之后最严重的全球经济危机。持续三年的石油危机对发达国家的经济造成了严重的冲击。在这场危机中,美国的工业生产下降了14%,日本的工业生产下降了20%以上,所有的工业化国家的经济增长都明显放慢。1978年底,世界第二大石油出口国伊朗的政局发生剧烈变化,伊朗亲美的温和派国王巴列维下台,引发第二次石油危机。此时又爆发了两伊战争,全球石油产量受到影响,从580万桶/日骤降到100万桶/日以下。随着产量的剧减,油价在1979年开始暴涨,从13美元/桶猛增至1980年的34美元/桶。这种状态持续了半年多,此次危机成为20世纪70年代末西方经济全面衰退的一个主要原因。

(三) 20世纪80年代到21世纪初——多方制衡

20世纪80年代以来,由于油价猛涨引起世界石油需求量的减少和非石油输出国石油产量迅速增长,石油市场出现供过于求的现象,世界石油贸易转向现代贸易和期货贸易。石油输出国组织的控制能力有所减弱,国际石油贸易出现了多方制衡的局面。

(四) 2004—2014年——动荡的十年

自2003年底以来,国际油价在28美元/桶高位上持续波动上扬。2004年5月5日,欧佩克油价达35.30美元/桶,创1990年海湾危机以来的最高价。2005年8月12日国际原油期货价格升至66.86美元/桶历史新高。进入21世纪以来,国际石油市场格局又出现了新的变化。原来以欧美等发达国家为需求增长主力的局面转变为以中国、巴西、印度和俄罗斯等新兴发展大国作为需求增长主力的格局。同时,原油供给格局也出现了重大变化。欧佩克重新取得了在国际原油市场的话语权,前苏联地区产量也较大幅度上升,在世界石油市场中的地位显著提高。而非欧佩克国家(不包括前苏联地区)对于欧佩克的制约能力显著下降。综合来看,供需格局的变化导致世界石油价格不断攀升,2008年达到147美元/桶的历史新高,即使在发生席卷全球的金融危机以后,国家原油价格也仅仅在较短时间内下探到 40 美元 / 桶以内,随后急速回升。2009 年国际原油均价为 61 美元 / 桶,2010 年回升到了 80 美元 / 桶。国际原油价格进入历史高位的态势已经得到确认。

(五)2015 年至今——三足鼎立新格局

自金融危机过后,随着各国经济的逐渐复苏,以美国、俄罗斯为首的非欧佩克成员国石油产量占世界总供给量的比重上升,成为左右国际油价走势的主要供应博弈方。随着美国石油产量跃居世界第一,欧佩克领导世界石油供应的旧格局成为历史,美国、欧佩克、俄罗斯三足鼎立的新格局初步形成。2019 年,美国石油产量为 7.467 亿吨,达 17045 千桶 / 日,创历史新高,占全球供应总量的比重达 17.9%,而欧佩克国家市场份额下降。同时,其他非欧佩克国家的石油产量也环比上升。2019 年 5 月 2 日,美国终止伊朗石油制裁的豁免,同时声称美国、沙特阿拉伯和阿联酋将与伊朗此前客户合作,此举旨在全面切断伊朗石油出口,推动美国石油夺取伊朗国际市场份额,同时进一步挑起沙特阿拉伯与伊朗的矛盾,分化欧佩克,破坏维也纳联盟的限产协议,进而谋求世界石油领导地位。总体而言,近几年在国际石油供需双方的博弈之下,国际石油价格处于低迷期,均价位于 40~80 美元 / 桶之间,未出现石油价格高涨的现象。

第二节 国际天然气贸易的产生和发展

一、国际天然气贸易的产生

世界天然气远不像煤炭那样具有悠久的生产和贸易历史,也不像石油那样具有蓬勃发展的速度和广阔的市场,它是在煤炭和石油得到广泛运用后才逐渐被重视的。在古希腊、古印度、古波斯和中国的文献资料中,都有过天然气的记录。18 世纪末至 19 世纪初期,英美两国陆续出现了使用天然气照明等商业行为。到 20 世纪初,美国出现了天然气矿井,开始了商业规模运作，天然气产业由此诞生。1821年，美国出现了第一家天然气公司。随后，整个19世纪，世界各国尤其是欧美等国，陆续成立了多家燃气照明公司。世界上第一个完整的天然气产业体系是于20世纪20—30年代首先形成于美国的。在这个阶段，美国陆续发现了门罗和潘汉德—胡果顿两座大型气田，使得天然气产业进入了现代的开采使用阶段。1946年，苏联首次以工业生产方式从秋明油田将天然气输送至波兰首都华沙。国际业界一般将其视作国际管输天然气贸易开始的标志。1959年，英国气体局（英国天然气公司的前身）把装有甲烷的船用储罐放在"先驱号"上从美国运到英国，国际上一般将此作为国际LNG贸易的开始。今天我们所能见到的比较系统的统计资料是从1950年开始的。由此看来，国际天然气贸易较国际石油贸易晚了约半个世纪。

二、国际天然气贸易发展阶段

国际天然气贸易量初期很小，且主要在北美和前苏联地区进行。直到1961年，国际天然气贸易量才达到100亿立方米（表2-2），涉及的国家也多起来。国际天然气贸易大规模发展的年代是1970年以后。1971年，国际天然气贸易量突破500亿立方米，达到609.8亿立方米；1974年超过1000亿立方米，达到1104.7亿立方米。

表2-2　1950—1972年国际天然气贸易量

单位：亿立方米

年份	进口	出口	年份	进口	出口
1950	8.26	8.27	1962	123.89	124.08
1952	10.53	11.45	1963	151.23	151.77
1955	13.89	14.29	1967	219.56	221.47
1957	25.80	18.66	1970	425.58	450.73
1960	55.70	47.55	1972	775.22	775.16

资料来源：张抗.中国石油天然气发展战略.北京：石油工业出版社，2002：434.

由于相当大一部分天然气资源远离市场需求中心,所以自20世纪70年代中期以来,世界天然气贸易稳定增长,形成了欧洲、北美和亚太三大市场。贸易方向相对集中于主要供气区(中东、北非和俄罗斯)和消费中心(北美、欧洲和亚洲)。俄罗斯、加拿大、荷兰、挪威和阿尔及利亚是主要管输天然气出口国,美国、德国、意大利是管输天然气主要进口国;印度尼西亚、阿尔及利亚、马来西亚、卡塔尔、特立尼达和多巴哥、文莱、荷兰、澳大利亚是液化天然气出口国,日本、韩国、西班牙、美国、法国等则是液化天然气进口国。

根据不同时期的天然气贸易发展状况,可将国际天然气贸易的发展历程分为以下几个阶段。

(一)世界天然气工业大发展(1950—1970年)

第二次世界大战以及第二次世界大战后是世界天然气产业的大发展时期:一方面,战争需要使用天然气等能源,同时战后美国、欧洲、日本的经济需要恢复振兴,因而对天然气等能源的需求十分巨大;另一方面,石油天然气勘探开发的高潮来临,在中东、北非等地相继发现了许多大气田、特大气田,而大批大油田的开发,也提供了巨大储量的伴生气气源。1950年世界一次能源消费中,煤炭占50.9%,石油占32.9%,天然气占10.8%;而到1970年,石油占53.4%,天然气占18.8%,煤炭占20.8%。天然气成为世界第三大消费能源。在这一阶段,俄罗斯的天然气产业迅速崛起,到1970年,其天然气储量超过美国,且产量增幅惊人。

20世纪50年代,国际管输天然气贸易和国际LNG贸易先后发展起来,主要以国际管输天然气贸易为主。国际天然气贸易量初期很小,且主要在北美和前苏联地区进行。直到20世纪60年代,国际天然气贸易量才达到100亿立方米,涉及的国家也逐渐增加。但与同期的国际石油贸易相比,国际天然气贸易才刚刚起步。

到了20世纪70年代,国际天然气贸易量突破了500亿立方米,世界天然气贸易量开始稳定增长。随着技术发展,成本不断降低,LNG贸易快速发展起来,为扩大天然气在世界能源市场的份额作出了积极的贡献。随着国际天然气贸易量的不断增加,世界天然气贸易逐渐形成了欧洲、北美和亚太三大市场。天然气生产与消费中心背离，贸易方向相对集中于主要供气区（中东、北非和俄罗斯）和消费中心（北美、欧洲和亚洲）。

总体而言，20世纪50年代至20世纪70年代属于国际天然气贸易的发展初期，贸易量较小，增长缓慢，交易涉及的国家也较少。

（二）天然气贸易大规模发展（1971—2000年）

天然气贸易大规模发展的年代是1970年以后。1990年世界天然气产量突破2万亿立方米，达到21397亿立方米。20世纪70年代初至90年代末，世界天然气储量继续增长，2000年达到125.7万亿立方米，同年世界天然气产量24134亿立方米。在这一时期，不仅大量的气田被发现并开采，而且随着管道建设的发展以及配套储气设施的完善，跨国天然气贸易迅速增长。这一时期，世界天然气贸易方向相对集中于主要供气区（中东、北非和俄罗斯）和消费中心（北美、欧洲和亚洲）。这一时期，苏联是最大的天然气出口国，几乎全部来自管道出口，出口量占国际总贸易量的1/3以上；加拿大是第二大出口国，占世界天然气总贸易量的1/7左右，其余通过管道出口天然气的国家是荷兰、挪威和阿尔及利亚。

与上一阶段天然气贸易量相比，这一时期的国际天然气贸易量增长了近8倍，处于快速增长的阶段。此外，各国政府在20世纪70年代后逐渐放松了对天然气市场的交易和价格管制，使得天然气价格趋于合理水平。20世纪90年代初期，美国率先出现了天然气期货交易，天然气产业体系的发展更加完善。

（三）天然气贸易继续保持较快速度增长（2001—2010年）

进入21世纪以来，随着经济水平的不断提高，天然气的开采和储运技术也迅速提升，各国天然气产业都进入了大增长的阶段，国际天然气贸易继续保持较快速度增长。2004年天然气国际贸易达6790亿立方米，大约占当年产量的25%，较2003年增长了560亿立方米，增长9.0%。在2004年国际天然气贸易量增长中，管输贸易达到5018亿立方米，较2003年增长了10.1%；LNG贸易量达到1772亿立方米，较2003年增长了5.5%；管输贸易和液化天然气贸易分别占世界天然气贸易总量的比例为73.9%和

26.0%（表2-3）。

表2-3 2000—2004年天然气国际贸易量

年份	世界天然气贸易总量（亿立方米）	管输天然气		液化天然气	
		贸易量（亿立方米）	占比（%）	贸易量（亿立方米）	占比（%）
2000	4300	3226	75.0	1074	25.0
2003	6230	4549	73.0	1680	27.0
2004	6790	5018	73.9	1772	26.0

2005年，国际天然气贸易保持着强劲的增长势头，增幅为6.4%，接近过去10年的平均增长率。其中管道运输量为5326.5亿立方米，增长了6.4%。很多天然气生产国都增加了管道天然气贸易量，其中增幅最大的是挪威、阿尔及利亚、利比亚和俄罗斯。LNG的运输量为1914.1亿立方米，增长6.4%。埃及成为液化天然气出口国，卡塔尔、澳大利亚和马来西亚的出口量显著增长。美国的LNG进口量略微下降，欧洲的进口量增长了19%。亚洲的LNG消费持续增长，其中印度进口量的快速攀升是主要推动力。

2009年世界天然气贸易量有所波动，较2008年减少了921亿立方米，下降幅度较大。到了2010年，国际天然气贸易达到7380亿立方米，大约占当年产量的23.4%，较2009年增长了572亿立方米，增长7.8%。其中管道天然气贸易达到4356亿立方米，液化天然气贸易达到3024亿立方米，分别占世界天然气贸易总量的比例为59.%和41%。2006—2010年，除了个别年份以外，如2009年受到金融危机影响贸易量大幅下降，总体而言，国际天然气贸易量仍然保持快速增长。

（四）贸易格局重大调整（2010年至今）

2010年以来，在气候变化与环境约束下，清洁能源迎来黄金发展机遇期，国际天然气贸易继续保持较快增长，贸易总量总体增加，增长速度大大加快。英国石油公司预计，未来天然气将会成为全球消费增速最快的化石能源，到 2050 年天然气有望成为全球第一大化石能源，美国页岩气革命对世界 LNG 市场格局产生了重大影响。依靠成熟的开发生产技术以及完善的管网设施，美国的页岩气成本仅仅略高于常规气，这使得美国成为世界上唯一实现页岩气大规模商业性开采的国家。得益于非常规天然气尤其是页岩气开发技术的突破，2009 年美国以 6240 亿立方米的产量首次超过俄罗斯成为世界第一天然气生产国。另外，数据显示，2010 年美国页岩气产量已经超过了 1000 亿立方米。从 2008 年到 2018 年间，美国页岩气产量增长近 10 倍——从 2008 年仅为其天然气总产量的 10.5%，到 2018 年增长至美国天然气总产量的 68.5%。美国的"页岩气革命"已经动摇了世界 LNG 市场格局，并且这一影响将愈发显著，进而改变世界能源格局，产量地位的更替使美国天然气消费长期依赖进口的局面发生逆转。悄然降临的"页岩气革命"开始对全球天然气供需关系变化和价格走势产生重大影响，并引起天然气生产和消费大国关注。页岩气的开发利用，成为低碳经济战略发展机遇的推动力，成为世界油气地缘政治格局发生结构性调整的催化剂。

从天然气贸易类别来看，液化天然气贸易迅速，已经成为未来天然气贸易的重要方式。2000 年管道天然气相比液化天然气贸易的覆盖区域范围更广、国家间的贸易量更大、市场区域性更明显。到了 2019 年，全球液化天然气贸易覆盖区域更广，全球化一体化特征更为明显，贸易合作国的选择更为多样化。由于海洋运输具有灵活性强、费用低廉、航道四通八达等特点，全球液化天然气贸易基本实现全球一体化格局，各大洲之间的贸易互联互通，对各国天然气进口多元化战略发挥了积极作用。

第三节 国际油气贸易的动因

自 20 世纪 60 年代起，国际石油贸易迅速发展，而自 20 世纪 90 年代起天然气贸易迅猛发展，其势头已超过石油贸易。国际油气贸易的高速发展为世界经济发展提供不竭的动力。

一、物质动因

国际油气贸易与一般商品的国际贸易一样，需要从生产地运输到消费地。埋藏于地下的石油、天然气资源，天然分布不均，产地与消费地背离。随着世界经济的发展，油气地缘格局也在变化。油气生产、消费总的趋势是在保持明显不均衡性的基础上逐渐走向多元化。20世纪后期，生产集中在欧亚大陆中轴区的中东和俄罗斯乌拉尔山脉两侧以及北美，消费集中在北美和西欧地区，生产和消费大都集中在苏伊士以西地区，从而构成了一个相对简单的供销物流格局。到2015年，除原有的生产中心外，亚太地区、拉丁美洲、非洲等地油气生产均有了不同程度的发展，它们在世界油气产量中的份额多有不同程度的提高。世界油气生产和消费格局的变化使国际油气贸易格局和物流路线趋向多元化和复杂化。

二、经济动因

（一）油气是国民经济发展的基础

石油天然气资源是一个国家和地区的经济资源，同时也是政治和战略资源之一，在社会发展中具有广泛应用性。油气不仅是国民经济和社会发展的重要基础性资源，也是国防和国家安全不可替代的重要性战略物资，是名副其实的"黑金"和"蓝金"。这是油气商品的特殊属性。两次石油危机让一些油气资源相对匮乏的发达国家认识到国家经济的发展不能严重依赖进口能源，一旦出现供给国减供或断供都会对一国经济产生巨大的不良影响，所以西方发达国家纷纷提高本国能源使用效率，调整经济结构，转变经济发展方式，降低能源消费增长，来保持本国经济的发展。随着国家经济发展和科技进步，以及各国开发新能源替代油气资源的使用，现代经济对油气能源的依赖程度会有所减少，但不会消失。

（二）油气市场的高度垄断性

国际油气市场具有垄断与半垄断的属性。世界石油行业发展初期（主要是美国石油市场）被洛克菲勒集团的标准石油公司所垄断。1911年，美国根据1890年的《谢尔曼反托拉斯法》拆分了标准石油公司，但没过几年就形成了由西方七大石油公司组成的"七姊妹"寡头垄断。自1971年起，由13个石油输出国组成的欧佩克代替了"七姊妹"，对全球石油供应实行了寡头集团垄断。20 世纪 80 年代这一寡头集团的垄断力虽然有较大削弱，但是，作为全球大宗商品市场的重要卡特尔组织，其集体增产或减产计划对国际油价依然产生着重要的影响。目前，埃克森美孚、BP、壳牌、雪佛龙、道达尔等国际大石油公司，控制着世界 30% 以上的石油工业产值、2/3 以上的国际贸易量和直接投资额，以及 80% 以上的石油石化先进技术；沙特阿拉伯等 6 大资源国的国家石油公司，则拥有世界石油可采储量的 70% 和世界石油产量的 32%。因此，世界石油市场是一种寡头垄断市场。这一垄断集团对国际油气市场拥有绝对话语权，深刻影响着世界油气产量、价格和油气贸易格局。

（三）油气关乎一国经济安全

石油是一种不可再生的商品，是国家生存和发展不可或缺的战略资源，对保障国家经济和社会发展以及国防安全有着不可估量的作用。石油的战略与超经济属性，导致各国甚至不惜发动战争来确保其能源安全。

石油不仅是竞争性商品，更是关系国计民生和国家安全的重要战略性物资。从 20 世纪 60 年代开始，石油在世界一次能源消费结构中的比重上升到 40% 以上，成为现代工业和经济增长的主要动力；70 年代的两次石油危机，导致西方国家经济衰退，诱发多种形式的社会危机。包括油气供应数量、价格和运输通道安全在内的石油供应与安全越来越成为世界各国关注的焦点，各国通过产业政策、资源控制、油气贸易与合作等手段，追求国家油气和经济安全。

三、社会动因

油气资源和油气需求在全球的分布不均衡性，且这种不均衡性存在于有不同利益主体之间，所以油气不仅是一种自然资源、一种产品和商品，还是一种各国政治较量和军事斗争的武器，其经济活动受一国政府政策影响。

（一）油气产品的政治属性

油气资源的分布极不平衡。沙特阿拉伯、伊朗、伊拉克、科威特、阿联酋、委内瑞拉、俄罗斯、利比亚、尼日利亚等 9 个主要产油国拥有全球 80% 的石油储量，中东地区就拥有全球 2/3 的剩余探明储量。而在世界前十大能源消费国中，大部分国家都存在缺口，需要从其他国家大量进口。高度的依赖性和分布的不平衡使得石油具有明显的政治属性，并成为国家之间博弈的工具和武器。政治属性表明，石油作为商品，并不完全遵循市场规则，有时甚至背离价格。因此，石油的政治属性让石油与国家经济安全、外交政策紧密联系在一起，从一种普通的能源变身为最重要的政治商品。作为一种政治商品，石油与国家发展战略、全球政治稳定和国家经济实力密不可分，是各个国家促进经济发展和提升国际政治地位至关重要的战略工具。从历史上看，与石油有关的问题从来就不是客观的经济问题和单纯的价格问题，而是涉及政治、经济利益分配的权力斗争，甚至是血腥的战争。法国学者菲利普赛比耶—洛佩兹在谈及石油与地缘政治时也指出，"在华盛顿主宰美国事务的部分政治家眼里，石油是与国防同等敏感的要害领域。正是在这种思维逻辑的指导下，一些本应主宰石油市场运行规律的经济和财政因素，有时不得不让位于地缘政治的考量。"

（二）油气经济活动受一国政府政策影响巨大

国际政治关系的发展情况，如中东局势和地区安全态势、中东产油国的石油安全政策及由此产生的反应、各国环保政策和控制温室气体排放政策、重要国家能源政策与石油政策、重要石油消费国和产油国之间的关系等都会影响油气经济活动。

油气经济活动的进行将面对不同资源国迥然相异的法律法规、民族矛盾和油气政策的影响，意味着与资源获取相伴而生的巨大风险与挑战将在远离本土的地域发生，因此油气经济活动受一国能源战略和政策影响巨大。

复习思考题

1. 国际石油贸易为何产生？
2. 国际石油贸易的发展经历了哪几个阶段？各个阶段有何特点？
3. 国际天然气贸易发展现状如何？
4. 两次石油危机对石油贸易产生了什么影响？
5. 美国"能源独立"革命对国际石油贸易格局产生了什么影响？

6. 现代经济对油气的高度依赖具体体现在哪些方面?

延伸阅读

全球原油贸易形成新格局：供应多极化、需求中心化

高 健

国际油价主要取决于全球石油供应和需求的关系。2008年美国次贷危机是全球原油市场的一个转折点。自此之后，全球原油市场贸易体系开始发生质变，原油市场也加速步入买方市场。这一转折点的推动因素有两个方面——中国和美国，尤其是美国页岩油产量的快速增长，成为影响市场转变的关键因素。

美国页岩油气革命是影响全球油气市场的一个主要因素。页岩油气革命使美国石油和天然气产量大幅飙升，2008年美国原油产量在500万桶/日左右，页岩油的生产使美国原油产量突破1000万桶/日大关，产量在短短10年间实现翻番，超越沙特阿拉伯升至全球第二。美国原油进口量随之大幅下降。与此同时，2015年末美国国会解除了长达40年的原油出口禁令，美国原油出口迅速增长。目前美国原油出口量维持在150万桶/日，较禁令解除前增长3倍!

页岩油产量的大幅飙升改变了世界原油贸易的格局。一方面，美国原油出口量的增加，导致原油市场供应的大幅增长和供应多元化，加速了买方市场的形成；另一方面，原来流向美国的中东、非洲等地的出口原油需要另寻买主。在全球经济增速放缓、原油需求增量疲软的背景下，亚太地区成为全球原油贸易的集中流入地。中国经济长期保持中高速增长，尤其是2015年之后，民营炼油企业获得原油进口权和使用权，逾1亿吨原油进口指标下放，进一步刺激了原油进口。由于国内原油需求稳步增加，原油需求缺口还将继续扩大，将会继续增加进口来满足国内需求。因此，中国将令未来全球原油市场的流向更加集中。

中美两国石油进出口的巨大变化改变了全球石油贸易格局，形成了供应多极化、需求中心化的原油贸易新格局。美国页岩油产量的增长以及出口禁令的解除，使得北美地区逐步成为全球重要的原油输出地，再加上中东、非洲、南美、里海等地，全球原油供应呈现多点开花的局面。相反，欧美地区经济增速保持偏低水平，加上欧洲地区炼厂数量呈现下滑态势，欧美地区原油需求增量明显减弱，进而导致欧美地区原油进口量与此前相比明显减少。而随着中国东部沿海大型民营炼化基地的投产，中国原油的需求还将显著增加。而且，印度原油需求随经济的高速发展而出现快速增长，全球原油需求愈发集中于亚太地区。

据船期在线数据显示，当前全球海运市场共有742艘超大型油轮，绝大部分集中在"中东—东亚"航线之上。由此也可以看出，亚太市场已经成为世界石油业必争之地。

在全球原油贸易重心东移的同时，未来或许还将有一大特点逐步显现。从全球炼厂层次来看，欧美深加工能力领先全球，亚太地区炼油复杂程度则相对偏低。因此，在原料选择方面，将各有侧重。以美国为例，尽管近年来美国原油进口量逐步下滑，但该国对于沙特阿拉伯、加拿大以及墨西哥三地重质原油的需求在增长。美国本土自产的页岩油属于轻质低硫原油，未来将用于大量出口，而出口目的地则指向中国市场。

2018年1月，中国进口原油中轻质原油占比达到61%，中质原油占比31%，重质原油所占比重不足8%。按含硫量来看，低硫、含硫和高硫原油占比大体相当，低硫原油相对偏高，接近40%。所以，从进口原油品质结构来看，目前中国更倾向于进口轻质低硫原油。随着美国进一步扩大轻质原油出口，全球轻质油市场将会进入相对过剩状态，中东、北美、非洲及欧洲等地的产油国将着力拓宽亚太市场，届时亚太地区将成为全球轻质原油的集散地，尤其是中国，而欧美地区则将增加重质原油的采购。所以，未来全球原油贸易流向中还将呈现"轻油东进、重油西去"的特点。

此外，随着亚太市场地位的逐步凸显，中国原油期货将逐步成为区域定价基准，并推动人民币国际化的发展。

（本文原载于《中国石化》2018第3期）

第三章

国际油气贸易理论

国际油气贸易理论试图解释为什么产生国际油气贸易，以及作为一个国家应当如何开展国际油气贸易。随着油气贸易的深入发展，贸易理论在与实践相结合的过程中不断完善。不同的贸易理论有不同的视角，对不同国家的能源贸易有不同的参考价值。一国开展油气贸易的时候可以根据本国的国情参考合适的贸易理论，实施恰当的贸易政策，以维护本国的经济利益。

第一节 经典国际贸易理论

一、绝对成本理论

绝对成本理论是英国古典经济学家亚当·斯密提出来的。亚当·斯密认为，每一个国家都有其适宜于生产的某些特定产品的绝对有利的生产条件，去进行专业化生产，然后彼此进行交换，将会使各国、各地区的资源、劳动力和资本得到最有效的利用，从而大大提高劳动生产率和增加物质财富，对所有交换国家都有利，这就是"绝对成本理论"，又称"绝对优势理论"。绝对成本理论的运用有一个前提条件——双方可以自由地交易产品，如果没有自由贸易，没有商品的自由流通，就不可能获得地域分工带来的益处。绝对成本理论是早期分工贸易理论的内容之一。

由于自然禀赋的因素，世界油气资源贫富分布不均，一些地区油气储量相当丰富，一些地区却油气资源匮乏。经过长期发展，油气资源丰富的国家油气勘探开发成本低，生产率高，具备绝对优势，从而生产此类产品与其他国家进行贸易流通，进行交换，使本国的资源、劳动力和资本得到最充分的利用，提高劳动生产率和增加物质财富。中东地区的部分国家利用本国丰富油气资源的绝对优势进行贸易，增加了本国的物质财富。

二、比较优势理论

大卫·李嘉图在其代表作《政治经济学及赋税原理》中提出了比较成本贸易理论（后人称为"比较优势理论"）。比较优势理论认为，国际贸易的基础是生产技术的相对差别（而非绝对差别），以及由此产生的相对成本的差别。每个国家都应根据"两利相权取其重，两弊相权取其轻"的原则，集中生产并出口其具有"比较优势"的产品，进口其具有"比较劣势"的产品。比较优势理论在更普遍的基础上解释了贸易产生的基础和贸易利得，大大发展了绝对优势理论。

两国进行油气贸易，在政治关系不断升温的同时，经济合作也在不断深化。即使在油气资源禀赋相近的国家之间，也可以按照比较优势的原则进行分工和贸易，达到经济互补性。通过在油气贸易领域按照比较优势"有利取重、无利取轻"的原则从油气储存、生产、消费等方面进行分工合作，签署一系列协议，可以在宏观层面上继续夯实两国油气贸易合作的基础和平台，在微观层面上继续加大两国油气贸易合作的范围和力度，增强两国油气贸易合作中的经济互补性，促进油气贸易的顺利开展。

三、H—O 模型

H—O 理论（即赫克歇尔—俄林理论）以要素分布为客观基础，强调各个国家和地区不同要素禀赋和不同商品的不同生产函数对贸易产生的决定性作用。要素合作型 FDI 是该理论的扩展，其基本原则是转移可流动要素与不可流动要素的结合，提高各类生产要素的利用效率。要素禀赋则是指一国所拥有的两种生产要素的相对比率，这是一个相对的概念，与其所拥有的生产要素绝对数量无关。

根据 H—O 模型的结论，一个国家应该生产并出口本国含量丰裕的生产要素产品，并大量进口和使用本国稀缺资源的产品。油气资源丰裕的国家集中开发油气资源，将丰富的油气资源产品进行出口，进口本国稀缺要素的商品，通过贸易两国各取所需，从中获益。

四、资源贸易与市场扭曲

资源贸易是指以资源为交易手段的贸易。传统理论认为，随着全球化的深入，市场竞争加强，垄断程度会越来越低，因此当市场处于开放的状态下，贸易被认为能够帮助纠正垄断定价所带来的资源配置扭曲。然而数据显示，行业间和地区间成本加成异质性随着时间增长在不断扩大，贸易使垄断力量差异变大。由于行业进入壁垒不同，贸易对竞争程度不同的行业影响不同，进入壁垒低的行业更易于参与贸易，成本加成相比于进入壁垒高的行业进一步降低，这也预示着各行业间的成本加成差别将会变大，资源扭曲的程度加深。油气资源由于其本身的特殊性，油气市场存在垄断性，而国际贸易将加强市场竞争，从而降低油气市场垄断程度，但一旦市场出现了扭曲，就会导致油气市场失衡，油气资源配置越发不合理。

产品或要素市场的扭曲阻碍了经济资源在不同企业之间的再配置过程，从而导致了同一产业内不同企业之间持续存在的生产率差异。Hsieh 和 Klenow（2009）的研究结果进一步证实，市场扭曲引起的经济资源在企业间的不合理配置能够解释发达国家和不发达国家之间生产率和人均收入差距的实质性部分。许多的制度特征、政府政策和市场不完全可能导致市场扭曲。油气资源市场时而出现扭曲的现象，但是一般不是基于一种原因形成的，而是众多原因，比如市场制度特征、政府政策以及发达国家与不发达国家之间存在的各种差异都有可能造成油气市场的扭曲，如何规范油气市场需要世界各国的共同努力。

第二节　油气资源与生产理论

一、自然资源的稀缺性理论

在一定的时空范围内,能够被人们利用的自然物(资源)是有限的,而人们对物质需求的欲望是无限的,两者之间的矛盾构成资源的稀缺性。油气资源作为不可再生能源,其储量是有限的,随着开采年限的增加,其产量在不断减少,最终消失殆尽。油气资源的有限与人们对油气资源不断攀升的需求构成了油气资源的稀缺性。

石油是一种商品,具有商品的一般属性。石油价格包含石油生产成本和生产利润两个重要因素。石油又是一种特殊商品,具有其特殊性质,即石油是一种可耗竭的不可再生资源,具有稀缺性。所以,石油价格实际不是由它的生产成本所能决定的,除了利润因素,还包含着稀缺性因素。

石油生产成本包括3个部分,即石油勘探费用、建设油田的开发费用和实际开采油田的操作费。20世纪70年代末以来,陆地上易于开采的油田正在逐渐减少,海洋石油资源越来越多地被开发,但海上油田比陆上油田投资大,建设周期长,生产成本高。有关资料表明,科威特、沙特阿拉伯等国的原油生产原油成本为$0.5 \sim 2.0$美元/桶,科威特有的油田生产成本甚至为$0.2 \sim 0.3$美元/桶,而北海油田为$5 \sim 15$美元/桶,美国一些小油田的成本达到20美元/桶左右。这也就是说,决定石油价格的生产成本因素可以有很大的差距,可以相差几十倍,这是一般商品所没有的。

就利润因素而言,在自由竞争的情况下,一般获取平均利润,即达到供需平衡的利润。但在垄断的情况下,一般都要获取垄断利润,特别是控制石油的资本一般都是垄断程度最高的企业。在西方世界最大的垄断工业公司中,石油以及与石油有关的企业占据了相当大的一部分。因此,在石油资本的生产价格中,应包含的常常是垄断利润而非平均利润。

石油价格中所包含的一个重要因素是石油资源的稀缺性。石油不可再生，是从矿藏中开采出来的，并且只是在一定地带才有蕴藏，当这一地带被所有者垄断时，就产生垄断地租。在1973年欧佩克从西方跨国石油公司手中夺取石油标价权之前，这种垄断地租并未能获得实现。那时的石油开采权是在国际跨国石油垄断集团手中。在欧佩克夺回石油标价权之后，石油这一商品的垄断地租才以新的形态展开。

由垄断地租形成的垄断价格，是垄断市场条件下商品价格的基础。垄断价格与商品的自身价值无关，而且偏离的幅度往往较大。因此，石油价格只能以真正的垄断价格为基础，既非由其生产成本所决定，也非由其生产价格而决定，而是由购买者的需求和支付能力所决定的。所以，石油生产成本最多只能作为确定石油最低销售价格的依据，而由于石油的稀缺性所产生的垄断价格，在市场竞争条件下，起着推波助澜的作用。

二、石油资源枯竭论和"石油产量峰值"理论

由于石油产能已经接近"巅峰"，石油供应下降将不可避免。如果人类不改革现有的能源消费和生产方式，石油资源的枯竭只是时间问题。

"石油峰值"源于1949年美国著名石油地质学家哈伯特（Hubbert）发现的矿物资源"钟形曲线"规律。哈伯特认为，石油作为不可再生资源，任何地区的石油产量都会达到最高点；达到峰值后，该地区的石油产量将不可避免地开始下降。这是石油峰值理论的核心。

目前，不同机构和学者对何时达到石油峰值说法不一，但是"石油产量峰值"理论具备一定的合理性。由于具有生油条件的烃源岩在地下空间的分布是有限的，盖层的地下空间分布也是有限的。地下的石油绝不是取之不尽用之不竭的，而是有限的，预测的石油资源量绝不是可以找到的石油储量，有限的石油资源总有耗尽的一天。

目前或今后若干年的石油产量尚可满足人类的需求，但不断提高世界石油产量将成为无法实现的良好愿望。正如世界上开发多年的老油田早已过了产量增长的黄金岁月，步入减产期，世界石油产量必然存在峰值。

三、Hotelling法则

Hotelling法则又称霍特林法则。霍特林法则是关于不可再生资源的影子价格,在最优化开采计划条件下变化规律的描述。霍特林法则认为,不可再生资源在时间序列上有效率地开采,其资源影子价格增长率是一个恒量,等于社会效用贴现率,即不可再生资源有效率地开采应在时间序列上满足其价格按一定比例持续上升。

霍特林法则是对不可再生资源稀缺程度的描述。古典经济学家认为,资源的稀缺是绝对的。因为不可再生资源的数量是一定的,不管是已发现的还是未发现的,而人类对资源的需求是无限的。新古典经济学试图找到一种表示资源稀缺的指标,通过这些指标的变化来说明资源的稀缺程度,这就产生了相对稀缺理论。该理论认为,资源的稀缺是指获得资源的难度越来越大,也就是说,为获得资源所投入的资源增加。例如,对一个矿山来说,随着开采年限的增加,资源存量减少,开采的边际成本上升。因而,矿产品价格随开采边际成本增加而上升。霍特林法则是运用不可再生资源的影子价格随着资源存量的减少而按固定比例上升的指标描述资源的短缺程度的,是一种相对稀缺理论。霍特林法则对资源可持续利用无疑具有重大作用,这主要体现在它指导人们的实践行为要符合可持续发展的要求。

早在1931年,经济学家霍特林就发现了当考虑资源耗竭时,在均衡条件下和一系列严格的约束条件下,价格与产品销售量、资源开发时间的关系。他认为,任何资源的开发者在开发资源之前,都会比较自然资源的预期增长率和资金市场的利率。从地下采出的每一单位自然资源所能出售的价格必须超过同期资源租金,而留在地下的资源也按价格的预期增长率增值。因此,自然资源的拥有者愿意以最大速度开采地下资源的必要条件是:资金市场的利率大于或等于自然资源预期价格增长率。这里,资源拥有者有这样一个决策过程:他根据未来资源价格(这一价格可能由有竞争力的其他资源生产成本或其他因素决定),以及目前的资源实际价格,来确定资源价格的预期增长率。换言之,根据该法则,当不考虑不可再生资源的生产(开采)成本时,资源价格在资源动态最优配置条件下,将以相等于市场利率的增长率而连续上升。

假设 P_t 是第 t 期的资源价格,r 是市场利率,则霍特林法则可表示为

$$\frac{P_{t+1} - P_t}{P_t} = r \text{ 或 } P_{t+1} = P_t(1+r)$$

在竞争性市场上，霍特林法则就是资源市场与资金市场之间达到均衡的条件。

如果对资源的需求曲线不变，随着价格的上升，对资源的需求量就会不断下降，这样，资源产量在长期变动过程中就会呈现出一种不断缩减的趋势。在实际经济运行中，随着人口的增长、经济的发展，对资源的需求总是不断增加的，需求曲线也就发生相应的移动。多年来，理论家们几乎一致同意：无论资源的价格和产量变动趋势会出现多少种复杂的组合，但有一点是肯定的，即资源价格持续下降与资源产量持续增加的现象是不可能同时出现的。按照资源经济学动态理论，资源产量持续增加说明需求上升，但需求上升又必然会导致价格上升而不是下降；当资源价格下降时，说明需求是下降的，但需求下降又必然导致产量缩减而不是增加。所以，建立在竞争性市场和动态最优配置假定上的理论严格排除了不可再生资源价格下降与产量上升同时出现的可能性。

在20世纪50年代后期，世界石油价格是上升的，但自60年代初开始，世界石油价格便开始下降，在整个60年代，石油价格一直是下降的。到了70年代初，石油价格突然反弹，但如果按不变价格计算，70年代初的石油价格仍低于60年代的石油价格。从70年代中期到21世纪初，石油不变价格（即剔除通货膨胀因素）也一直呈平缓下降趋势，除了个别时期有间断反弹外，价格趋势是下降的，而产量的长期变动趋势是上升的。对此，大多数学者认为，50年代后期的石油价格上升属正常现象，即稀缺性是石油价格上升的主要原因，这与霍特林法则是一致的；而70年代初的价格反弹，应主要归因于第三次中东战争的爆发，中东石油生产国为了对美国和西方进行制裁，通过欧佩克把石油价格大幅度提高。另一些学者持不同看法，认为70年代初的价格反弹主要是由于公众的预期产生了变化，由于公众（包括石油供给者）认识到石油资源的有限性，愿以较高的价格消费石油资源。总之，可以认为70年代初的反弹属于例外现象，把它放在经济模型的外生变量中去。

第三节 油气供需与价格理论

无论当代国际经济政治形势对石油有多么大的影响，但石油、天然气仍是一种商品，其价格最终还是受一般商品和基本规律的制约。由于油气商品的特殊性，一般经济学的规律在国际油气市场上的表现有所不同。

一、油气供给曲线

石油、天然气与其他许多商品一样，其价格也是由供需决定的。但石油、天然气又是一种特殊商品，其供需曲线与一般商品又不完全一样。

与一般商品生产相比，油气生产（供给）有两个特点：

首先，由于油气的生产费用绝大部分是生产设备的折旧费和利息等固定费用，油气生产无须其他原料费用，所以在油气上游部门，勘探开发的前期投资较大，而生产经营成本和前期投资相比则相对较低。在现有的生产能力内，生产成本的变化与产量变化几乎无关。这说明：随着产量的增加，平均成本下降，而边际成本几乎保持不变，并永远小于平均成本（图3-1）。从这方面看，一般商品的供需理论并不适用于油气。换句话说，油气产量越大，单位产量生产费用越低。因此，只要有少许的富余供应能力，便会激起强烈的增产欲望。产量的增加即使导致价格下跌也无妨，因为价格下跌的损失可以用增产所产生的成本下降加以弥补。这样市场的竞争会使价格进一步下跌，便又会激起强烈的增产欲望。这样，由于成本结构的原因，市场经常存在一种供过于求的趋势（图3-2中的A曲线）。

其次，就一般商品而言，新投资扩大生产能力所用的时间比较短，而油气生产的情况则不同。因为，在油气生产中，要增加新的生产能力，需花费很长的投产期。以正常的陆上油田为例，从取得矿区开采权开始，中间经过勘探、建设生产设施，就得花上5～10年的时间。而海上油田所用的时间就会更长。这样，在特定的时间内，石油的供应量是有一个界限的。石油生产一旦达到这个界限，那么无论石油价格如何上涨，石油供应量也不会增加了（图 3-2 中的 B 曲线）。石油生产的这两个特点，决定了石油的供给曲线是由一条直线和一条向右倾斜的线组成，不同于一般商品的供给曲线。天然气生产也是这样，具备石油生产的特点，供给曲线与石油相同。

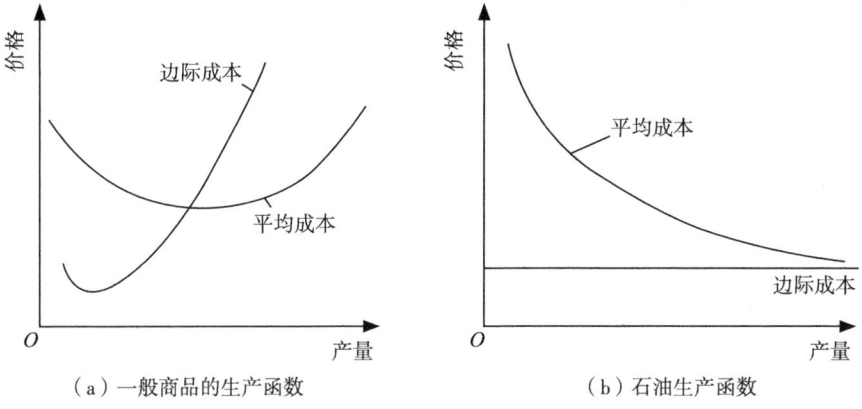

图 3-1　一般商品与石油生产函数的区别

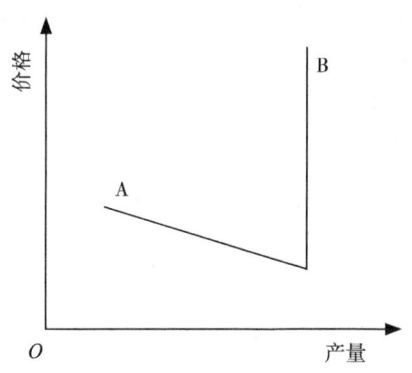

图 3-2　石油供给曲线

二、油气需求曲线

与一般商品消费或需求相比，石油消费（需求）也有所不同。首先，石油是一种与家庭、社会和经济有密切关系的重要商品，其价格上涨不会立即导致消费量的下降（特别是国防、医院、粮食运输、寒带地区的暖气供应消费），也就是短期内石油需求是无弹性的，即价格弹性接近于零，如图 3-3 所示。其次，从长期观点来看，石油价格的上涨可能会导致节约能源或使用替代能源等,石油需求量因此可能出现下降。所以,从长期看,石油的需求又是有弹性的(图3-4)。但是,在一定时期内,能使长期需求曲线和供给曲线相对应的还是短期需求曲线。天然气消费(需求)和石油消费(需求)会有所差异,石油的需求弹性相较天然气需求弹性而言稍大一些。

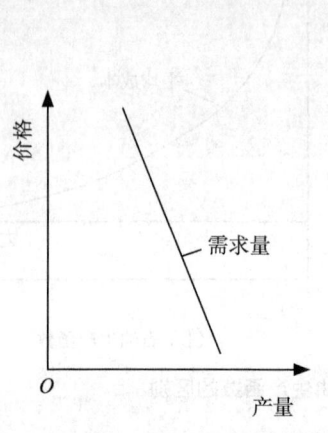

图 3-3　石油短期需求曲线　　　图 3-4　石油长期需求曲线

三、油气价格的特殊性

（一）石油价格特殊性

正常情况下,石油与一般商品一样,价格上升时供给增加,价格下降时供给减少,如沙特阿拉伯或俄罗斯等石油供应大国一般会在油价高的时候增产,在油价低的时候减产,减少油价的波动。但有时,产油国的行为会进一步推动油价偏离均衡,价格低的时候供应反而增加。如一些中东的石油输出国,因为财政管理混乱,油价低的时候政府入不敷出,不得不增加产量,保持财政的平衡,结果使已经低的油价进一步降低,这和一般的经济学道理相悖。

石油市场带有某种垄断性,但是欧佩克这一垄断性组织的价格决定权并非完全奏效。在限制产量的时候,总有个别国家偷偷地增加产量获取额外利益,垄断就被打破了,因为垄断力量使油价猛升的情况理论上不大可能出现。

（二）天然气价格特殊性

天然气价格的主要影响因素有成本因素、市场供求因素、替代能源价格、国家监管因素、天气因素。成本对天然气价格的影响是最基础的，体现在天然气开采、运输和配送等各个环节中，而运输成本所占比重最大。天然气资源丰度、质量水平、开采难度和运输距离都是影响天然气成本的重要因素。与传统煤炭、石油工业不同，生产并不是天然气工业的驱动因素，需求对于天然气工业来说是更为重要的驱动因素。相应的替代能源价格对天然气价格的影响十分重要。天然气的替代能源相对较多，有煤炭、燃料油、液化石油气等等。天然气的终端价格高于能够产生同样热值的替代能源的终端价格时就很可能被替代。在不同国家或者不同时期，天然气工业处于不同发展阶段，天然气的丰度、质量高低、开采难度等禀赋条件千差万别，政府对天然气价格以及天然气市场的干预程度和方式都有差别。从短期来看，天气因素导致的天然气供应中断以及库存量的变化会对天然气价格产生影响，但在供大于求的基本情况下对天然气价格的影响程度正逐渐降低。

（三）油气价格互动性

由于天然气价格与石油价格存在一定的关联性，在不同的油价波动之下，天然气产业会出现不同程度的市场竞争力变化，尤其当石油价格处于长期低价状态中时，面对石油的竞争，天然气产业将面临一系列挑战。

石油价格对天然气价格的引导力量长期存在动态变化，且近年来天然气价格对石油价格变化的敏感性逐渐下降，主要原因是页岩气等非常规天然气产量的快速增加使得天然气市场基本平衡转变为供过于求，原油价格的驱动力量往往在天然气供不应求的情况下更为显著，因为两者的竞争关系此时更加紧密。当天然气产量供应过剩时，石油价格对天然气价格的影响就会呈现减弱的趋势。

第四节 其他理论流派

一、博弈理论

博弈论，又称为对策论（game theory）、赛局理论等，既是现代数学的一个新分支，也是运筹学的一个重要学科。博弈论主要研究公式化的激励结构间的相互作用，是研究具有斗争或竞争性质现象的数学理论和方法。博弈论考虑游戏中个体的预测行为和实际行为，并研究它们的优化策略。

博弈根据不同的基准有不同的分类。一般认为，博弈主要可以分为合作博弈和非合作博弈。合作博弈和非合作博弈的区别在于相互发生作用的当事人之间有没有一个具有约束力的协议，如果有，就是合作博弈，如果没有，就是非合作博弈。从行为的时间序列性，博弈论进一步分为静态博弈、动态博弈两类：静态博弈是指在博弈中，参与人同时选择或虽非同时选择但后行动者并不知道先行动者采取了什么具体行动；动态博弈是指在博弈中，参与人的行动有先后顺序，且后行动者能够观察到先行动者所选择的行动。完全信息静态博弈又称纳什均衡，纳什均衡（Nash equilibrium）指的是在一策略组合中，所有的参与者面临这样一种情况，当其他人不改变策略时，他此时的策略是最好的。

博弈按照参与人对其他参与人的了解程度分为完全信息博弈和不完全信息博弈。完全信息博弈是指在博弈过程中，每一位参与人对其他参与人的特征、策略空间及收益函数有准确的信息。不完全信息博弈是指参与人对其他参与人的特征、策略空间及收益函数信息了解得不够准确，或者不是对所有参与人的特征、策略空间及收益函数都有准确的信息。

博弈论还有很多分类，如以博弈进行的次数或者持续长短可以分为有限博弈和无限博弈，以表现形式也可以分为一般型（战略型）或者展开型，以博弈的逻辑基础不同又可以分为传统博弈和演化博弈。我们可以把世界石油市场的变动看成是欧佩克与非欧佩克两大集团之间相互博弈的场所。

欧佩克是一个由协议维系在一起的正式集团，而非欧佩克只是一些石油产量较小的国家构成的一个集合，并非存在协议的真实集团。

有学者认为，斯塔克伯格（Stackelberg）模型能够较好解释石油价格和产量的变化特点。斯塔克伯格模型假定，博弈双方中有一方占据着主动（领导者），它在采取任何对策时都要同时考虑对手的反应，并把这种反应纳入其最优对策选择的因素范围之中。博弈的另一方（追随者），由于其对市场的影响较小，在决策时不考虑自身的选择对对手的影响，只是在假定对手对策选定的基础上优化自己的利益。这里，显然应假定欧佩克是领导者，而所有非欧佩克是追随者。由于最有影响的非欧佩克石油生产国如墨西哥等的储量未探明。再假定欧佩克的目标是追求既定的市场份额或尽量使市场份额上升，而非欧佩克石油生产国由于不可能在世界石油市场上占据可观的市场份额，其目标只能是追求即期利润极大化（因储量不明，不可能以长期利润最大化为目标）。

如果欧佩克意图长期保持其市场份额逐渐上升，则油价将出现下降，但此时产量显然仍然是上升的，这种情况很好地解释了石油价格与产量的长期变动特点。事实上，欧佩克的实际决策过程并不是以长期利润最大化为目标，也不是以即期利润最大化为目标，而更多的是以占领世界石油市场为目标。欧佩克多年来就是要逐渐增大其在世界石油市场上的份额，并实际上也做到了这一点。当然，在个别的短期中，欧佩克可能会削减产量，从而使其市场份额下降，这会导致世界石油总产量和价格出现短期的波动。

二、收入最大化理论

欧佩克的力量颇为特别，简单地说就是"助涨不助跌"，而"助涨不助跌"的主要动机就是获取"石油收入最大化"。

对欧佩克成员国而言，其发展计划资金和预算平衡都依赖石油出口的收入，需要通过石油收入最大化来发展经济，改变国家面貌。要达到石油收入最大化，在数量不变的情况下，只能取得单位商品的最优价格。简言之，欧佩克在国际石油贸易中，为了得到石油收入最大化，其手法是取得价格最优化。

就欧佩克各个成员国而言，基本上可分为两类国家：一是高人口、低石油储量（或石油储量不高）的国家，二是低人口、高石油储量的国家。前一类国家又称为高资金吸收能力的国家，在这一类国家中，伊朗具有一定的代表性；后一类国家一般称为低资金吸收能力的国家，在这类国家中，沙特阿拉伯具有一定代表性。要分析各成员国的油价政策，重点看伊朗和沙特阿拉伯的油价政策。从历史上看，伊朗石油收入为伊朗的经济发展提供了大量的资金，伊朗经济发展对石油的依赖程度很高。无论是20世纪70年代末的军备扩充还是两伊战争期间的军费开支都严重依赖于石油收入，所以对伊朗来说，要保证经济发展就只能依靠获得最大的石油收入，而其具体表现形式就是在有油价决定权时取得高油价，在无油价决定权时增加产量。沙特阿拉伯基本上是完全依赖石油收入的国家。一方面，其君主专制的体制决定了它需要有一个最优油价来满足其政治、军事、经济需要；另外一方面，沙特阿拉伯又害怕高油价会对西方打击太重。要么高油价削弱西方经济增长，从而减少石油需求，影响石油收入；要么高油价促使西方国家加速新能源替代研究，从而加速石油工业时代的结束，并最终损害产油国的根本利益。沙特阿拉伯这种两面性的油价政策决定了它不会首先带头提价，但当其他成员国坚持高油价时，它不会冒与欧佩克其他成员国决裂的风险。总体而言，沙特阿拉伯是倾向于高油价的。

在石油收入最大化目标驱动下，只要欧佩克掌握了油价决定权，那么当市场供需造成油价上涨时，其必然提高油价。首先某一成员国先行提价，其他成员国随后，最后由欧佩克统一价格，由此油价上涨变为大涨、暴涨。反之，当市场供需造成油价下跌时，欧佩克通过的任何市场和价格决议都会被其他成员国用油价最优化的手段打破，而其他市场参与者基于同样目的和手段的自由行动，将使欧佩克成员国的行为火上加油，其结果将是油价大跌，国际石油市场混乱。但是，正是由于这种石油收入最大化的目的的存在，使市场参与者的行动又必然有所节制，因为听任国际石油市场的混乱，必将导致各自的石油收入最小化，最后欧佩克成员国必将达成协议，市场又将出现一种稳定局面，油价受到控制。

三、中心—外围理论

中心—外围理论（core and periphery theory），是由阿根廷经济学家劳尔·普雷维什提出的一种理论模式，它将资本主义世界划分成两个部分：一个是生产结构同质性和多样化的"中心"，另一个是生产结构异质性和专业化的"外围"。前者主要是由西方发达国家构成，后者则包括广大的发展中国家。"中心"与"外围"之间的这种结构性差异并不说明它们是彼此独立存在的体系，恰恰相反，它们是作为相互联系、互为条件的两极存在的，构成了一个统一的、动态的世界经济体系。

该理论认为：（1）资本主义已发展成为中心（发达国家）—外围（发展中国家）的世界体系，外围国家对中心国家具有依附性，它们在世界资本主义体系中始终处于从属地位；（2）连接中心—外围的经济机制是不平等交换及其价值转移，即中心国家通过不平等交换攫取了外国国家的大量"剩余"来促进本身的发展，而外围国家却由于"剩余"的流失而造成贫困，所以，发达与不发达都是资本主义制度的产物，两者互为因果；（3）外围国家的发展只能是不发达的发展，因为它提供原料和廉价劳动力来满足资本主义世界市场的需要，它们在经济结构上不可能像独立资本主义国家那样实行工业化，它们越发展，对中心国家的依附性就越深；（4）外围国家只有积极地反抗把它们与全世界资本主义制度连接在一起的索链，才能实现自己的目标。这种理论的核心是以不平等交换产生价值转移来论证不发达的根源以及发达国家与发展中国家的经济关系。对于油气市场而言，"中心"国家是油气资源禀赋丰富，或是在供给或消费市场中拥有话语权的国家。"外围"国家是油气对外依存度高却在价格、资源获取方面缺乏话语权的国家。例如，俄罗斯具有出口国和中转国的双重身份特征，属于典型的"中心"国家。俄罗斯利用自身横跨亚洲和欧洲的地理区位优势，从中亚的土库曼斯坦和乌兹别克斯坦进口天然气，再转卖给西欧国家，并从与欧盟博弈中获得地缘政治和经济利益。

复习思考题

1. 国际石油价格理论主要有哪些？
2. 霍特林法则是什么？

3. 油气价格的特殊性体现在哪些方面?

4. 油气贸易市场扭曲的原因是什么?

5. 油气供给与需求曲线与一般商品相比有何不同?

6. 欧佩克与非欧佩克两大集团之间相互博弈给石油贸易价格带来了什么影响?

 延伸阅读

欧佩克的影响力已被打破——石油输出国组织成立 60 周年记(一)

艾伦·瓦尔特

2020 年 9 月 14 日,是石油输出国组织(欧佩克)成立 60 周年纪念日。现在是提问的好时机:它仍然有效吗?事实是,在过去 60 年中,欧佩克对石油价格的影响虽起起伏伏,但始终控制着全球部分闲置产能。随着全世界储罐中晃动着大量原油,这种影响正在逐渐减弱。

1960 年欧佩克成立时,有两个任务。首先是通过限制石油生产来捍卫石油价格,其次是确保各国政府对其领土内石油资源的控制。但是这一组织直到 1973 年才变得家喻户晓,因为当时它通过单方面行动迫使大型国际石油公司和消费者提高原油价格并成功地冲击了石油市场(当时石油禁运实际上是欧佩克成员国所为)。欧佩克能够在 1973 年夺取这一控制权的主要原因是当时美国得克萨斯州原油产量开始下降。从 1970 年开始,得克萨斯州所产石油无法满足美国不断增长的需求,美国开始依赖外国石油进口。由于当时欧佩克控制了 80% 的石油出口,连日本都受到欧佩克的摆布。欧佩克发现,它能在所需位置简单地设定油价,而客户则别无选择,只能付款。石油巨头们必须按照欧佩克的指示去做,否则就无法获得石油。最终,与石油禁运相结合,欧佩克成功地控制了市场,石油价格飞涨,生产国赚了很多钱。当时的沙特阿拉伯石油大臣扎基·亚马尼得意地说:"我们是自己商品的主人。"但欧佩克之所以能做到这一点,是因为其成员国控制着全球的剩余产能,加上当时不断增长的需求,使得欧佩克显得无法替代。欧佩克在我们集体记忆中的位置正是由那次事件确定的。但实际上，欧佩克对石油价格的影响力在过去 60 年中一直起伏不定。这主要是因为它并不总是保持对全球闲置产能的控制。例如，20 世纪 80 年代，欧佩克以外国家和地区，特别是美国阿拉斯加石油产量开始增加。结果，欧佩克在全球供应所占的比例下降了。1986 年，石油价格暴跌，由于来自非欧佩克的石油供过于求以及石油需求疲软，欧佩克无法采取更多措施来提高价格。欧佩克曾试图减产——当时沙特阿拉伯将产量减至仅 200 万桶/日，但价格仍然低迷。最后，只有不断增长的需求才使得平衡转移，最终促使价格回升。

从 2014 年以来，欧佩克一直无法将价格带回以前的水平，甚至欧佩克与俄罗斯和墨西哥等非欧佩克国家进行协调的尝试也只取得了有限的成果。这是因为美国页岩油气和全球其他油气勘探领域取得了不俗的成绩。在今年新冠疫情大流行之前，美国原油日产量为 1300 万桶，创世界纪录。现在，欧佩克正面临更加严峻的形势。由于新冠疫情对经济的影响，美国原油产量已降至每天 1100 万桶/日以下。但我们知道，美国的产能至少还有约 300 万桶/日。欧佩克及其合作伙伴为提高石油价格所作的任何努力，都将被美国页岩油气生产商相应增加的产量填补，不管石油价格的上涨有多短暂。是的，页岩油气生产公司有时会倒闭，但是资产仍然存在，只是被别人接管了。欧佩克应该明白，长期的低油价意味着更少的钱被用于勘探和生产新的石油资源。由于 2020 年春季的油价灾难（具有讽刺意味的是，这是由欧佩克成员国沙特阿拉伯造成的），全球几乎所有生产商都大幅削减了油气勘探预算。当全球经济复苏且需求激增时，我们可能会处于石油供应短缺的边缘。这可能使欧佩克重新回到价格的主要驱动地位。另一方面，欧佩克担心的是，随着新能源代替传统能源，石油需求将无可避免地减少。在那种情况下，欧佩克可能发现自己只是世界经济史上一个有趣的研究案例。

（本文原载于《中国石油和化工产业观察》2020 年第 10 期）

第四章

国际油气供给与需求

世界油气业目前已形成了中东、中亚—俄罗斯、非洲和中南美洲四大油气供应中心,以及亚太、欧洲和北美三大需求中心。总体上讲,国际油气供需环境相对宽松:油气产量保持增长趋势,天然气因其低碳清洁的特性需求旺盛,将成为未来世界一次能源中发展最快的能源之一。但是,油气人均消费区域差异大、供需地区不平衡矛盾将长期存在。

第一节 国际油气资源

一、国际石油资源

据《BP世界能源统计年鉴》,全球石油探明储量总体呈增长趋势。截至2019年底,全球石油总可采资源量为6.89万亿桶,全球石油探明储量约为1.734万亿桶。从各区域来看,中东地区石油探明储量占全球石油探明储量48.1%,其次是中南美洲和北美洲,各占18.7%和14.1%(表4-1)。其中委内瑞拉石油探明储量为3038亿桶,居世界第一;其次是沙特阿拉伯,石油探明储量为2976亿桶;加拿大的石油探明储量为1697亿桶,居世界第三。

表4-1 2019年全球石油探明储量表

国家及地区	石油探明储量（十亿桶）					储采比
	1999年底	2009年底	2018年底	2019年底	2019年份额	
加拿大	181.6	175.0	170.8	169.7	9.8%	82.3
墨西哥	21.5	11.9	5.8	5.8	3%	8.3
美国	29.7	30.9	68.9	68.9	4%	11.1
北美洲总计	232.8	217.8	245.5	244.4	14.1%	27.2
阿根廷	3.1	2.5	2.4	2.4	0.1%	10.5
巴西	8.2	12.9	13.4	12.7	0.7%	12.1
哥伦比亚	2.3	1.4	1.8	2.0	0.1%	6.1
厄瓜多尔	2.6	2.7	1.6	1.6	0.1%	8.4
秘鲁	0.9	1.1	0.9	0.9	◆	16.5
特立尼达和多巴哥	0.8	0.8	0.2	0.2	◆	8.1
委内瑞拉	76.8	211.2	303.8	303.8	17.5%	*
其他中南美洲国家	1.3	0.8	0.5	0.5	◆	12.7
中南美洲总计	95.9	233.3	324.7	324.1	18.7%	143.8
丹麦	0.9	0.9	0.4	0.4	◆	11.7
意大利	0.6	0.5	0.6	0.6	◆	17.0
挪威	10.9	7.1	8.6	8.5	0.5%	13.5
罗马尼亚	1.2	0.6	0.6	0.6	◆	22.0
英国	5.0	2.8	2.7	2.7	0.2%	6.6
其他欧洲国家	2.0	2.0	1.6	1.6	0.1%	15.0
欧洲总计	20.7	14.0	14.6	14.4	0.8%	11.6
阿塞拜疆	1.2	7.0	7.0	7.0	0.4%	24.6
哈萨克斯坦	5.4	30.0	30.0	30.0	1.7%	42.6
俄罗斯	112.1	105.6	107.2	107.2	6.2%	25.5
土库曼斯坦	0.5	0.6	0.6	0.6	◆	6.2
乌兹别克斯坦	0.6	0.6	0.6	0.6	◆	26.3
其他独联体国家	0.3	0.3	0.3	0.3	◆	17.6
独联体国家总计	120.1	144.0	145.7	145.7	8.4%	27.3

续表

国家及地区	石油探明储量（十亿桶）					储采比
	1999年底	2009年底	2018年底	2019年底	2019年份额	
伊朗	93.1	137.0	155.6	155.6	9.0%	120.6
伊拉克	112.5	115.0	145.0	145.0	8.4%	27.3
科威特	96.5	101.5	101.5	101.5	5.9%	92.8
阿曼	5.7	5.5	5.4	5.4	0.3%	15.2
卡塔尔	13.1	25.9	25.2	25.2	1.5%	36.7
沙特阿拉伯	262.8	264.6	297.7	297.6	17.2%	68.9
叙利亚	2.3	2.5	2.5	2.5	0.1%	291.2
阿联酋	97.8	97.8	97.8	97.8	5.6%	67.0
也门	1.9	3.0	3.0	3.0	0.2%	84.2
其他中东国家	0.2	0.3	0.2	0.2	◆	2.6
中东地区总计	685.8	753.1	833.9	833.8	48.1%	75.3
阿尔及利亚	11.3	12.2	12.2	12.2	0.7%	22.5
安哥拉	2.1	9.5	8.2	8.2	0.5%	15.8
乍得	—	1.5	1.5	1.5	0.1%	32.4
刚果共和国	1.7	2.0	3.0	3.0	0.1%	24.1
埃及	3.8	4.4	3.1	3.1	0.2%	12.3
赤道几内亚	0.6	1.7	1.1	1.1	0.1%	16.7
加蓬	2.6	2.0	2.0	2.0	0.1%	25.1
利比亚	29.5	46.4	48.4	48.4	2.8%	107.9
尼日利亚	29.0	37.2	37.0	37.0	2.1%	48
南苏丹	—	—	3.5	3.5	0.2%	69.1
苏丹	0.3	5.0	1.5	1.5	0.1%	40.2
突尼斯	0.3	0.4	0.4	0.4	◆	23.2
其他非洲国家	0.7	0.6	3.9	3.9	0.2%	33.8
非洲总计	84.7	123.0	125.7	125.7	7.2%	41.0
澳大利亚	4.7	4.1	2.4	2.4	0.1%	13.4

续表

国家及地区	石油探明储量（十亿桶）					储采比
	1999 年底	2009 年底	2018 年底	2019 年底	2019 年份额	
文莱	1.3	1.1	1.1	1.1	0.1%	24.8
中国	15.1	21.6	26.2	26.2	1.5%	18.7
印度	5.0	5.8	4.5	4.7	0.3%	15.5
印度尼西亚	5.2	4.3	3.2	2.5	0.1%	8.7
马来西亚	2.1	3.6	2.8	2.8	0.2%	11.9
泰国	0.4	0.4	0.3	0.3	◆	1.7
越南	1.8	4.5	4.4	4.4	0.3%	51.0
其他亚太国家和地区	1.4	1.1	1.2	1.4	0.1%	16.3
亚太地区总计	37.0	46.6	46.0	45.7	2.6%	16.3
世界总计	1277.1	1531.8	1735.9	1733.9	100%	49.9
经合组织	256.4	234.7	261.3	260.1	15.0%	25.1
非经合组织	1020.7	1297.1	1474.6	1473.7	85.0%	60.4
石油输出国组织	821.8	1040.8	1214.8	1214.7	70.1%	93.6
非石油输出国组织欧盟	455.3	491.0	521.1	519.2	29.9%	23.9
欧盟	8.1	3.0	5.1	5.0	0.3%	9.0
加拿大油砂：总计	175.2	169.8	163.5	162.4	9.4%	
其中正在积极开发的储量	11.9	26.5	21.2	20.1	1.2%	
委内瑞拉：奥里诺科重油带	—	133.4	261.8	261.8	15.1%	

数据来源：BP 世界能源统计年鉴（2020 年版）。

注："*"超过 500 年。"◆"低于 0.05%。"—"不详。

二、国际天然气资源

自 20 世纪 70 年代中期以来，世界天然气储量总体呈上升趋势，世界天然气剩余探明可采储量年均增长 4.3%。截至 2019 年底，世界天然气探明储量达到198.8万亿立方米。从各区域来看，中东、独联体地区依然是世界天然气探明储量最多的地区，分别占世界天然气探明储量的38.0%和32.3%。亚太和非洲位列第二梯队。中南美洲和欧洲的天然气探明储量在世界天然气探明储量中的比例有所下降（表4-2）。从国家来看，俄罗斯以38.0万亿立方米的储量和占世界19.1%的占有率位居第一（表4-3），在天然气储量上的超级大国地位若干年内无法撼动。中东的石油储量大国伊朗、卡塔尔、阿联酋、沙特阿拉伯占据前10位中的4席。非洲的尼日利亚渐成后起之秀，委内瑞拉成为唯一进榜的南美国家，和游离在榜外的中亚哈萨克斯坦和土库曼斯坦一样，其潜力尚待进一步开发。

表4-2　1999—2019年世界天然气探明储量

年份地区	天然气探明储量（万亿立方米）			2019年底		
	1999年底	2009年底	2018年底	探明储量（万亿立方米）	占比（%）	储采比
北美	7.0	9.4	15.0	15.0	7.6%	13.3
中南美	6.8	7.6	8.0	8.0	4.0%	46.0
欧洲	5.6	5.3	3.4	3.4	1.7%	14.2
独联体	39.8	46.6	63.6	64.2	32.3%	75.8
中东	53.0	73.6	75.6	75.6	38.0%	108.7
非洲	11.0	14.2	14.7	14.9	7.5%	58.1
亚太	9.5	13.9	16.9	17.7	8.9%	26.3
世界	132.8	170.5	197.1	198.8	100.0%	49.8

数据来源：BP世界能源统计年鉴（2020年版）。

表4-3　2019年世界10大天然气探明储量国

排名	国家	2018年储量（万亿立方米）	2019年储量（万亿立方米）	2019年占比（%）
1	俄罗斯	38.0	38.0	19.1

续表

排名	国家	2018年储量（万亿立方米）	2019年储量（万亿立方米）	2019年占比（%）
2	伊朗	32.0	32.0	16.1
3	卡塔尔	24.7	24.7	12.4
4	土库曼斯坦	19.5	19.5	9.8
5	美国	12.9	12.9	6.5
6	中国	6.4	8.4	4.2
7	委内瑞拉	6.3	6.3	3.2
8	沙特阿拉伯	5.9	6.0	3.0
9	阿联酋	5.9	5.9	3.0
10	尼日利亚	5.3	5.4	2.7
世界		197.1	198.8	100

数据来源：BP世界能源统计年鉴（2020年版）。

三、国际油气资源分布特点

（一）资源分布不均

全球油气资源丰富，但分布贫富不均。世界已发现油气主要集中在中东、中亚—俄罗斯和北美3个大区，分别占全球油气总可采储量的31%、20%和16%。目前在全球148个国家和地区有油气发现，但油气在各个国家的分布非常不均，主要集中在少数几个国家，排名前5个国家和地区的储量占全球的50%，排名前10个国家和地区的储量占全球的70%。全球已探明油气资源主要分布在大型富油气盆地，全球前20含油气盆地的油气储量约占全球油气总储量的75%。❶

（二）常规待发现油气资源潜力大

全球常规待发现油气资源潜力很大，待发现常规油气可采资源总量为1.7万亿桶，为已发现油气资源的36.3%。其中石油7741亿桶，天然气

---

❶ 姜向强，等. 全球油气资源分布与勘探发现趋势 [J]. 当代石油石化，2018:26(6).

9466亿桶油当量。主要分布在中亚—俄罗斯、中东—北非、非洲、中南美、北美和亚太地区。地域上，全球待发现油气资源量主要分布在海域和北极地区。石油待发现资源量大于100亿桶的前18个含油气区，其待发现石油资源量占54.5%，其中14个分布在海域或北极。天然气待发现资源大于100亿桶油当量的前18个含油气区，其待发现天然气资源量占56.7%，其中17个分布在海域或北极。

（三）非常规资源类型多、资源量大

非常规资源规模是常规待发现资源的数倍，是未来油气开发利用的重要领域。非常规石油资源类型包括致密油、重油、油砂和油页岩，待发现可采资源量4226亿吨。其中，页岩油为1978亿吨，重油为1248亿吨，油砂为636亿吨，致密油为364亿吨。非常规天然气资源主要包括页岩气、致密气和煤层气，待发现可采资源量为192万亿立方米。其中，页岩气为153万亿立方米，致密气为7万亿立方米，煤层气为32万亿立方米。

非常规资源分布不均，高度集中于美国、俄罗斯、加拿大等国。致密油主要分布在美国和俄罗斯，可采资源量分别为70亿吨和77亿吨，分别占全球的19%和21%；油砂高度富集于加拿大，可采资源量达385亿吨，占全球的60%，其次是俄罗斯和法国，可采资源量分别为124亿吨和76亿吨，占19%和12%；重油主要分布于委内瑞拉、美国、沙特、墨西哥、俄罗斯和法国，可采资源量分别为302亿吨、182亿吨、170亿吨、136亿吨、88亿吨和75亿吨，占比分别为24%、14.5%、13.6%、10.9%、7.0%和6.0%；页岩油主要分布于美国、俄罗斯和乌克兰，可采资源量分布为690亿吨、570亿吨和189亿吨，占比分别为34.9%、28.8%和9.6%，美国页岩油已经开始大规模开采。

页岩气主要分布于美国、中国、俄罗斯、加拿大、澳大利亚、伊朗、沙特、阿尔及利亚、阿根廷、巴西、哈萨克斯坦、波兰和印度13个国家；煤层气主要分布于俄罗斯、加拿大、美国和澳大利亚，可采资源量分别为13万立方米、9万立方米、8万立方米和3万亿立方米，占比分别为40.6%、28.1%、25.0%和9.4%。全球前8大页岩油气盆地依次为墨西哥湾盆地、西西伯利亚盆地、内乌肯盆地、西加盆地、三叠/古达米斯盆地、卡鲁盆地、四川盆地和坎宁盆地，这 8 个盆地的页岩油气技术可采资源量占全球总量的 51.1%。

第二节　国际油气供给

一、影响国际油气供给的主要因素

（一）资源禀赋与不确定性

在目前科学技术条件下，人们对油气资源的认识程度是有限的。地质家们想出许多办法对石油和天然气的储藏量进行预测，但是直到目前，预测方法仍然是十分粗略的。对世界可采油气资源量的各种估计，往往会发生很大差别，有的甚至相差数倍。这个差别是很多因素造成的，诸如对石油生成的地质条件的不同估计、对采取技术有效的不同看法、对寻找油藏技术能力的不同假设等。再则，全球油气的储量不能作为衡量油气资源供应的指标，因为储量被定义为在当前的技术与经济条件下，可以商业性地采出的油气的量。实际资源量由于将来技术和经济条件的改变，会与目前估计的数字产生相当大的差距。

（二）储采比

储采比又称为储量寿命，是指任何一年年底油（气）田所剩余的储量除以该年度的产量，所得出的结果表明如果产量继续保持在该年度的水平，这些剩余储量可供开采的年限。

截至 2019 年底，全球石油探明储量为 17339 亿桶，较 2018 年下降 20 亿桶。根据 2019 年的储采比，全球石油还可以以现有的生产水平生产 50 年。分地区来看，中南美洲的储采比全球最高，达 144 年；欧洲地区储采比为全球最低，为 11 年。欧佩克组织拥有 70.1% 的全球储量。储量最高的单一国家是委内瑞拉（占全球储量 17.5%），沙特阿拉伯（17.2%）紧随其后，随后是加拿大（9.8%）、伊朗（9.0%）和伊拉克（8.4%）。1989 年到 2019 年间，全球石油储采比呈现波动上涨趋势，2019 年全球石油储采比为 50 年。

2019年全球天然气探明储量增加1.7万亿立方米，达198.8万亿立方米。根据2019年的储采比，全球天然气还可以以现有的生产水平生产49.8年，相较2018年减少1.1年。中东（108.7年）和独联体国家（75.8年）的储采比高于其他地区。

石油和天然气的探明储量并非可供开采量，可供开采的石油和天然气量原理上少于探明储量，因此，石油和天然气作为稀缺资源，应当合理规划、合理开采。

（三）油气生产成本与利润

油气生产成本是指生产经营过程中所发生的全部消耗，是油气生产过程中实际消耗的直接材料、直接工资、其他直接支出和其他生产费用等，具体包括操作成本、折旧、折耗，同时考虑发生的期间费用（管理费用、财务费用、营业费用等）、勘探费用和税费等，合计称为完全成本。完全成本中，油气操作成本是指对油水井进行作业、维护及相关设备设施生产运行而发生成本，主要包括直接材料费、直接燃料费、直接人员费、直接动力费、驱油物注入费、井下作业费、测井试井费、稠油热采费、油气处理费、轻烃回收费、天然气净化费、运输费、维护及修理费、其他直接费、厂矿管理费。折旧、折耗是补偿油气资产和除油气资产以外的固定资产在生产过程中的价值损耗，在项目使用寿命期内，将油气资产和固定的价值以折耗和折旧的形式列入产品成本中，逐年摊还。期间费用包括管理费用、财务费用和销售费用。勘探费用是勘探过程中的各项支出和非成功探井支出。

根据微观经济学原理，基于成本效益分析，单位油气的产量会受到油气的生产成本、收入的影响。由于天然气和石油的开采难度越来越大，因此，开采成本也就越来越大。随着生产规模的增加，更多低品质的油气区块被开发，因此总成本曲线与收入曲线的交点对应的就是盈亏均衡点，此点表示利润为零。如图4-1所示，总成本与总收入也可能存在两个交点，第一个交点对应的产量是盈亏平衡产量，第二个交点对应的产量是利润为零的最大效益产量。由于存在固定成本，利润曲线的初始值是负的，绝对值等于固定成本总额。随着产量增加，利润不断上升，在达到最高点后开始下降。利润曲线最大值对应的产量称为最大效益产量。边际成本等于边际收入时利润最大。其中，边际成本是指每多生产一单位产品所增加的成本，在油气生产中边际成本相当于单位可变成本。边际收入是指每多销售一单位产品所增加的收入，在油气生产中相当于油价。当单位可变成本等于油价时，总利润最大。因此，产油国也会根据效益调整油气的供应量。

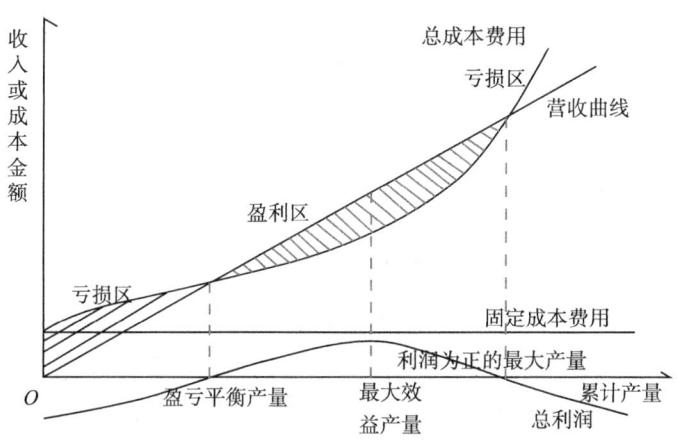

图4-1 油气生产成本利润曲线

（四）生产国产业政策

一国的政策在经济发展过程中，产业的发展方向具有空间和时间上的引导作用。从中观经济学角度考虑，产业作为经济组成块，产业政策是带动产业发展、指导产业健康成长的总方针。一般而言，企业会根据国家产业政策规划制定公司发展战略，结合市场规律规划生产进程。油气作为能源，被称作"工业的血液"，对于油气生产国而言，产业政策更加偏向于发展工业，则自身油气需求也会增加，进而会加大油气的开采力度，如果政策倾向于油气的出口，那么对于国际油气供应而言具有促进作用。

此外，油气对气候、水资源以及空气造成了大量的环境损失，附加了更多的外部性成本。在气候变化和环境约束下，各国将能源转型、低碳发展提上日程，加大环境投入，制定环保政策，鼓励新能源发展。清洁的替代能源会与传统的油气能源竞争，从而减少油气消费。

（五）生产国财政经济状况与产能建设

对于油气出口国而言，油气的出口可以为国内带来财政收入。从微观经济学的角度考虑，由于资源的稀缺性及地缘性，油气出口国作为世界油气贸易的供给方，可以根据自身的发展情况调整市场供给。石油输出国组织即欧佩克作为一个国际垄断性的卡特尔组织，能够根据国际石油贸易市场的需求，做出对自身最有利的决策，使利润最大化。天然气市场也较类似，几个天然气大国控制着国际天然气出口贸易，按照市场需求开展产能建设实现自身利润最大化。

（六）国际油气价格

根据油气供需理论，需求、供给和价格存在联动效应，彼此相互影响，因此国际油气定价也是影响油气供应的重要因素之一。按照经济学规律，即使是具有战略特性的资源，价格波动会影响产量。当国际油气价格上涨时，油气供应国会在现有技术和资源允许的情况下扩增产量，增加收益，实现经济效益最大化和规模最大化；在油气价格下跌时，油气需求国会大量地囤货，而石油生产国不得不降低产量，控制价格的持续下跌，以试图调整国际油气价格下跌给本国经济带来的损失。这是一个持续影响的动态过程，油气价格下跌或上涨会影响需求，进而影响供给，而油气市场的供求状况又会反过来影响并作用于油气价格。因此，石油需求增加会导致油价上扬，石油需求降低会导致油价下降；但随着油价上升，石油需求又会受到抑制。油气作为战略性物资，其供给影响因素相对复杂，但价格对供给和需求的影响十分明显。

（七）国际禁运、战争与资源国政局动荡

油气资源供应地区的地缘政治因素异常突出。世界主要产油国常常存在政治不稳定、国内政局动荡，以及遭受国际禁运等风险。据估计，目前全球约 1/5 的石油供应不是在支持恐怖主义的国家，就是在被美国和联合国制裁的国家，制裁的实施或解除直接影响了油气供应。如美国制裁伊朗，并对伊朗实行石油出口禁运，很多国家都被迫与之取消订单，伊朗油气生产和供应出口大幅度下降。当然，随着非传统油气资源的引进，欧佩克和非欧佩克国家为建立新的油气市场规则也展开了竞争。

二、国际油气供给规模与结构

(一) 石油供给

随着人口增长和社会发展,石油产量总体保持增长趋势。截至 2019 年底,世界石油产量达到 44.845 亿吨,约为 30 年前的 1.5 倍。从石油生产区域来讲,北美石油产量增长强劲,占世界石油总产量的 24.9%;此外,中东地区石油产量较 2018 年下降 5.1%,但仍占世界石油总产量 31.6%(表 4-4)。其中,北美地区的石油产量增长主要来源于美国的增长,2019 年美国产量达到 7.467 亿吨,较 2018 年增长 11.2%。值得一提的是,北美石油产量大幅度增长的主要原因是美国的能源独立政策和能源出口政策,以及陆上页岩油和油砂产量持续强劲增长。

表 4-4 2010—2019 分地区石油产量表

单位:百万吨

地区	2010	2011	2012	2013	2014	2015	2016	2017	2018	2019	增率	占比
北美洲总计	644.5	665.7	726.7	790.9	877.3	918.2	890.5	929.2	1042.2	1116.5	7.1%	24.9%
中南美洲总计	378.7	381.7	378.6	379.1	393.1	398.4	379.1	367.4	333.4	317.0	-4.9%	7.1%
欧洲总计	199.8	182.3	167.5	158.8	159.6	166.4	167.7	164.9	163.2	157.8	-3.3%	3.5%
独联体国家总计	659.9	662.5	666.7	675.5	676.1	681.7	693.6	698.1	711.1	714.9	0.5%	15.9%
中东地区总计	1210.1	1320.4	1343.7	1326.6	1338.9	1411.8	1499.8	1479.3	1494.1	1417.4	-5.1%	31.6%
非洲总计	487.0	406.0	442.2	409.5	390.6	386.7	364.5	384.5	394.5	399.1	1.1%	8.9%
亚太地区总计	403.4	395.8	400.9	394.4	395.1	399.8	383.7	369.8	361.0	361.8	0.2%	8.1%
世界总计	3983.4	4014.4	4126.3	4134.3	4230.8	4362.9	4378.9	4393.5	4499.7	4484.5	-0.3%	100.00%
石油输出国组织	1638.2	1668.5	1739.7	1685.4	1681.1	1749.0	1804.3	1794.2	1781.4	1680.0	-5.7%	37.5%

续表

地区	2010	2011	2012	2013	2014	2015	2016	2017	2018	2019	增率	占比
非石油输出国组织	2292.8	2345.2	2386.6	2449.5	2549.7	2613.9	2574.6	2599.3	2718.1	2804.5	3.2%	62.5%
欧盟	93.4	81.2	72.5	68.0	66.9	71.4	70.5	69.3	72.8	72.0	-1.1%	1.6%

数据来源：BP世界能源统计年鉴（2020年版）。

沙特阿拉伯、俄罗斯、美国一直是全球石油产量最大的3个国家。2019年美国石油产量居世界第一，其次是沙特阿拉伯和俄罗斯。

中东地区为世界最主要的石油生产地区，2019年中东地区合计石油产量14.174亿吨，比2018年大幅下降5.1%，占世界总产量的31.6%。除伊拉克、阿联酋、也门的石油产量有一定增加外，其他中东国家的产量均有不同程度的下降。

欧佩克对国际石油市场的影响往往产生举足轻重的作用。巨大的石油资源、惊人的生产潜力、低廉的石油成本，使其具有无可比拟的竞争力。欧佩克关于产量和油价的协议，一般符合各成员国保护石油资源和增加石油收入的利益，因而得到多数国家的支持，形成一致的行动。同时，非欧佩克产油国在国际石油市场中扮演着越来越重要的角色。根据2019年欧佩克年度市场报告分析，2019年非欧佩克产油国原油产量同比增长130万桶/日，同比增长2.9%。在所有非欧佩克石油生产国，除了挪威有意识地控制其发现储量的开发外，大多数国家都尽可能多开采石油。这一特点也导致出现另一现象，即非欧佩克国家的石油产量增长很快，下降得也快。因为石油储量在高速开采的情况下，产量衰减会很快。

（二）天然气供给

近年来，随着开采技术的进步及气候政策的限制，天然气作为一种清洁能源，其产量逐渐上升。截至2019年，世界天然气产量为3.99万亿立方米，同比增长了3.4%，其中北美、独联体地区和中东地区是世界天然气的主要产区，三大地区的天然气产量占全球产量的近2/3左右，而非洲和中南美洲产量较少（表4-5）。

表 4-5　2014—2019 年世界分地区天然气产量

单位：十亿立方米

年份 地区	2014	2015	2016	2017	2018	2019	2019年较2018年增长（%）	2019年占比（%）
世界	3425.9	3500.6	3540.4	3672.5	3857.5	3989.3	3.4	100
北美	915.0	949.0	942.8	960.0	1050.1	1128.0	7.4	28.3
独联体地区	751.4	745.0	747.2	789.1	831.1	846.5	1.9	21.2
中东	582.7	600.2	623.9	646.5	680.7	695.3	2.1	17.4
亚太	535.5	563.5	582.8	608.5	632.0	672.1	6.3	16.8
欧洲	266.6	261.0	259.9	262.8	251.2	235.9	-6.1	5.9
非洲	198.7	204.0	205.9	224.2	236.2	237.9	0.7	6.0
中南美洲	176.0	178.0	177.9	181.4	176.2	173.6	-1.5	4.4

数据来源：BP世界能源统计年鉴（2020年版）。

2019年世界天然气产量接近4万亿立方米，较2018年增长3.4%，得益于美国、俄罗斯等国天然气贸易的强劲增长，天然气在世界能源贸易中的地位越来越重要。从全球各地区来看，北美地区的天然气产量增加得最快，得益于美国页岩气革命，整个北美地区的天然气世界市场份额从2018年的27.2%提升到2019年的28.3%，远超其他地区；独联体地区天然气市场份额为21.2%，仅次于北美地区，与2018年相比基本无太大变化，其中俄罗斯是主要贡献者；中东地区也拥有丰富的天然气资源，其市场份额为17.4%，较去年略有下降，但仍然是重要的天然气输出国组织；而亚太地区中大多数发展中国家经济快速发展，其天然气产量也大幅增长，增速为6.3%，但其市场份额仅为16.8%，远低于北美地区及独联体地区；欧洲、非洲及中南美洲因为地缘关系，天然气产量无法与前几个地区相比，其市场份额仅为5.9%、6.0%、4.4%（表4-5、表4-6）。

表 4-6 2014—2019 年世界主要天然气生产国天然气产量

单位：十亿立方米

年份 国家	2014	2015	2016	2017	2018	2019	2019年占比（%）
美国	704.7	740.3	727.4	746.2	835.9	920.9	23.1
俄罗斯	591.2	584.4	589.3	635.6	669.1	679.0	17.0
伊朗	175.5	183.5	199.3	219.5	238.3	244.2	6.1
加拿大	159.0	160.8	171.8	175.6	179.0	173.1	4.3
卡塔尔	169.5	174.9	173.6	168.6	176.5	178.1	4.5
中国	131.2	135.7	137.9	149.2	161.5	177.6	4.5
澳大利亚	66.6	76.0	96.4	112.8	130.1	153.5	3.8
挪威	108.0	116.2	115.9	123.2	121.3	114.4	2.9
沙特阿拉伯	97.3	99.2	105.3	109.3	112.1	113.6	2.8
阿尔及利亚	80.2	81.4	91.4	93.0	93.8	86.2	2.2
马来西亚	72.2	76.8	76.7	78.5	77.3	78.8	2.0
印度尼西亚	76.4	76.2	75.1	72.7	72.8	67.5	1.7
阿联酋	52.9	58.7	60.3	62.4	61.4	62.5	1.6
土库曼斯坦	63.5	65.9	63.2	58.7	61.5	63.2	1.6
埃及	47.0	42.6	40.3	48.8	58.6	64.9	1.6
世界	3425.9	3500.6	3540.4	3672.5	3857.5	3989.3	100.0

数据来源：BP 世界能源统计年鉴（2020 年版）。

第三节 国际油气需求

一、影响国际油气需求的主要因素

（一）经济发展状况

目前，石油和天然气仍旧是全球主体消费能源，且随着经济发展和科技推动，油气资源需求量将越来越大。经济发展的水平直接影响着油气资源的需求，油气资源需求量随着国内生产总值的增加而增加，人均国内生产总值水平越高，人均油气资源需求量则越大。因此，经济发展是影响油气消费一个非常重要的因素。

（二）能源结构

能源结构，指能源总生产量或总消费量中各类一次能源、二次能源的构成及其比例关系，分为生产结构和消费结构。它直接影响国民经济各部门的最终用能方式，并反映人民的生活水平。由于全球气候变化，以及人们日益对环境与健康的追求，目前许多国家将环境治理和持续发展作为主要战略目标，大力推动能源结构转型升级。调整能源结构的目的就是减少对化石能源资源的需求与消费，大力发展新能源和可再生能源，推进能源绿色发展。在当前能源绿色发展背景下，油气需求将受到电能、新能源的重大冲击。

（三）能源政策

能源政策是指一个国家对于能源的需求、供应、进出口、价格等各方面的一种引导规划或战略，一般而言具有一定的目标性。诸如美国实施的能源独立政策，其主要目的就是加大国内油气资源的开采与开发，在逐步实现自给的情况下，加强能源出口，在这样的政策下，美国对于国际市场的能源需求也就相对下降；而日本、欧洲发达国家等主张新能源政策，强调研发油气能源的替代能源，在这种政策趋势下，日本、欧洲发达国家则对于油气的需求也会下降；新兴发展中国家，由于经济发展需求，则会主张能源供应安全，尤其是石油与天然气的供应安全，为保障供应的持续和不间断，就会加大对石油和天然气的进口，对于油气的需求也就大大上升。

（四）国际油气价格

油气作为一种商品，具有价值，而价格就是商品价值的体现。按照经济学规律，在其他条件不变的情况下，商品的需求量与价格之间反向变动，即价格上涨，需求量减少；价格下降，需求量增加。但与一般商品不同，石油是一种与家庭、社会和经济有密切关系的重要商品，其价格上涨不会立即导致消费量的下降（特别是国防、医院、粮食运输、寒带地区的暖气供应消费），也就是短期内石油需求量受价格变化不大。但是，从长期观点来看，石油作为一种商品，石油价格的上涨会导致节约能源或使用替代能源等，从而石油需求在长期会因价格上涨而减少。天然气需求受价格的影响机制与石油类似，即短期内天然气需求量受价格变化不大，但从长期观点来看，天然气价格与需求量之间呈反向变动。

（五）替代能源与新能源发展

基于化石能源的稀缺性、不确定性和污染性考虑，开发替代能源可以有效地解决能源不足问题和环境污染问题。纵观全球能源发展，国内外已研发的油气替代能源主要途径有建筑节能环保技术、储能前沿技术（风能、太阳能、电能等）、小型核裂变技术、能源互联网技术等。新能源开发利用成本随科技发展而不断降低，对油气需求构成一定挑战。

（六）季节性原因

季节不同，人们对于油气的需求也会变化，原因在于，油气经常用于供暖、供热，甚至会用于制冷（LNG冷凝作用）。在全球北方地区，由于距离赤道较远，冬季十分寒冷，对于油气的需求相对较大。对于我国而言，华北地区冬季供暖系统依赖天然气，因此，冬季对于天然气的需求增长较其他季节而言差异很大。

二、国际油气需求规模与结构

（一）国际石油消费

由于石油产业链渗透到经济的各个方面，一国国民经济增长与石油消费紧密相连。2010—2019年国际石油消费平均增速达到1.19%，2019年世界石油消费量为44.452亿吨，比2018年增长0.8%（表4-7）。从各大区域来看，中南美洲、欧洲、北美洲石油消费量呈现下降趋势，分别较2018年下降了0.6%、0.2%和0.9%；亚太地区的石油消费量增长最多，较2018年增加了0.291亿吨，增长率为1.8%，非洲地区和独联体国家分别增长了2.5%和1.5%。

其中，美国依旧保持着世界最大石油消费国的地位（表4-8）。中国是世界第二大石油消费国。作为全球能源消费驱动主体之一，新兴经济体印度2015年超过日本，成为石油消费量居世界第三的国家，这离不开印度以工业为重心的经济发展政策导向。由于日本在大力开发新能源和加强一次能源利用率上的各种努力,从 2013 年起,日本的石油消费正逐年下降,并且在能源的利用率和新能源开发上为保障能源消费取得了较好的进展。

表 4-7　2010—2019 年分地区石油消费表

单位:百万吨油当量

年份 地区	2010	2011	2012	2013	2014	2015	2016	2017	2018	2019	增率	占比
北美洲	1004.3	991.3	972.2	982.0	984.6	997.4	1004.9	1009.5	1028.4	1019.5	-0.9%	22.9%
中南美洲	273.6	285.1	292.6	300.8	301.2	294.9	286.5	281.8	275.7	274.1	-0.6%	6.2%
欧洲	733.5	713.5	689.8	676.6	662.3	678.9	696.1	708.4	704.8	703.2	-0.2%	15.8%
独联体	165.9	178.4	183.2	180.5	189.5	181.6	185.8	183.7	189.5	192.3	1.5%	4.3%
中东	357.5	367.1	382.8	394.0	397.2	395.9	403.4	398.5	397.2	408.4	2.8%	9.2%
非洲	164.6	160.0	168.8	174.9	177.7	181.6	183.1	183.9	185.7	190.4	2.5%	4.3%
亚太	1298.5	1340.4	1397.3	1419.9	1441.3	1495.5	1551.7	1596.5	1628.2	1657.6	1.8%	37.3%
世界总计	3997.9	4035.9	4086.7	4128.6	4153.9	4226.3	4311.5	4362.2	4409.7	4445.2	0.8%	100.0%

数据来源:BP 世界能源统计年鉴(2020 年版)。

表 4-8　2010—2019 年全球十大石油消费国

单位:百万吨油当量

年份 国别	2010	2011	2012	2013	2014	2015	2016	2017	2018	2019	2019年排名
美国	813.3	796.1	778.2	790.6	796.0	812.8	818.3	826.3	844.4	841.8	1
中国	446.3	462.4	484.2	505	524.4	558.3	571.5	596.4	619.8	650.1	2
印度	156.6	164	174.6	176.3	181.9	197.0	217.7	225.7	235.1	242.0	3
日本	202.4	203.4	217.4	207	196.6	189	183.3	180.5	175.6	173.6	4
沙特阿拉伯	136.6	139.1	146.1	146.5	161.1	167.3	165.1	162.3	157.3	158.8	5
俄罗斯	133.3	142.2	144.6	144.3	152.3	144.3	148.1	145.7	149.3	150.8	6
韩国	105.0	105.8	108.8	108.3	107.9	113.8	122.5	122.8	121.7	120	7

续表

年份 国别	2010	2011	2012	2013	2014	2015	2016	2017	2018	2019	2019年排名
巴西	106.1	112.8	115.8	122.8	126.6	118.5	112.2	113.6	108.9	109.7	8
德国	112.0	108.4	107.7	110	106.9	106.7	109	111.3	106	106.9	9
加拿大	101.6	104.2	101.2	101.1	102.6	99.8	101.3	101.3	104.8	102.8	10

数据来源：BP世界能源统计年鉴（2020年版）。

西欧许多国家都是石油净进口国，对进口依赖程度较大，但西欧国家很少对石油危机产生恐慌。一方面是因为西欧国家早已意识到了能源安全和减少对石油依赖的重要性，发展石油替代能源已30余年，在能源多元化方面的努力更是卓有成效；另一方面，欧元升值在一定程度上抵消了以美元计价的油价攀升。

（二）国际天然气消费

随着各国环保意识增强并积极应对气候变化，绿色、低碳发展模式已成为趋势。天然气因其低碳清洁的特性成为最现实的过渡能源选择。天然气将成为未来世界一次能源中发展最快的能源。随着能源消费升级进程加快，天然气发展将迎来黄金时期。BP、EIA等机构及埃克森美孚等公司都对天然气未来发展给予积极的展望，到2040年全球天然气消费规模将达到5.2万亿立方米，年均增速为1.6%。天然气在一次能源消费结构中的比例由2016年的24%增至26%。❶

2011—2019年，世界天然气消费逐年上升。2019年，世界天然气消费量为39292亿立方米，同比增长2.0%。世界主要天然气消费地区是北美、亚太地区和独联体地区，三大消费区的天然气消费量占世界天然气总消费量的64.1%左右。其中北美天然气消费量占世界天然气消费总量的26.9%，亚太地区、独联体地区分别占世界天然气消费总量的22.1%和15.1%（表4-9）。

---

❶ 张礼貌.世界油气产量供应不确定性分析[J].当代石油石化，2018，26（10）.

表4-9　2011—2019年世界天然气消费量

单位：十亿立方米

年份 地区	2011	2012	2013	2014	2015	2016	2017	2018	2019	2019年较 2018年 （%）	2019年 占比 （%）
世界	3237.1	3322.0	3376.6	3399.4	3478.0	3559.0	3658.6	3851.7	3929.2	2.0%	100%
北美	826.6	859.0	889.1	910.7	934.1	938.3	935.3	1025.8	1057.6	3.1%	26.9%
亚太	623.1	664.4	688.6	708.8	720.2	737.5	776.1	831.0	869.9	4.7%	22.1%
独联体	549.5	545.2	537.3	539.9	530.0	538.8	549.6	582.3	573.7	−1.5%	15.1%
中东	398.1	410.2	423.3	447.5	478.3	500.7	522.2	545.8	558.4	2.3%	14.2%
欧洲	580.4	565.7	554.4	500.0	509.2	537.4	558.9	548.0	554.1	1.1%	14.1%
中南美洲	152.1	161.8	167.3	172.6	177.8	174.2	176.3	169.9	165.4	−2.7%	4.2%
非洲	107.2	115.1	116.6	119.9	128.5	132.0	140.1	148.8	150.1	0.9%	3.8%

数据来源：BP世界能源统计年鉴（2020年版）。

从国别结构来看，天然气消费量排名前五的国家包括美国、俄罗斯、中国、伊朗、加拿大（表4-10），这5个国家消费总量占全球49.4%。

表4-10　2017—2019年世界十大天然气消费国

单位：十亿立方米

国家	2017		2018		2019		
	消费量	排名	消费量	排名	消费量	排名	占比（%）
美国	740.0	1	819.9	1	846.6	1	21.5
俄罗斯	431.1	2	454.5	2	444.3	2	11.3
中国	240.4	3	283.0	3	307.3	3	7.8
伊朗	209.1	4	224.1	4	223.6	4	5.7
加拿大	109.3	6	118.3	5	120.6	5	3.1
沙特阿拉伯	109.3	6	112.1	7	113.6	6	2.9
日本	117.0	5	115.7	6	108.1	7	2.8
墨西哥	86.0	9	85.6	9	90.7	8	2.3

续表

国家	2017		2018		2019		占比（%）
	消费量	排名	消费量	排名	消费量	排名	
德国	87.7	8	85.9	8	88.7	9	2.3
英国	78.6	10	79.3	10	78.8	10	2.0
合计	2208.5		2378.4		2422.3		61.6
世界	3658.6		3851.7		3929.2		100

数据来源：BP世界能源统计年鉴（2020年版）。

第四节 国际油气供需特点

进入21世纪以来，全球石油生产和消费平稳增长。2009—2019年间，石油产量从39.05亿吨增至44.84亿吨，年均增长1.2%；石油消费量从38.80亿吨增至44.45吨，年均增长1.1%。除个别年份受油价低迷的影响，世界石油产量略大于消费量外，各年产量均小于消费量。

2008年以来，天然气产量和消费量，除了2009年有小幅下降外，其余时间均呈现稳步增长的状态。2009—2019年，全球天然气产量从29.35亿吨，增长至39.89亿吨，年均增长2.4%，相对于石油而言，有十分明显的增长趋势；全球天然气消费则是由2009年的29.41亿吨增长至2019年的39.29亿吨，年均增长2.5%；与石油供需关系类似，天然气的年消费量均略高于产量，天然气供需关系略微呈供不应求状态。2020年，随着疫情在全球范围的扩散，能源消费需求受到极大影响。2020年全球石油消费量比上年减少870万桶/日，石油供应同比减少660万桶/日，供需降幅均创历史之最。全球天然气消费3.81万亿立方米，降幅约为3%，为21世纪以来首次下降。❶在不利的形势下，全球投资者对油气上游项目开发更加

---

❶ 中国石油经济技术研究院发布《2020年国内外油气行业发展报告》。

谨慎，勘探开发投资大幅减少，这种影响短期难以消除。如果开发商继续减少新项目的投入，更多未获批的油气项目可能会被取消或者推迟。从需求来看，当前世界石油需求仍处于恢复进程中，成品油需求减速甚至达峰，使得全球石油需求增长潜力不足。中长期内，世界石油供应出现严重不足的可能性很小。

近几年国际石油市场的供需情况主要呈现以下特点。

一、"四大中心"与"三大洼地"

（一）四大油气供应中心

受资源、经济、政治和工业发展程度等多重因素影响，全球存在中东、中亚—俄罗斯、非洲和中南美洲四大油气供应中心。从全球剩余石油探明储量来看，中东、中南美洲、非洲和中亚—俄罗斯地区四者合计占比达82.4%。2019年中东、中亚—俄罗斯、非洲和中南美洲四大石油供应中心的石油出口量分别达到11.559亿吨、5.626亿吨、3.547亿吨和1.395亿吨。预计未来较长一段时间内，四大油气供应中心的格局仍将延续。

（二）三大油气消费中心

由于全球油气资源分布不均，油气的生产和消费中心偏离，全球形成了亚太、欧洲和北美三大石油消费中心，需要依靠进口满足区域内的石油消费需求。2019年，亚太、欧洲和北美三地区的原油进口量分别达到12.387亿吨、5.225亿吨和3.714亿吨。得益于页岩油气的开发和美国能源独立政策的鼓励，北美地区石油进口量下降十分明显；天然气方面，亚太、北美洲天然气消费需求均出现了明显增长，而欧洲天然气消费则有所下降。亚太地区的天然气进口主要依赖于进口LNG，而北美地区和欧洲气度则主要依赖于管道进口。

二、人均消费区域差异大

根据《BP能源统计年鉴（2020年版）》相关数据计算得出，2019年间，北美地区年人均石油消费达到3吨以上，澳大利亚年人均石油消费量则是在2吨左右，欧洲地区年石油年人均消费在1.2~1.5吨区间，而南美洲和西欧部分地区的石油年人均消费则在0.5~1吨区间，非洲和亚太地区的石油人均年消费量则低于0.5吨。值得注意的是，亚太地区作为石油消费需求极大的地区，在人均年消费方面却排名靠后。天然气人均区域消费则不同于石油，年人均消费达到 2500 立方米以上的主要有北美地区、俄罗斯、中东地区等；澳大利亚的天然气年人均消费也则在 2000～2500 立方米区间，而亚太地区、中南美洲和非洲地区则年人均消费低于 500 立方米。

三、供需地区不平衡矛盾依然存在

欧洲地区已完成工业化，能源消费总量增长空间不大，随着能源利用模式向清洁化、可再生能源转变，预计未来石油需求将有所降低。但欧洲石油资源贫乏，产量有限，未来仍是较大的石油净进口区之一。

北美地区非常规油气资源丰富，油气市场的市场化程度较高，若油价持续升高，非常规油气产量将大幅增长，石油的净进口量将有所下降；若油价走低，石油净进口量有不降反升的可能。

与欧洲和北美地区经济发展阶段、资源赋存条件不同，亚太地区石油需求受经济发展工业化、城市化进程，仍将大幅增长，但石油产量增长空间有限，净进口量将持续增长，未来的地区性不平衡将进一步加剧。

四、国际油气供需环境宽松

从贸易格局看，亚太地区将继续引领世界石油需求增长，在产油国市场份额竞争加剧情况下，作为世界石油需求增长主要来源的中国将成为争夺对象，亚洲国家的战略买家地位将提升。亚洲成为全球能源需求增长的主要引擎，但由于历史原因，亚洲没有形成亚洲油气价格基准以充分反映本地区供需基本面。定价权的缺失导致了亚洲溢价，尤其是亚洲 LNG 价格远远高于其他地区。

石油价格剧烈波动并没有改变供给宽松、需求疲软的局面。首先，从油气生产来看，价格下跌并不能导致石油产出的下降。不同的主要产油国家对油气产出调节态度不同。美国受益于页岩油气技术的发展，油气产量持续上升；而传统原油生产国如沙特阿拉伯、俄罗斯等国家降产可能失去原有市场份额，因此选择降价维持产量；欧佩克拒绝减产，也可视为是对美国页岩油业的某种回击。其次，从油气需求来看，价格下跌不能有效增加当前市场对油气的需求。日本由于人口老龄化和油气替代性产品增加，导致长期需求下降。欧元区和中国这两个油气主要需求方经济基本面仍疲弱，导致两大经济体对油气需求短期难以出现大幅上升等。

复习思考题

1. 国际国内油气资源分布有何特征？
2. 影响油气供需的因素分别有哪些？
3. 国际油气供需格局发生了什么变化？

延伸阅读

美国能源新现实主义影响国际油气供需格局

张宇炎

油气资源是现代社会发展的重要物质基础，在现代工业体系中扮演着不可替代的角色。近年来，国际油气供需格局逐渐转变，特别是自 2018 年以来，受能源新现实主义的影响，国际油气供需格局正在深度调整，新格局正在加速形成。

引起国际社会关注

在国际关系理论学界，不同的理论流派均对国际油气供需格局进行了探讨。传统国际关系理论流派认为，主权国家政府通过建立国际能源合作关系保障国家的能源安全，综合实力较强的国家在开展经济合作时更易受到国内、跨国行为体的制约。上述观点在 20 世纪国际能源理论中占据主流，对研究国际油气供需格局的走向与变化有重大意义。

然而，2018 年 3 月，美国能源部部长里克·佩里在第 37 届剑桥能源周会议上提出了"能源新现实主义"（New Energy Realism），引起了国际社会关注。"能源新现实主义"的核心观点是通过推动技术创新，实现美国的能源独立。佩里强调，"从过去十年的经验来看，技术创新让我们明白，实现全球范围内的煤炭清洁化利用，可以做到发展经济和保护环境兼得。"美国内政部长瑞安·津克在参会期间表示美国政府应鼓励本国的能源生产，缩减能源审批项目的周期,加快油气基础设施项目的审批速度,为能源生产提供便利。

能源新现实主义的基本内容可归纳为三个方面:其一,主张通过技术创新提高本国能源供应能力,实现能源独立,降低对能源进口的依赖;其二,重视传统化石能源,该理论认为未来石油、天然气等传统能源仍将在能源结构中居主导地位,应通过技术手段实现化石能源的清洁化利用,实现环保和能源发展的有机结合;其三,政府应大力扶持传统能源产业,以缩减项目审批流程、提供优惠政策等为手段,使传统能源产业重新焕发生机,为国家提供更多的就业机会,促进经济发展。

国际油气供需格局出现新变化

2018年国际油气供需格局呈现出了多种变化,包括技术革命提高美国非常规油气资源产量、国际油气供应重心西移、国际油气消费重心东移。

能源新现实主义的提出改变了美国的能源供需结构,挖掘了美国油气资源的开发利用潜力,保障了美国的能源安全,促使美国以更加务实的方式发展能源产业,增加了就业机会,进而带动传统制造业向好发展。美国奉行的能源新现实主义也促使各国重新开始审视本国的能源政策,评估煤炭、石油等传统能源的价值,重视技术创新。

21世纪以前,受技术能力的制约,页岩气一直未能被充分开采利用。随着特朗普政府鼓励技术创新,加强对传统油气资源的开发利用,美国能源公司相继在油气生产技术领域取得进展,页岩气开发技术的突破使美国非常规油气产量出现爆发式增长。2018年,美国超过沙特阿拉伯成为世界第一大原油生产国,就与页岩气开发和利用技术的突破密切相关。

随着美国的油气供应能力大幅提高,与之相对的是,传统石油供应中心即中东地区在国际油气供应体系中的地位与话语权受到削弱。近年来,美国原油产量持续增加,根据国际能源署最新数据显示,2018年美国日均原油产量达到1090万桶(其中页岩油的日均产量已经超过800万桶),成为全球最大的原油生产国,原油产量占全球总产量的12.9%。天然气方面,根据国际能源署统计,美国保持世界上最大的天然气生产国地位,2018年天然气产量占全球总产量的20.2%,并且其未来五年增加的产量将比其他任何一个国家都多，达到每日 23.57 亿立方米，约占全球产量增长份额的 40%。

2008 年金融危机后，部分西方国家受到一定影响，经济增速放缓，对石油的需求量下降。与此相对的是，新兴经济体受经济危机影响较小，经济增速保持高位，油气消费量不断攀升。近年来，国际油气价格持续下跌，大大降低了新兴经济体原油购买成本，使它们能以更为积极的态度参与国际油气合作，带动国际油气消费中心向东转移。

新兴经济体一次能源消费量开始回升，2017 年同比增长 2.2%，是近五年平均水平的 1.6 倍。据国际能源署预测，印度对原油进口的依赖仍将加速上升，此外，东南亚新兴市场国家对石油的需求量也在逐步攀升，预计到 2040 年，东南亚国家石油使用量将从日均 470 万桶增长至日均 660 万桶。在本国石油供给不足的情况下，纷纷加强了与世界主要石油供应国的贸易联系。

2018 年以来，能源新现实主义对全球能源治理带来了重大影响，然而，它所存在的局限性使其有待进一步修正。

首先，能源新现实主义过于强调能源独立，忽视了国际能源合作。它主张，美国的能源供给应通过自给自足来实现，国际石油合作机制无法保障美国的能源安全。本质上，能源新现实主义呈现"逆全球化"的基本特征，美国希望通过"独善其身"来保障能源安全。然而，正如学者彼特罗·尼沃拉（Pietro S. Nivola）所言："由于国际油价受国际市场中多种因素影响，没有一个国家甚至区域性国际组织能摆脱国际油气格局的影响"，国际关系、国际油气合作机制仍发挥着重要作用。

随着美国逐渐实现能源的自给自足，国际油气供需格局对美国的制约程度降低，特朗普政府则以置身事外的姿态对国际油气格局施加影响，打击其地缘政治对手。2019 年 4 月 21 日，美国宣布自 5 月 2 日起，不再对当前任何国家实施伊朗原油进口的豁免，彻底切断伊朗的原油出口。随着北美地区油气生产能力的提高，欧佩克国家的利益逐渐分化，油气供应中心呈现多极化趋势，国际原油价格出现震荡，国际油气供需格局走势尚不明朗。

2008年金融危机爆发后,发达国家经济增速放缓甚至停滞。受此影响,原本可用于能源投资和基础设施建设的资本萎缩,能源消费量不断降低。为重振经济,吸引资本流入本国能源市场,发达国家相继调整能源政策,其中一个共性特点是普遍加强了政府的参与程度,密切与原油供应国之间的合作联系。法国政府不断加强与乍得、刚果、加蓬等产油国的经贸联系,力图获得稳定的原油进口来源。日本、意大利等国政府不断加强对本国能源企业对外投资的支持。由此可见,国际油气合作对维护本国能源安全具有重要作用,片面强调能源独立、忽视国际油气合作的理论观点过于激进。

其次,能源新现实主义注重开发传统化石能源,对新能源的开发利用重视不足。它主张回归传统化石能源,兼顾传统能源与新能源的发展平衡,通过技术创新减少化石能源的碳排放量,实现可持续发展。然而,它忽视了新能源广阔的发展潜力,未将新能源视为国家能源政策的重点发展领域。与世界其他国家相比,美国的能源新现实主义对新能源的重视程度不足。近年来,由于传统化石能源对环境造成的持续性损害,各国对新能源领域的投资不断增加,如可燃冰、核能、太阳能、风能、生物资源、水资源等新能源的开发利用技术成为各国研究的重点,投入经费不断增长,研发水平不断提高。根据2018年数据显示,近10年来,全球风电、核电、水电、光伏发电的产量均成倍增长,中国的风电、水电、光伏发电产量均已位居世界第一。与此同时,随着能源生产技术的不断革新,世界各国对能源的开采不再局限于陆地以及容易开采的近海地区,逐步由近海、地表延伸至深海、北极地区和地壳。而美国在能源新现实主义影响下,过于强调传统化石能源的重要性,这显然有别于世界其他国家的能源发展趋势。美国特朗普政府已将能源新现实主义应用于本国的能源领域,未来能源新现实主义是否具有生命力和推广价值,尚需实践进行检验。

(本文原载于《中国社会科学报》,2019年6月)

第五章

国际油气贸易价格

各国经济的发展,世界的和平与繁荣,都需要油气的支持。作为油气市场重要因素的油气价格及其波动,变幻莫测,影响深远。因此,维持油气供需基本平衡,确保油气市场特别是油气价格的稳定,既是油气消费国和进口国的愿望,也是油气生产国和出口国的愿望。各国政府、油气生产企业和经济学者一直以来都非常关注油气价格这一敏感问题。探讨油气价格机制及其波动规律性,意义重大。

第一节　国际石油价格机制

一、国际石油价格的概念

按照国际标准化组织(ISO)发布的石油产品分类标准,广义的石油可以包括原油、燃料油、润滑油、化工石油产品;狭义的石油一般是指原油。关于价格的表述,马克思主义经济学认为,价格是价值(交换价值)的货币表现;西方经济学认为,价格即均衡价格,是生产者为获取一定收益愿意提供的产品数量和消费者为获得产品愿意付出的代价的平衡点。

广义的国际石油价格是指国际原油、燃料油、润滑油、化工石油产品的贸易价格;狭义的国际石油价格一般是指国际原油价格。在国际经济与贸易实践中,一般有国际原油价格、国际成品油(包括燃料油、润滑油等)

价格之说。通常情况下所说的石油价格主要是指狭义的国际石油价格，即国际原油价格。由于美元在国际经济与贸易中的强势地位——大多数国际商品交易均以美元标价，石油也不例外。

综上，国际石油价格，就是以美元表示的某种原油的交换价值。由于世界原油品种众多，所以，一般情况下所说的石油价格其实是一个参考价格体系，主要包括西得克萨斯中质原油（West Texas Intermedium，WTI）价格、布伦特（Brent）原油价格和迪拜（Dubai）原油价格等。

二、国际石油价格的类型

（一）现货价

现货市场价格（spot price）主要是指实际现货交易价格，是一些机构通过对市场的研究和跟踪而对一些市场价格水平所作的估价（valuation price），一般作为学术研究用。

20世纪70年代以前，这些市场仅仅是作为各大石油公司相互调剂余缺和交换油品的手段，石油现货交易量只占世界石油贸易总量的5%以下，现货价格一般只反映长期合同超产的销售价格。因此，这个阶段的石油现货市场称为剩余市场（residual market）。

1973年第一次石油危机后，随着现货交易量在世界石油市场中所占比例逐渐增加，石油现货市场由单纯的剩余市场演变为反映原油的生产、炼制成本、利润的边际市场（marginal market），现货价格也逐渐成为石油公司、石油消费国政府制定石油政策的重要依据。

世界原油现货市场（world crude oil spots market）指世界上进行原油现货交易的市场，主要有5个：

（1）西北欧市场。欧洲有两个原油现货市场：西北欧市场和伦敦市场。西北欧市场比伦敦市场大，它分布在阿姆斯特丹—鹿特丹—安特卫普（Amsterdam — Rotterdam — Antwerp，ARA），鹿特丹是西北欧市场的核心。西北欧市场主要为德国、英国、荷兰、法国服务。这一地区集中了西欧重要的油港码头和炼厂。原油主要来自独联体国家，其次是北海油田原油和ARA地区独立炼厂的油品。

（2）地中海市场。地中海市场分布在意大利的地中海沿岸，油品来自沿海岸岛屿的独立炼厂，另外有部分原油来自经由黑海的独联体国家。地中海市场比较平稳，是这一地区重要的油品集散地。

（3）加勒比市场。加勒比市场是较小的现货市场，但它对美国和欧洲的供需平衡起着重要的调节作用。该市场的原油及油品主要流入美国市场，但如果欧美两地价差大，就会流入欧洲市场，特别是柴油和燃料油。

（4）新加坡市场。新加坡市场是发展最迅速的原油现货市场，已成为南亚和东南亚的石油交易中心。新加坡市场地处波斯湾至日本航线的中间，因此该市场在原油交易中特别重要。这一市场的原油及油品来自中东和当地的炼厂。由于日本的石脑油消费量很大，所以石脑油和燃料油在该市场占有很大份额。

（5）美国市场。美国是世界石油消费大国。尽管美国石油产量居世界第一，但仍然每年大量进口原油，于是在临墨西哥湾的休斯敦、大西洋的波特兰港和纽约港形成了庞大的市场。

(二) 期货价

期货市场价格（future price），主要指买卖双方通过在石油期货市场上的公开竞价，对未来时间的"石油标准合约"，在价格、数量和交货地点上优先取得认同而成交的油价。

期货市场为方便交易者或扩大流量，有时也按规则出台"结算价"。石油期货的结算价，一般都是相对一段时间内的加权平均价。在研究问题时，也常把"结算价"当成该时段的期货价格。

石油期货交易所的公开竞价交易方式形成了市场对未来供需关系的信号。交易所向世界各地实时公布交易行情，石油贸易商可以随时得到价格资料。这些因素都促使期货市场在某种程度上替代了现货市场的价格发现功能，期货价格已成为国家原油价格变化的预先指标，成为石油市场的基准价。据普氏、阿各斯等世界权威石油价格指数管理机构介绍，在确定原油和油品价格水平时，石油期货交易所前一交易日的结算价占有十分重要的地位。

(三) 易货价

易货价指以货易货价格（barter price）。欧佩克成员国在出口其生产的原油时，必须遵守成员国之间共同商定的官方价格。各国国情不同，有些急需资金的成员国为了补充物资,需要多采石油,但是又要遵守欧佩克的产量配额。为了解决这一矛盾,有些国家就采用以货易货的方式交换其想要的物资。采用这种方式时,采用的原油价格虽然是按照欧佩克官方价格计算,但由于所换物资的价格高于一般市场价,所以实际上以货易货的油价往往低于官方价格,因而这是在市场疲软情况下一种更加隐蔽的价格折扣方法和交易手段。

以货易货最基本的形式是用石油换取专门规定的货物或服务,此外还有以油抵债、以油换油、回购交易等多种形式。

回购交易是卖方将销售石油所得收入的一部分用来购买进口其石油的国家的货物。这种交易较为灵活,石油出口国可以从石油进口国所提供的多种货物和服务项目中进行选择,挑选其愿意接受的货物或服务,作为销售石油的全部或部分收入。

三、国际石油价格机制的演变

(一)基点定价制

1. 基点定价制的概念

所谓基点定价制(basing point pricing system),即世界任何地方的油价,都以"基点"的离岸价加上从"基点"到消费中心的运费计算。也就是说,基点价格制是假设从"基点"装船,而不考虑实际产地。

基点定价制又分为"单一基点定价制"和"双重基点定价制"。1900—1945年,美国在国际石油市场占统治地位时期,石油价格实行"单一基点定价制";1945—1959年,中东石油进入大规模开发时期,石油价格实行"双重基点定价制";1960—1973年,石油价格又恢复实行"单一基点定价制",不同的是"基点"发生了变化,参见表5-1。

表5-1 国际石油价格机制的演变

基点	1900—1945年	1945—1959年	1960—1973年10月	1973年10月—1986年	1986—2000年	2001年以后
FOB价基点	墨西哥湾	墨西哥湾、波斯湾沿岸	波斯湾沿岸	波斯湾沿岸		

续表

基点	1900—1945 年	1945—1959 年	1960—1973 年 10 月	1973 年 10 月—1986 年	1986—2000 年	2001 年以后
CIF 价平衡点	无	意大利（1945）英国（1948）美国（1949）	鹿特丹	美国全国及世界各地	世界各地	世界各地
价格指定者	7 大石油公司	8 大石油公司	8 大石油公司及欧佩克	欧佩克牌价	流行净回值定价；欧佩克恢复牌价 18 美元/桶（1987）；20 世纪 90 年代后流行期货价格	流行期货价格预先发现
欧佩克牌价（美元/桶）	—	1.71～1.92	1.5～3.5	3.5—10.89—28—34—28	28～23	23—24—28—38—48

资料来源：胡国松，李允. 国际石油贸易. 北京：中国财经出版社，2006.

2. 基点定价制的发展

1）1900—1945 年的"单一基点定价制"

1900—1945 年，美国在国际石油市场占统治地位。此间美国是世界原油与油品的主要生产国和出口国，美国墨西哥湾的油价影响着其他较小的产油国，石油市场普遍采用美国墨西哥湾加成定价，即不管世界任何地方的油价，都以墨西哥湾的离岸价加上从墨西哥湾到消费中心的运费计算。也就是说，这种"单一基点价格制"是假设从美国墨西哥湾装船，而不考虑实际产地。

2）1945—1959 年的"双重基点定价制"

第二次世界大战后初期，中东石油已进入大规模开发阶段，而战后美国推出的复兴欧洲的所谓"马歇尔计划"更加速了中东石油的开发。"马歇尔计划"的执行,使中东石油大量输入欧洲,石油开支成为"马歇尔计划"支出的主要部分之一。但由于石油开支过大与1948年的石油价格上涨,再加上石油是以美元购买的,欧洲国家对美国石油公司日益不满。在欧洲国家的压力下,国际大石油公司被迫改"单一基点价格制"为"双重基点价格制"。

所谓"双重基点价格制",即从中东运往欧洲的石油价格,等于从美国墨西哥湾出口的原油价格加上从中东运往欧洲的运费。这一价格方式的出现,使得国际石油市场的力量结构发生了根本变化。同时,随着美国国内需求量的剧增,已没有原油出售到欧洲,而中东原油的储量与产量节节上升,其中阿拉伯湾原油相对价格较低,占销售优势。

20世纪50年代,油价的演变在很大程度上取决于跨国石油公司与产油主权国政府关系的逐步变化。拉美和中东产油国在与国际石油公司的斗争中除了获得"利润分半分成""合赏制"等更大的石油权益外,还迫使国际大石油公司制定了另一项对石油输出国组织产生很大作用的制度,即原油标价(posted price)。

1950年2月,沙特阿拉伯政府迫使阿美石油公司给各种原油制定了1.71美元/桶的固定价,按这一价格来计算政府的石油税收,这一固定的价格即是标价。油田公布的标价,也称井口价或油田价;港口的标价要加上从产地(油田)运到港口的一切费用。因此20世纪50年代在中东所公布的标价最初只是代表跨国石油公司购买原油或销售原油的价格,所以标价实际上只反映当时的市场价格。1951年,沙特阿拉伯、科威特、伊拉克等国以及大多中东产油主权国仍效仿委内瑞拉,相继将矿区使用费和税收与石油的标价联系在一起,即以生产原油的标价来计算与征收矿区使用费和税收。1953—1957年,原油标价随着市场价格的上涨而同步上涨,阿拉伯轻油的标价,从1.71美元/桶上涨到1.98美元/桶。

3)1960—1973年的"单一基点定价制"

这一时期由于美国国内需求量剧增,几乎完全停止了原油出口。因此,美国被迫放弃"双重基点定价制",世界石油价格进入到以波斯湾沿岸为FOB价基点的"单一基点定价制"时代。

随着波斯湾国家石油资源的连续勘探开发，石油产量持续增长，导致石油实际生产能力过剩。加上大量苏联石油涌入欧洲，加剧了石油价格竞争。1959年初，石油标价开始下降。1960年8月，阿拉伯轻油从1.98美元/桶下降到1.8美元/桶，大大影响了产油主权国的矿区使用费和税收收入，从而导致同年9月石油输出国组织（The Organization of Petroleum Exporting Countries，OPEC，译为"欧佩克"）的成立。

欧佩克的成立，提高了产油国的价格"话语权"。为了把价格恢复到以前的水平，20世纪60年代欧佩克做了很多努力，进行了不懈的斗争。

1966年4月，利比亚迫使几家西方石油公司同意以标价来计算矿区使用费和税收。1968年6月，欧佩克会议通过了成员国石油政策宣言性声明，宣布有权单方决定标价，也可限制产量。由此，国际大石油公司一统国际石油市场的局面开始瓦解。1971年2月，西方石油公司被迫与石油输出国组织6个海湾成员国（阿布扎比、伊朗、伊拉克、科威特、卡塔尔和沙特阿拉伯）签订了德黑兰协议。协议规定，海湾各国石油税率从50%提高到55%；根据原油质量，原油标价提高0.35～0.40美元/桶；取消从前产油国付给石油公司0.03美元/桶或0.04美元/桶的销售贴水；在1971年6月1日、1973年到1975年每年的1月1日，将提高标价5%，并外加0.05美元/桶作为对通货膨胀的补贴；协议的上述条件在5年内不变。德黑兰协议是一个转折点，从此石油价格主动权转移到石油输出国组织手中。

由于美元贬值，阿拉伯湾国家的购买力下降，欧佩克于1972年1月20日迫使西方石油公司签订了日内瓦协议，把海湾和地中海东部出口的原油标价提高8.49%。1973年2月美元第二次贬值10%。为了再次弥补美元贬值给产油国造成的损失，欧佩克于1973年6月与西方石油公司达成了第二个日内瓦协议，把按美元计价的原油标价再提高11.9%。通过先后两个日内瓦协议的签订，欧佩克夺回了石油价格主动权。

可以发现，从1970年到1973年，阿拉伯轻油的标价从1970年的1.80美元/桶逐年提高到1971年的2.19美元/桶、1972年的2.48美元/桶、1973年的3.50美元/桶（表5-2）。

表 5-2 1950—1973 年阿拉伯轻油票面价

年份	油价（美元/桶）	年份	油价（美元/桶）	年份	油价（美元/桶）
1950	1.71	1958	1.98	1966	1.80
1951	1.71	1959	1.82	1967	1.80
1952	1.71	1960	1.85	1968	1.80
1953	1.83	1961	1.80	1969	1.80
1954	1.93	1962	1.80	1970	1.80
1955	1.93	1963	1.80	1971	2.19
1956	1.93	1964	1.80	1972	2.48
1957	1.92	1965	1.80	1973	3.50

资料来源：胡国松，朱世宏. 现代国际石油经济论. 成都：四川科技出版社，2009.

（二）官方价格制

20 世纪 60 年代欧佩克为了与西方跨国公司降低"标价"的行为作斗争，在 60 年代后期特别是 70 年代初以来，在历次部长级会议都公布标准原油价格，这种标准原油价格是以沙特 API 度为 34 的轻油为基准，而公布的价格就是当时统一的官价。

1. 提高石油标价（1973—1980 年）

1973 年 10 月 6 日，第四次中东战争爆发。为了打击支持以色列的西方国家，欧佩克实行了削减石油产量、禁运和提价的多重举措。1974 年 1 月 1 日，阿拉伯轻油价格提高到 11.651 美元/桶，较 1973 年 1 月 1 日上涨了 340%。石油大涨价，尤其是石油输出国组织海湾 6 国决定单方面提价，标志着石油定价权开始完全掌握在产油国手里。这时的石油价格已变成欧佩克的官方销售价格，即政府销售价或官价。欧佩克在每年的年中和年末会议上都要讨论并公布油价，成为国际石油市场油价走势的主要依据。这次油价危机对美国、西欧、日本等依靠廉价石油起家的国家的经济冲击很大。西方石油消费国政府纷纷提出不同的政策试图来应付石油危机，还酝酿成立了国际能源机构（International Energy Agency，IEA）。

随着 1975 年世界性的经济衰退，石油需求的增长几乎停滞，石油市场价格开始下落，欧佩克的产量第一次下降。由于沙特阿拉伯和伊朗两国就下一步油价增高方面问题存在分歧，1977 年 1 月欧佩克内部实行两种基准油价：一种是沙特阿拉伯和阿联酋实行的公认基准油价（以沙特阿拉伯所产的轻质原油，密度为 34°API 或相对密度为 0.885，从塔努拉角出口的离岸价作为基准油价），其他质量原油的价格参照基准油价确定；另一种是其他 11 个成员国实行的公认基准油价。前者定为 12.09 美元/桶，后者定为 12.30 美元/桶（1977 年 7 月 1 日升至 13.30 美元/桶）。

1978 年底伊朗国内发生严重的政治动荡，石油出口逐渐减少，最终完全停止。国际石油价格也随之不断上涨，现货市场油价从 9 月份的 12.78 美元/桶上涨到 11 月份的 18.73 美元/桶，12 月份达 19.18 美元/桶。与此同时，欧佩克成员国和其他石油生产国也大幅度提高石油价格。1980 年 1 月，沙特阿拉伯宣布将阿拉伯轻油价格提高到 26 美元/桶；同时，尼日利亚宣布油价为 35 美元/桶。英国石油公司宣布从 1980 年 2 月 8 日起油价为 33.75 美元/桶；墨西哥决定从 1980 年 1 月 2 日起油价为 32 美元/桶。伊朗的政治大动荡打乱了国际石油市场，引发了"第二次石油危机"。

而就在伊朗国内形势刚刚有所缓和之时，1980 年 9 月伊朗与伊拉克又爆发了两伊战争。这一时期，国际石油市场极为混乱，石油价格上涨。同年 12 月 15—16 日，欧佩克在印度尼西亚巴厘岛举行的第 59 届会议上，确认了国际石油市场上的各种油价，决定标准原油价格为 32 美元/桶，原油价格上限为 36 美元/桶，最高原油价格为 41 美元/桶。这样，国际石油市场上油价的大幅度上涨，最后通过欧佩克的会议决议得到确认。至此，国际石油价格上涨到达了顶点，第二次石油危机也随之结束。

2. "限产保价"（1981—1985 年）

进入 1982 年以后，国际石油市场上油价开始大幅下跌。同年 4 月 1 日，欧佩克决定将石油产量最高限额减少 50 万桶，即降至 1800 万桶。1983 年 3 月 14 日，欧佩克决定将标准原油价格由 34 美元/桶降为 29 美元/桶，同时，还决定由沙特阿拉伯充当所谓的"浮动生产国"，即在石油输出国组织规定的日产限额内，由沙特阿拉伯根据市场的情况决定自己的产量，以平衡国际石油市场的供需，达到稳定国际石油价格的目的。欧佩克自成立以来第一次宣布降低自己的标准原油价格，预示着欧佩克首次承认了国际石油市场上的供需力量对决定油价的作用，国际石油价格已不能由该组织成员国的主观愿望决定。

1983年3月第67届特别会议决定降价降产后，欧佩克成员国严格遵守会议决议，国际石油市场出现了一段时间的稳定。但从1983年9月初开始，国际石油价格又开始下跌。11月份，阿拉伯轻油的现货价格已跌到28美元/桶。为了刹住油价下跌，维持29美元/桶的价格，欧佩克决定将从1983年4月1日起实行最高产量限额1600万桶。1985年1月，欧佩克最终再一次降低油价，阿拉伯轻油由29美元/桶下降到28美元/桶，同时还决定以多种原油价格来代替自1973年以来一直是欧佩克标准原油的阿拉伯轻油这一标准原油价格制，参见表5-3。

表5-3 1981—1985年世界原油现货价格

单位：美元/桶

原油品种 年份	沙特阿拉伯轻油 （欧佩克官价）	迪拜原油	布伦特原油	福迪斯原油	西得克萨斯中质原油
1981	34	34.32	35.93	36.18	36.08
1982	29	31.8	32.97	33.29	33.65
1983	29	28.78	29.55	29.54	30.3
1984	29	28.06	28.66	28.14	29.39
1985	28	27.53	27.51	27.75	27.99

资料来源：胡国松，李允.国际石油贸易.北京：中国财经出版社，2006.

3. 多重价格制（1986—1991年）

1）"净回值定价"（net back pricing）

欧佩克执行"减产保价"的结果，是该组织石油产量不断下降，在国际市场的份额占有率不断下降。1979年欧佩克的石油日产量为3146.5万桶，而1985年下降到只有每天1847万桶，在国际市场上的市场占有率从

47.8%下降到30.1%。与此同时,作为"浮动生产国"的沙特阿拉伯由于石油产量不断下降,遭受数以百亿美元计的经济损失,面临巨大压力。于是从1985年8月开始,沙特阿拉伯与阿美石油公司的4家母公司及其他在关键市场占有地利的公司,签订"净回值合同",并于10月份开始以低于欧佩克规定2~3美元的售价向美国石油公司出售轻油。至此,沙特阿拉伯已完全放弃了充当欧佩克的"浮动生产国",而按自己的局面生产石油。

净回值定价,又称为倒算净定价。一般来说,净回值是以消费市场上成品油的现货价乘以各自的收率为基数,扣除运费、炼厂的加工费及炼油商的利润后,计算出的原油离岸价:

FOB 原油价 = 成品油现货价(1+ 收率)−(运费 + 炼厂加工费 + 炼油商利润)

这种定价体系的实质是把价格下降风险全部转移到原油销售一边,从而保证了炼油商的利益,因而适合原油市场相对过剩的情况。沙特阿拉伯采取"净回值定价"的目的就是希望夺回失去的市场份额。

2)恢复"牌价"制

1985年12月7—9日,欧佩克第76届部长级会议作出重大决定,正式放弃了从1983年3月实行的"减产保价"战略,而改为"减价保产"。由此,国际石油价格马上大幅度下跌。进入1986年后,国际石油价格下跌的势头更猛。1月20日,布伦特原油价格下降到只有19.5美元/桶,这是自1980年以来这种油价首次跌破20美元/桶;2月18日,伦敦现货石油市场交易活动完全停止。3月4日,美国西得克萨斯中质原油价格跌到11.98美元/桶。同年7月23日,国际石油价格已跌破10美元/桶的大关,同日布伦特原油价格下跌到只有8.5美元/桶。而7月30日,在地中海装上油轮的沙特阿拉伯轻油价格只有6.8美元/桶。此时,国际石油市场已处于彻底的混乱之中。

3)"一揽子"原油定价

1986年11月,欧佩克看到"官价"已不起多大作用,又改成以主要成员国有代表性的7种原油(沙特阿拉伯轻油 Arab light、阿尔及利亚撒哈拉混合油 Sahara blend、印度尼西亚米纳斯 Minas、尼日利亚邦尼轻油

Bonny light、阿联酋迪拜油 Dubai、委内瑞拉蒂朱纳轻油 Tia Juana light、墨西哥依斯莫斯轻油 Isthmus）的平均价格来决定成员国各自的原油价格。7种原油的平均价即是参考价，各成员国按各自原油的质量和运费价进行调整。从1987年1月1日起，欧佩克决定实行18美元/桶的"参考价格"，这标志着欧佩克改变了1985年年终会议的"减价保产"的政策，重新回到"减产保价"的老路上来了。

欧佩克第80届部长级会议结束后，国际油价出现了较强的反弹现象。1987年7月，布伦特原油价格达19.5美元/桶；美国西得克萨斯中质原油价格为21美元/桶。但是从1987年8月油价又开始下跌，一直持续到1988年全年。1988年全年欧佩克7种原油一揽子平均价格只有14.24美元/桶，相较于1987年下跌了3.12美元/桶。

到了1989年，国际石油价格虽然出现过下跌现象，但欧佩克7种一揽子原油全年平均价为17.31美元/桶，比1988年上涨3.07美元/桶。1990年8月2日，伊拉克入侵科威特，海湾危机爆发。9月，欧佩克一揽子原油价格从8月份的24.89美元/桶上涨到32.06美元/桶；10月又上涨到34.58美元/桶。1991年1月16日，海湾战争爆发后，国际石油价格急剧上涨。但2月战争结束，欧佩克一揽子原油价格又降到17.55美元/桶，只比海湾危机前的1990年7月份油价高1.87美元/桶，参见表5-4。海湾战争结束后，国际石油市场回到海湾危机前的状态，欧佩克又开始艰苦的减产保价工作，而且其内部有关石油产量和价格的争论也随之开始。

表5-4　1986—1990年世界原油现货价格

单位：美元/桶

年份＼原油品种	一揽子原油	迪拜原油	布伦特原油	福迪斯原油	西得克萨斯中质原油
1986	18	13.01	14.38	14.45	15.04
1987	17.36	16.91	18.42	18.4	19.19
1988	14.24	13.2	14.96	14.99	15.97
1989	17.31	15.68	18.2	18.3	19.68

续表

年份\原油品种	一揽子原油	迪拜原油	布伦特原油	福迪斯原油	西得克萨斯中质原油
1990	23.13	20.5	23.81	23.85	24.5

资料来源：BP世界能源统计年鉴。

（三）期货定价制

进入20世纪90年代后，国际石油市场期货定价大行其道，其价格发现功能对现货价格发挥重要的指导作用。从1993年9月以后，现货原油价格大幅度下跌。西得克萨斯中质原油、布伦特原油和迪拜原油年平均价格比1990—1992年间的平均价格分别下降了2.0美元/桶、1.8美元/桶和1.4美元/桶。1994年欧佩克一揽子原油价格全年平均只有15.53美元/桶，较1993年的16.33美元/桶下降了0.80美元/桶。到1996年，油价出现反弹，西得克萨斯中质原油年平均水平达到22.16美元/桶，1997年底欧佩克作出增加产量限额的决定后，油价又开始下落。1998年，布伦特原油的现货价格比1997年下降了32%，降幅仅次于1986年的油价暴跌，参见表5-5。

表5-5 1991—1998年世界原油现货价格

单位：美元/桶

年份\原油品种	一揽子原油	迪拜原油	布伦特原油	福迪斯原油	西得克萨斯中质原油
1991	19.84	16.56	20.05	20.11	21.54
1992	18.65	17.21	19.37	19.61	20.57
1993	16.33	14.9	17.07	17.41	18.45
1994	15.53	14.76	15.98	16.25	17.21
1995	16.69	16.01	17.18	17.26	18.42
1996	19.43	18.56	20.8	21.16	22.16
1997	18.81	18.13	19.3	19.33	20.61
1998	12.62	12.16	13.11	12.62	14.39

资料来源：BP世界能源统计年鉴（2020年版）。

1999年初，西得克萨斯中质原油跌破10美元/桶。但1999年3月欧佩克的进一步减产取得成效，油价开始攀升，到当年年末就涨至25美元/桶。1999年油价上升了40.0%，2000年再度上升60.0%，升幅仅低于两次"石油危机"期间的1974年和1980年。

进入21世纪以来，随着全球经济的复苏，原油需求量增大，加之恐怖主义阴影笼罩中东主要产油国、俄罗斯产量增长势头可能减缓、美元贬值、欧佩克捍卫油价的决心未变等因素的影响，国际石油市场逐渐进入高涨期。2003年，国际油价在28美元/桶持续波动上扬。2004年5月，欧佩克油价达35.30美元/桶，创1990年海湾危机以来的最高价；6月1日，纽约市场原油期货价格突破40美元/桶；8月升至46.58美元/桶；10月突破53美元/桶；2005年8月12日升至66.86美元/桶历史新高。2006年8月10日美国轻质原油9日成交价为77.40美元/桶，10月21日突破90美元/桶，10月30日更是达到93.53美元/桶，2008年1月突破100美元/桶，其后连续突破110美元/桶、120美元/桶、130美元/桶、140美元/桶，7月一度逼近150美元/桶。短短的4年里，国际原油价格已翻了几倍，参见表5-6。业界普遍认为，世界经济由此进入了"高油价时代"。

表5-6 1999—2014国际市场原油现货平均价格

单位：美元/桶

年份 原油品种	1999	2000	2001	2013	2014	2014年较2013年下降（%）
西得克萨斯中质原油	19.31	30.37	25.93	97.99	93.28	4.8
布伦特原油	19.97	28.50	24.44	108.66	98.95	8.9
迪拜原油	17.3	26.24	22.81	105.47	97.07	8.0
尼日利亚福卡多斯原油	18.00	28.42	24.23	111.95	101.35	9.5

资料来源：BP世界能源统计年鉴（2020年版）。

高油价不仅直接导致工业生产成本上升,也造成运价上涨,进而推高了食品类价格和各种消费品的涨价,对各国经济和普通百姓日常生活的渗透更为全面。全球普遍性的经济通胀,在一定程度上就是国际油价上涨传导作用的结果。

高油价到2014年画上了句号。2014年上半年原油价格保持稳定,但下半年开始滑落。2014年即期布伦特原油价格平均为98.95美元/桶,比2013年价格低9.71美元/桶,是2010年以来首次低于100美元/桶。2015年原油价格暴跌,国际市场原油现货平均跌幅超过47%,原因是2014年欧佩克国家强硬的不减产态度和政策,这种负面影响一直持续到2016年(国际市场原油现货较2015年平均跌幅为16.3%)。2017年至2018年原油现货价格持续上涨,2019全年价格底部支撑较为稳固,波动不剧烈,较为平稳(表5-7)。

表5-7 2014—2019 国际市场原油现货平均价格

单位:美元/桶

原油品种 \ 年份	2014	2015	2016	2017	2018	2019	2015年较2014年下降(%)
西得克萨斯中质原油	93.28	48.71	43.34	50.79	65.20	57.03	47.8
布伦特原油	98.95	52.39	43.73	54.19	71.31	64.21	47.1
迪拜原油	97.07	51.20	41.19	53.13	69.51	63.43	47.3
尼日利亚福卡多斯原油	101.35	54.41	44.54	54.31	72.47	64.95	46.3

资料来源:BP世界能源统计年鉴(2020年版)。

这一阶段石油价格运行呈现与以往不同的一些特征,主要表现在:

(1)石油价格的形成机制发生变化。在1973年以前的相当长时期内,在资本主义经济高速发展、石油需求强劲增长的情况下,石油价格却被发达国家人为地限制在极低的水平上,脱离了市场运作的轨道,石油价格基本由政治控制。近30年来,世界石油价格形成机制逐渐经历了从西方石油公司定价,到欧佩克定价,再到由期货交易所以石油期货价格作为定价基准的自由市场定价模式的转变,已经形成了较为完整的现货市场和期货市场体系,其定价机制也日趋成熟。目前,虽然政治因素仍然是石油价格形成机制的重要影响要素,但石油价格的高度市场化、高度全球化、高度投机化特征日益明显。

(2)石油价格具有高震荡性。从2008年的石油价格走势来看,WTI(西得克萨斯中质原油)从1月的92.97美元/桶一路上涨到7月最高峰的147.79美元/桶,上涨幅度达到了44%;Brent(布伦特原油)也从1月的92.18美元/桶上涨到6月的132.32美元/桶,上涨幅度达到了43.5%。进入2019年以来,原油价格持续反弹。然而从上半年角度回顾来看,油价走势先扬后抑。一季度的油价涨势凌厉,整体呈现单边上涨趋势;进入二季度以后走势出现分化,尤其是进入5月以后,油价转而回落,全年油价波动较大。

(3)石油价格对经济的影响力弱化。20世纪70年代发生的两次石油危机及几次石油价格暴涨,对西方工业国形成了巨大冲击,造成了严重的政治、经济和社会后果。但从那时起到现在,石油冲击对世界经济的影响已经大大地减弱了,至少,石油价格上涨对经济的负面影响从时间持久性、全局性上发生了变化。这种影响力弱化主要是由3种原因引起的:首先,石油在世界能源消费中所占的比例在不断降低;其次,现代经济承受高油价的能力大大提高;再次,世界经济结构已发生了重大变化,过去那种能源密集型产业已经由服务业和信息业及软件等知识密集型产业所取代,即高能耗的传统产业已经被高科技为核心的"新经济"所取代,传统服务业和新兴服务业蓬勃发展,出现了"经济服务化"的趋势,这种变化具有划时代的意义。

(四)指数定价制

信息已成为一种战略资源。许多著名的资讯机构利用自己的信息优势，即时采集世界各地石油成交价格，从而形成对于某种油品的权威报价。目前广泛采用的报价系统和价格指数有普氏报价（Platt's）、阿各斯报价（Petroleum Argus）、路透社报价（Reuters Energy）、美联社（Telerate）、亚洲石油价格指数（APPI）、印度尼西亚原油价格指数（ICP）、远东石油价格指数（FEOP）、瑞木（RIM）。原油现货市场的报价大多采用离岸价 FOB，有些油种采用到岸价 CIF。

石油出口国自己公布价格指数，石油界称为"官方销售价格指数"（official selling price，OSP），出现在1986年欧佩克放弃固定价格之后主要包括3种：一是阿曼石油矿产部公布的原油价格指数 MPM；二是卡塔尔国家石油公司公布的价格指数 QGPC（包括卡塔尔陆上和海上原油价格）；三是阿布扎比国家石油公司的价格指数 ADNOC（包括上查昆油、下查昆油、穆尔班油、乌姆合夫油）。这些价格指数每月公布一次，均为追溯性价格。QGPC 和 ADNOC 基本参考 MPM 指数来确定。目前亚洲市场的许多石油现货交易与 OSP 挂钩。需要指出的是，以上3种价格指数受所在国政府的影响较大，包括政府对市场趋势的判断和相应采取的对策。

在远东地区，原油长期销售合同中定价方法主要分为两种：一种以印度尼西亚某种原油的印度尼西亚原油价格指数或亚洲石油价格指数为基础，加上或减去调整价；另一种以马来西亚塔皮斯原油的亚洲石油价格指数为基础，加上或减去调整价。如越南的白虎油，其计价公式为印度尼西亚米纳斯原油和亚洲原油价格指数加上或减去调整价；澳大利亚和巴布亚新几内亚出口原油，其计价公式由以马来西亚塔皮斯原油的亚洲石油价格指数为基础；我国大庆出口原油的计价则以印度尼西亚米纳斯原油和辛塔原油的印度尼西亚原油价格指数和亚洲石油价格指数的平均值为基础；中国海洋石油集团有限公司的出口原油既参考亚洲石油价格指数，也参考 OSP。

应该注意的是，原油价格构成和水平与交货方式相关。按照国际惯例，如按 FOB 价格交货，则由买方负担交割点之后的运费和其他相关费用；如按 CFR 或 CIF 价交货，则由卖方支付到达指定交割点之前的运费及其他相关费用。在贸易双方确定原油定价公式时，交货方式是主要考虑因素。

（五）公式定价制

随着世界原油市场的发展和演变，现在许多原油长期贸易合同均采用公式计算法，即选用一种或几种原油的参照价格为基础，再加升贴水，其基本公式为

$$P=A+D$$

式中　P——原油结算价格；
　　　A——参照价格，又称基准价；
　　　D——升贴水。

其中参照价格并不是某种原油某个具体时间的具体成交价，而是与成交前后一段时间的现货价格、期货价格或某报价机构的报价相联系而计算出来的价格。有些原油使用某个报价体系中对该种原油的报价，经公式处理后作为基准价；有些原油由于没有报价等原因则要挂靠其他原油的报价。

石油定价参照的油种叫基准油。全球共有200种以上的原油品种，由于品质、产地不同等因素，其价格也是不同的。在国际石油贸易中，不同贸易地区所选基准油不同。我们通常用3种基准原油来衡量石油市场的整体水平。

基准油的选择一般取决于其原油的出口市场。欧洲生产、出口的原油和非洲出口到欧洲的原油，基本是选布伦特原油作为基准油，即交易原油基本上都参照布伦特原油定价；南、北美洲的原油交易或向该地区出口的部分原油，通常是以西得克萨斯中质原油为计价基准的；出口远东的原油参照阿曼和迪拜原油，参见表5-8。

表5-8　世界原油贸易基准价挂靠分布表

布伦特原油				WTI				迪拜原油		其他
47%				20%				18%		15%
欧洲	非洲	亚洲	大洋洲	北美洲	南美洲	非洲	亚洲	欧洲	北美洲	
21.3%	12.5%	12.5%	0.7%	12.7%	4.9%	1.2%	1.2%	16.2%	1.8%	

英国布伦特原油同西得克萨斯原油都是世界低硫轻质原油的标杆原油，其走势可以引导其他低硫轻质原油的价格走势。迪拜原油是一种高硫重质原油，它的品质与北海布伦特原油和西得克萨斯原油相比是最差的。它也是品质差的高硫重质原油的标杆，它的价格走势通常反映高硫重质原油的价格走势。

北海布伦特原油是轻质低硫原油，品质最好。世界原油贸易中约有80%的原油以它为基准油作价，主要包括的地区有西北欧、北海、地中海、非洲以及部分中东国家如也门等。布伦特原油现货价格可分为两种：即期布伦特现货价（dated Brent）和远期布伦特现货价（15day Brent）。前者为指定时间范围内指定船货的价格；后者为指定交货月份，但具体交易时间未确定的船货价格，其具体交易时间则需卖方至少提前15天通知买方。布伦特原油在英国伦敦国际石油期货交易所（IPE）进行期货合同交易，价格每时每刻都在变化，成交非常活跃；此外，其他衍生品在场外交易。

西得克萨斯中质原油品质较好，如厄瓜多尔、墨西哥出口到美国的原油和沙特阿拉伯出口到美国的阿拉伯轻油、阿拉伯中油、阿拉伯重油和贝里超轻油。这种原油在美国纽约商品交易所有期货合同交易，价格每时每刻都在变化，成交非常活跃；此外，还有场外交易。

中东地区原油主要出口北美、西欧和远东地区。出口油定价方式分为两类：一类是与基准油挂钩的定价方式；另一类是出口国自己公布价格指数的定价方式。中东和亚太地区经常将"基准油"和"价格指数"相结合定价，并都很重视升贴水。如科威特对出口到北美、西欧和远东地区市场的原油，其参照定价的原油都为阿拉伯中质油，但其对阿拉伯中质油的升贴水则不同。

四、原油价格水平演变

国际石油价格大体经历了6个发展阶段。第一阶段为1973年以前的低油价阶段；第二阶段为1973—1978年，即油价上升与第一次石油危机期间；第三阶段为1979—1986年，即第二次石油危机至反向石油危机期间；第四阶段为1986—1997年，即实现市场定价的较低油价时期；第五阶段为

1997—2008年,即国际油价短暂下跌后的大幅度上升并急剧下跌期间;第六阶段为2008年至今,即国际油价在震荡中回落时期,见图5-1。

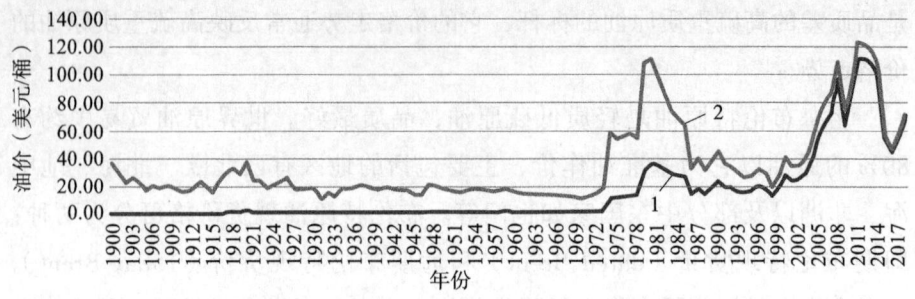

图5-1　1900—2018年国际原油价格(数据来源:《BP统计评论》2019)
1—1900—2018年原油价格(以当年的价格为基准计算);2—1900—2018年原油价格(以2018年的价格平减)

(一)1973年以前的低油价阶段

1960年欧佩克成立以前,石油的生产和需求受西方国家控制,油价处于1.5～1.8美元/桶的垄断低水平。1960年9月,欧佩克在伊拉克首都巴格达成立,成立后围绕着石油的生产权和定价权不断与西方跨国公司进行斗争。从欧佩克成立到1970年,原油价格一直保持在1.8～2美元/桶的水平上,可见在整个20世纪60年代欧佩克在国际石油市场上控制油价的能力微不足道。1970—1973年,随着欧佩克在一系列谈判中的胜利,原油价格的决定权主体开始发生变化,原油标价出现上升迹象,到1973年10月油价接近3美元/桶。

(二)油价上升与第一次石油危机期间(1973—1978年)

这一时期,欧佩克国家在实现石油资源国有化的基础上,进而联合起来,夺取了国际石油定价权,并以石油为武器打击欧美发达国家,维护民族利益。1973年10月爆发了第四次中东战争,油价急剧上涨,从10月的接近3美元/桶涨到1974年1月的11.65美元/桶,造成第一次石油危机。1974年2月尼克松建议召开了第一次石油消费国会议,成立了国际能源机构(IEA)。能源问题成为国际政治外交中的重要议题,欧佩克的国际地位迅速上升。1974—1978年原油价格稳定维持在10～13美元/桶的水平（表5-9）。

表5-9 1973—1978年世界原油现货价格

单位：美元/桶

年份 \ 原油品种	阿联酋迪拜原油	英国布伦特原油	尼日利亚福迪斯原油	美国西得克萨斯中质原油
1973	2.83			
1974	10.41			
1975	10.70			
1976	11.63	12.8	12.87	12.23
1977	12.38	13.92	14.21	14.22
1978	13.03	14.02	13.65	14.55

数据来源：BP世界能源统计年鉴。

（三）第二次石油危机至反向石油危机期间（1979—1986年）

1979—1981年第二次石油危机时，布伦特油价狂涨到36.83美元/桶。

借助两次石油危机，欧佩克从国际石油垄断资本手中完全夺回了石油定价权。1981—1986年为欧佩克实行原油产量配额制的较高油价时期，布伦特油价从36.83美元/桶缓慢降到27.51美元/桶。

1986年发生的石油价格战是最具典型意义的一次"反向石油危机"。1986年的这场石油价格战并非由沙特阿拉伯及欧佩克增产所致，而是由需求危机所引发。20世纪80年代初，受到长达7年的高油价冲击之后，大部分发达国家的工业活动大幅放缓，世界石油需求大幅削弱，石油供应过剩问题开始凸显。历史数据显示，1980—1986年，欧佩克曾多次减产，产量降至其原先的一半左右。由此产生的后果是1985年欧佩克全球市场份额从70年代的一半降至不到三分之一，市场份额流失严重。地缘政治方面，

1981年里根入主白宫,开始酝酿实施"逆向石油冲击"战略以遏制苏联。通过施压,中东国家增产,使国际原油价格低位运行,从而切断苏联最主要的资金来源。

1985年8月,为了夺回市场份额,沙特阿拉伯开始迅速增加原油产量,出口从不足200万桶/日猛增至近1000万桶/日。国际油价随后从30美元/桶一路下跌,5个月内跌至12美元/桶,1986年4月1日再跌至10美元/桶左右,跌幅近70%。油价触底10美元/桶后,沙特阿拉伯又重新开始带领欧佩克减产,当时非欧佩克国家如墨西哥、挪威、苏联等也因为无法忍受超低油价,开始配合沙特阿拉伯减产。由于反向石油危机的影响,1986年,油价急剧下跌到13美元/桶左右。

(四)实现市场定价的较低油价时期(1986—1997年)

1980年5月,石油输出国组织(欧佩克)公布了《有关长期石油战略报告书》,分别阐述了石油供需关系的长期预测、长期的石油价格战略等问题,认为"国际石油价格将漫无边际地上涨,石油输出国组织可以完全控制国际石油市场,并借此改变国际经济政治关系。"然而实际情况是,国际石油价格从进入20世纪80年代初开始,就不断下跌,到1986年最终演变成一场油价战。此后从1986年到90年代末,除了1990年8—12月海湾危机期间油价上涨之外,国际石油价格在震荡中维持在一个较低的水平,见表5-10。

表5-10 1986—1997年世界原油现货价格

单位:美元/桶

年份 \ 原油品种	阿联酋迪拜原油	英国布伦特原油	尼日利亚福迪斯原油	美国西得克萨斯中质原油
1986	13.10	14.43	14.46	15.05
1987	16.95	18.44	18.39	19.19
1988	13.18	14.92	15.00	15.98
1989	15.65	18.23	18.30	19.67

续表

原油品种 年份	阿联酋迪拜原油	英国布伦特原油	尼日利亚福迪斯原油	美国西得克萨斯中质原油
1990	20.26	23.73	23.85	24.46
1991	16.63	20.00	20.11	21.53
1992	17.17	19.32	19.61	20.57
1993	14.93	16.97	17.41	18.45
1994	14.74	15.82	16.25	17.21
1995	16.10	17.02	17.26	18.42
1996	18.52	20.67	21.16	22.16
1997	18.23	19.09	19.33	20.61

数据来源：BP世界能源统计（2020年版）。

（五）国际油价短暂下跌后的大幅度上升并急剧下跌期间（1997—2008年）

受亚洲金融危机、需求下降以及欧佩克不适时宜地增产，布伦特原油价格从1997年1月的24.53美元/桶下降到1998年12月的9.25美元/桶的最低价。1999年年初，西得克萨斯中质原油跌破每桶10美元。同时，1999年3月欧佩克的进一步减产取得成效，油价开始攀升，到1999年末涨至25美元/桶，全年油价上升了40.0%，2000年再度上升60.0%，升幅仅低于两次石油危机期间的1974年和1980年（表5-11）。

进入21世纪以来，随着全球经济的复苏，原油需求量增大，加之受到恐怖主义阴影笼罩中东主要产油国、俄罗斯产量增长势头可能减缓、美元贬值、欧佩克捍卫油价等因素的影响，国际石油市场逐渐进入高油价时期（表5-11）。

表 5-11　1999—2008 国际市场原油现货平均价格

单位：美元/桶

原油品种 年份	阿联酋迪拜原油	英国布伦特原油	尼日利亚 福迪斯原油	美国西得克萨斯 中质原油
1999	17.25	17.97	18.00	19.31
2000	26.20	28.50	28.42	30.37
2001	22.81	24.44	24.23	25.93
2002	23.74	25.02	25.04	26.16
2003	26.78	28.83	28.66	31.06
2004	33.64	38.27	38.13	41.49
2005	49.35	54.52	55.69	56.59
2006	61.50	65.14	67.07	66.04
2007	68.19	72.39	74.48	72.20
2008	94.34	97.26	101.43	100.06

数据来源：BP 世界能源统计（2020 年版）。

（六）国际油价在震荡中回落时期（2008 年至今）

2009 年，受金融危机冲击，国际原油出现大幅回落，1 月 21 日纽约商品交易所原油期货价格跌至 33.20 美元/桶，为 2004 年 4 月以来新低。2009 年 3 月—2010 年 11 月，在美国、日本及欧洲在极度罕见的宽松货币政策下，经济出现回暖信号，加之中国、印度等亚洲新兴国家的持续增长，全球经济也开始复苏，油价由此进入新一轮周期的上升期。这一时段油价涨幅达 88%，从 45 美元/桶升至 85 美元/桶。

2014 年 8 月—2016 年 1 月，持续高位的油价对宏观经济及原油需求产生了负面影响，供给端过剩更促使油价打开了下行通道。在下行期内，供需平衡表始终处于过剩的态势，油市的主导因素从地缘危机引发的供给紧缩转变为新兴产油国增产导致的供给过剩，以及宏观经济走弱拉低原油需求。2014年下半年，油价跌幅超过50%，随着2017年全球经济不断回暖，原油需求随之企稳。2018年，油价总体延续了2017年下半年以来的涨势，受中美贸易摩擦加剧和伊朗制裁临近的影响，10月初布伦特油创86.29美元/桶的四年新高。第四季度，各大产油国持续增产应对伊制裁可能带来的供给缺口，在美国对伊朗制裁低于预期后，国际油价在供给过剩的担忧中开始连续跳水，布伦特原油结算价自高点86.29美元/桶大幅回调。2018年12月6日，欧佩克和俄罗斯等世界主要产油国在维也纳召开会议，减产联盟最终达成了协议，即自2019年1月起减产120万桶/天，其中欧佩克承担80万桶/天的减产任务，伊朗得以豁免；非欧佩克承担40万桶/天的减产任务，其中俄罗斯承担22.8万桶/天，油价当即以大涨回应。进入2019年以来，原油价格持续反弹，油价走势先扬后抑，见表5-12。

表5-12　2009—2019国际市场原油现货平均价格

单位：美元/桶

年份\原油品种	阿联酋迪拜原油	英国布伦特原油	尼日利亚福迪斯原油	美国西得克萨斯中质原油
2009	61.39	61.67	63.35	61.92
2010	78.06	79.50	81.05	79.45
2011	106.18	111.26	113.65	95.04
2012	109.08	111.67	114.21	94.13
2013	105.47	108.66	111.95	97.99
2014	97.07	98.95	101.35	93.28
2015	51.20	52.39	54.41	48.71
2016	41.19	43.73	44.54	43.34
2017	53.13	54.19	54.31	50.79
2018	69.51	71.31	72.47	65.20
2019	63.43	64.21	64.95	57.03

第二节　国际天然气价格机制

一、国际天然气价格的类型

天然气国际贸易在20世纪70年代以前以管道运输为主,70年代以后,由于天然气液化技术的发展,天然气国际贸易迅速增长。天然气的国际贸易价格主要有边境交货价格、合同价格、液化天然气离岸价格(FOB价)和液化天然气到岸价格(DES价)。

(一)边境交货价格

边境交货价格即天然气经长输管道跨越国界,天然气生产国和消费国双方进行谈判确定的天然气价格。这种价格与一般商品的现货价格类似,属同时供气付款的天然气买卖价格。如俄罗斯用长输管道给西欧十几个国家供气,以及美国进口加拿大和墨西哥的天然气等。其计算单位是千立方英尺(或千立方米)或百万英热单位。

(二)合同价格

天然气与其他商品在供货方式上有很大差别。天然气田一旦投入开发,需要有较长时间的稳定用户,供需双方的合同期一般长达20～30年。在天然气合同价格谈判时,一般要考虑照付不议量、压力等级与天然气的生产成本、净化费用、管输费用、合同期内天然气供求状况及变动因素、预期利润、预期金融市场变动因素(利率、汇率、通货膨胀率等)。

(三)液化天然气离岸价格(FOB价)

液化天然气离岸价格是以卖方在出口港将液化天然气(LNG)装上专用船为条件的价格。采用离岸价格时,卖方负责在出口港在规定的时间内将LNG装上买方指定的LNG船,缴纳出口税,承担LNG装上船以前的一切费用和风险,装上船后的一切费用则由买方承担。计算单位为百万英热单位或吨。

FOB贸易方式:LNG卖方在出口终端码头处,按照LNG价格和装船费用，将 LNG 销售给买方；LNG 运输由买方负责，LNG 的所有权和风险在装船码头由卖方转移给买方。

（四）液化天然气到岸价格（DES 价）

液化天然气到岸价格：卖方负责租船，将 LNG 装上船并支付由起运港到目的港的运费和保险费、出口税，承担买方收货前一切风险为条件的价格。卖方需向买方提供保险单据。计算单位为百万英热单位或吨。

DES 贸易方式：LNG 卖方在买方接收站码头处，按照 LNG 价格、装船费用、运输费用和运输期间的保险费用，将 LNG 销售给买方；LNG 运输由卖方负责，LNG 的所有权和风险在接收站码头由卖方转移给买方。

二、国际天然气价格的特点

（一）天然气价格具有明显的区域特性

目前全球天然气市场主要分为北美、欧洲和亚太三大区域市场，2015 年全球天然气消费 33648 亿立方米，同比增长 0.43%，在全球一次能源消费中的比重约为 25.1%。由于全球天然气生产和消费的区域分割，国际天然气贸易多数是通过管线或船运来运输的。地理上的限制和运费的高低使得世界各地形成了具有明显区域特性的天然气价格体系，主要有 4 种代表性的价格，分别为美国亨利交易中心价格、德国平均进口到岸价、英国 NBP 天然气价格和日本液化天然气价格。从定价机制来看，北美与英国采用市场定价，欧洲大陆采用天然气与油价挂钩的方式，日本采用与原油进口平均价格挂钩的方式，部分地区仍采用垄断定价。

（二）天然气价格与国际油价之间有很强的相关性

回顾 20 世纪 90 年代以来的国际天然气价格变化情况，可以发现，2002 年以前，国际天然气价格与国际油价之间有很强的相关性，国际天然气价格基本跟随国际油价的变动而变动。2002 年之后，国际天然气价格和国际油价的相关性有所减弱。同时，在北美、欧洲大陆和亚太等不同市场的天然气价格走势和定价机制也出现了分化。

在欧洲大陆和亚太市场，天然气价格主要采取和可替代能源特别是油价挂钩的方式定价。在确定与天然气价格挂钩的可替代能源产品时，基本选择了市场竞争程度更高且被买卖双方共同接受的可替代能源产品，最主要的可替代能源产品是石油和石油制品。欧亚市场之所以选择与油价等可替代能源挂钩的定价方式，与这些区域天然气市场还不够发达有关，这主要表现在只有有限的供应者，储运设施也由少数供应者建设提供。近年来，随着天然气市场的发展，特别是受市场供应者增加等因素影响，天然气价格与国际油价的关联性已有所减弱。

（三）国家（地区）天然气定价机制差异明显

在北美和英国，由于取消了天然气市场的管制，天然气市场有大量的供应者和买家，天然气储运设施发达，形成了完善的天然气管网，金融市场非常发达，天然气价格已与油价等可替代能源价格脱钩，实现天然气价格由市场确定，即以气价定气价。当然，由于各种能源产品之间存在可替代性，各种能源价格的变动仍会相互影响。近年来，由于美国页岩气产量的快速增长，美国天然气价格出现了明显回落，并在一定程度上拉低了WTI的油价。

显然，在北美和欧洲大陆、日本等亚太国家天然气定价机制差异的背后，实际上是天然气市场发展状况的差异，即天然气市场发展状况决定天然气定价机制的方向和方式。

三、国际天然气价格水平演变

国际天然气价格大致经历了3个阶段，第一阶段为1984—1999年，天然气价格在5美元/百万英热单位以下低位波动；第二阶段为2000—2008年，天然气价格持续上升，由5美元/百万英热单位上涨至10美元/百万英热单位，价格翻了一倍；第三阶段为2009年至今，天然气价格在震荡中下跌，如图5-2所示。

（一）20世纪80年代至20世纪末

天然气期货市场作为一种高级的天然气市场形态，由于其特有的价格发现与规避风险功能，已被发达国家所广泛采用。20世纪80年代，美国现货市场快速发展，为了给市场参与者提供一种规避现货价格风险的工具，纽约商业期货交易所在1990年推出了天然气期货交易。该天然气期货合约交易量大、价格波动幅度宽、流动性强，同时价格具有较高的连续性。其成功经验表明，在良好的交易制度的基础上，天然气期货可以为天然气市

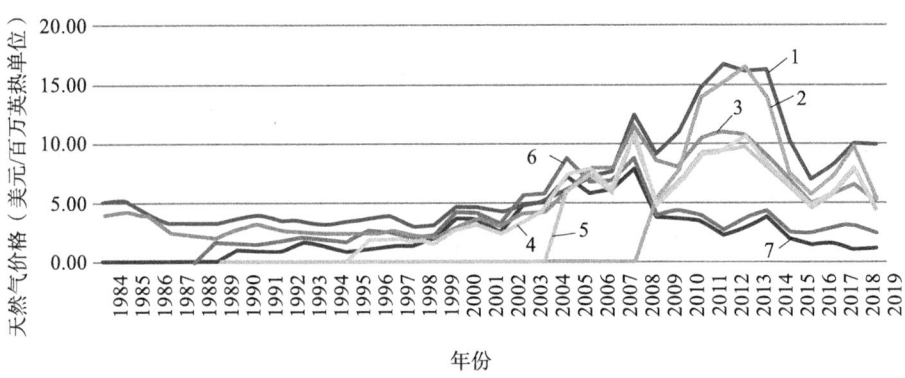

图 5-2 国际天然气价格走势图（数据来源：《BP 统计评论》2019）
1—日本CIF；2—日韩指标JKM；3—德国；4—英国；5—荷兰TTF；6—美国；7—加拿大

场提供较好的风险管理工具，降低现货市场天然气价格高度波动带来的风险。天然气市场在供给和需求方面都高度缺乏弹性，这使其价格对短期变化基本面因素包括产出、储存水平和天气都极其敏感。天然气的期限结构由其周期性决定，而周期性取决于和住宅、工业部门有关的季节性消费以及发电量。基本面因素的意外变化能够导致供需失衡，较高的波动性以及价格冲击等，例如历史上美国厄尔尼诺和拉尼娜天气对天然气期货价格产生了重要影响。1984—1999 年各类型天然气价格见表 5-13。

表 5-13 1984—1999 年各类型天然气价格

单位：美元/百万英热单位

年份	LNG		天然气				
	日本 CIF	日韩指标 JKM	德国	英国	荷兰 TTF	美国	加拿大
1984	5.10	—	4.00	—	—	—	—
1985	5.23	—	4.25	—	—	—	—
1986	4.10	—	3.93	—	—	—	—
1987	3.35	—	2.55	—	—	—	—
1988	3.34	—	2.22	—	—	—	—
1989	3.28	—	2.00	—	—	1.70	—

续表

年份	LNG		天然气				
	日本CIF	日韩指标JKM	德国	英国	荷兰TTF	美国	加拿大
1990	3.64	—	2.78	—	—	1.64	1.05
1991	3.99	—	3.23	—	—	1.49	0.89
1992	3.62	—	2.70	—	—	1.77	0.98
1993	3.52	—	2.51	—	—	2.12	1.69
1994	3.18	—	2.35	—	—	1.92	1.45
1995	3.46	—	2.43	—	—	1.69	0.89
1996	3.66	—	2.50	1.87	—	2.76	1.12
1997	3.91	—	2.66	1.96	—	2.53	1.36
1998	3.05	—	2.33	1.86	—	2.08	1.42
1999	3.14	—	1.86	1.58	—	2.27	2.00

数据来源：BP世界能源统计年鉴（2020年版）。

（二）21世纪初至2008年

天然气价格在2002年2月和2005年9月之间较为温和的厄尔尼诺天气中出现上涨，在同一时间段，大宗商品价格也大幅度飙升（WTI原油涨228%，黄金涨65%，高品位铜涨149%）。价格飞涨的部分原因是很多大宗商品的供给受到限制、疲软的美元、2000年经济衰退后较低的美国利率、2003年开始复苏的美国经济，以及新兴市场的强劲增长等。

卡特里娜飓风在2005年8月袭击美国，对墨西哥湾石油产业造成沉重打击，随后的丽塔飓风还破坏了墨西哥湾的天然气加工设备，延迟了这一地区的天然气产量恢复，天然气的价格也因此大幅攀升。从2007年3月至2009年4月，拉尼娜天气蔓延加剧，当时是金融危机最为艰难的阶段，天然气现货价格从2007年3月至2008年7月初上涨58%，随即在2008年7月初和2009年4月之间下滑76%，与原油的表现十分相近。天然气价格下滑与经济衰退、内需疲软的关系比天气模式变化更为密切和直接。2000—2008年各类天然气价格见表5-14。

表 5-14 2000—2008 年各类天然气价格

单位：美元/百万英热单位

年份	LNG		天然气				
	日本 CIF	日韩指标 JKM	德国	英国	荷兰 TTF	美国	加拿大
2000	4.72	—	2.91	2.71	—	4.23	3.75
2001	4.64	—	3.67	3.17	—	4.07	3.61
2002	4.27	—	3.21	2.37	—	3.33	2.57
2003	4.77	—	4.06	3.33	—	5.63	4.83
2004	5.18	—	4.30	4.46	—	5.85	5.03
2005	6.05	—	5.83	7.38	6.07	8.79	7.25
2006	7.14	—	7.87	7.87	7.46	6.76	5.83
2007	7.73	—	7.99	6.01	5.93	6.95	6.17
2008	12.55	—	11.60	10.79	10.66	8.85	7.99

数据来源：BP 世界能源统计年鉴（2020 年版）。

（三）2008 年至今

2008 年以后，美国纽约交易所天然气价格持续走低。美国纽约亨利港天然气价格由 2008 的 8.85 美元/百万英热单位下降至 2018 年的 3.13 美元/百万英热单位（表 5-15）。在 2018—2019 两年时间里，天然气期货价格已经累计下跌了 44% 以上。

表 5-15 2009—2019 年各类天然气价格

单位：美元/百万英热单位

年份	LNG		天然气				
	日本 CIF	日韩指标 JKM	德国	英国	荷兰 TTF	美国	加拿大
2009	9.06	5.28	8.53	4.85	4.96	3.89	3.38

续表

年份	LNG		天然气				
	日本 CIF	日韩指标 JKM	德国	英国	荷兰 TTF	美国	加拿大
2010	10.91	7.72	8.03	6.56	6.77	4.39	3.69
2011	14.73	14.02	10.49	9.04	9.26	4.01	3.47
2012	16.75	15.12	10.93	9.46	9.45	2.76	2.27
2013	16.17	16.56	10.73	10.64	9.75	3.71	2.93
2014	16.33	13.86	9.11	8.25	8.14	4.35	3.87
2015	10.31	7.45	6.72	6.53	6.44	2.60	2.01
2016	6.94	5.72	4.93	4.69	4.54	2.46	1.55
2017	8.10	7.13	5.62	5.80	5.72	2.96	1.60
2018	10.05	9.76	6.62	8.06	7.90	3.13	1.12
2019	9.94	5.49	5.25	4.47	4.45	2.53	1.27

数据来源：BP 世界能源统计年鉴（2020 年版）。

四、LNG 定价机制

国际 LNG 贸易正从以往单一的、严格的长期合同形式向更加灵活、对市场信号反应更灵敏的合同形式发展；贸易方式更加多元化，使亚洲地区的 LNG 进口价格公式已从早期单一与原油直接挂钩的公式发展到直线价格公式、S 曲线价格公式等。

LNG 贸易价格通常与竞争燃料价格挂钩，并通过定价公式来定期调整。国际 LNG 贸易区域性较强，分为美国、欧洲和亚洲 3 个 LNG 市场，每个市场都有自己的定价方法和特点。在美国，LNG 的竞争能源是管道天然气，其价格主要参考该地区的长期管道天然气合同以及 Henry Hub 短期天然气合同价格。美国天然气价格波动频繁，波动幅度较大。欧洲 LNG 价格通常参考其他竞争燃料价格，如低硫民用燃料油、汽油等，在一些新的贸易合同中，也开始引入了其他指数（如电力库指数），以反映天然气在新领域的竞争。同时，由于短期合同的增长，欧洲现货市场天然气价格也成为影响贸易合同价格的主要因素。欧洲 LNG 价格相对较低，波动较小。在亚洲，除部分印度尼西亚出口的 LNG 价格与印度尼西亚原油出口价格（ICP）挂钩外，其他 LNG 多与日本进口原油综合价格（JCC）挂钩。我国广东进口 LNG 项目也采用了该指数。亚洲 LNG 价格水平偏高。

（一）与原油直接挂钩的公式

1975—1986 年，日本 LNG 价格与原油价格直接挂钩，按等热值计算，调价公式比较简单，基本形式如下：

$$P_{LNG}=AP_{原油}$$

式中　P_{LNG}——LNG 价格，美分/百万英热单位；

　　　A——单位换算常数，将美元/桶单位换算为美分/百万英热单位，当 1 桶原油高热值取 5.81 百万英热单位时，A 为 17.2；

　　　$P_{原油}$——原油价格，美元/桶。

在合同中还规定了公式适用的油价范围，如果油价超出此范围，则另行谈判调整。

（二）直线价格公式

1986 年以来，人们发展了直线价格公式，LNG 价格不再 100% 与原油价格挂钩，但挂钩幅度通常比较高，公式中的常数部分由谈判确定，基本形式如下：

$$P_{LNG}=AP_{原油}+B$$

式中　P_{LNG}——LNG 价格，美分/百万英热单位；

　　　A——系数，与原油挂钩比例和单位换算的乘积；

　　　$P_{原油}$——原油价格，美元/桶；

　　　B——常数，由谈判确定。

在合同中也规定了公式适用的油价范围，如果油价超出此范围，则另行谈判调整。

初期应资源方的要求，为了体现 LNG 比原油清洁高效的附加价值，日本进口 LNG 平均到岸价一般比进口原油平均到岸价高 10%～15%。LNG

合同金额巨大，因此，如何确定买卖双方均能接受的 B 值成为谈判的焦点。

（三）S 曲线价格公式

S 曲线价格公式是将 LNG 价格按照一揽子原油价格进行调整。该价格曲线在一定原油价格范围内为线性关系。当原油价格低于下限时，S 曲线向上偏移；当原油价格高于上限时，S 曲线向下偏移。这一价格曲线能有效保护合同各方免受油价大幅振荡带来的影响。在 1989 年澳大利亚 LNG 供应商和日本用户签署的合同中，首次采用了 S 曲线价格公式。

20 世纪 90 年代以来，为了避免国际油价剧烈波动对 LNG 价格的影响，买卖双方希望 LNG 价格相对稳定。澳大利亚—日本 LNG 项目开始采用 S 曲线价格公式：

$$P_{LNG}=P_{原油}+B+S$$

式中　P_{LNG}——LNG 价格，美分 / 百万英热单位；

$P_{原油}$——日本进口原油平均到岸价，美元 / 桶；

A——系数，同直线公式；

B——常数，由谈判确定；

S——当油价过高或过低时的曲线部分。

在合同中也规定了公式适用油价范围，如果油价超出此范围，则另行谈判调整。这一价格曲线能有效保护合同各方免受油价高幅震荡带来的影响。按照此公式，当油价过低时，LNG 价格高于直线价格。

第三节　影响国际油气价格的因素

一、油气供给

（一）油气储量

油气储量既反映了石油的长期总供给量，又反映了资源约束，是资源有限性的表现。一般我们关注已探明储量（可采）和剩余储量等指标，受勘探投入、勘探技术进步的影响，油气储量会逐年小幅递增，若伴随大油田的发现，则该年探明储量增长较大。总体上，油气储量与油气价格呈负相关。

（二）油气产量与供给结构

与储量概念不同，油气产量是供给方开采行为的结果。目前国际石油市场的供给结合油气需求结构可以划分为欧佩克国家供给（3933.8万桶/日）和非欧佩克国家供给（5538万桶/日）。由于非欧佩克国家的增产、页岩油气的开发，欧佩克目前的市场份额仅为41.5%。石油产量与价格负相关，其供给结构越分散，对低油价越有利。而天然气产量与价格却与此相反，天然气价格变化在一定程度上促进了投资和产量的增长，产量增长在一定程度上促进了投资增长，而投资即成本的增长则在一定程度上又促进了价格的上涨。

（三）油气生产成本

可耗竭资源理论和马克思地租理论都提及了生产成本对价格的影响，成本的变动会影响下一期石油厂商的生产决策，从而影响供给量。马克思的地租理论指出，生产效率最低（生产成本最高）的石油厂商决定市场价格，低成本厂商则影响了油价波动范围。目前中东地区的大陆石油平均生产成本约是27美元/桶，而世界其他地区则在50美元/桶左右。

二、油气需求

（一）全球经济状况

凯恩斯经济学从需求角度指出，经济增长由消费、投资和出口带动。石油工业对全球经济的影响主要体现在大量的石油消费（石油工业下游行业广、需求多）和石油投资（石油工业的重资产属性，投资项目资金大）方面。当全球经济向好时，石油的消费、投资保证从需求端推升油价上行；而当全球经济下滑时，减缓的石油消费与收缩的石油投资项目又促使油价回调。全球经济对天然气的影响亦是如此，全球经济向好时，天然气的投资和产量增长推动天然气价格上升；而全球经济低迷时，天然气的投资减少促使产量降低，从而又促使天然气价格下降。

（二）新兴经济体需求

2000年以后，新兴经济体增长迅速，其对石油的消费构成了石油总需求的重要部分。本质上，新兴经济体的石油需求由全球经济结构变化带来的产业转移造成，随着中国、印度等国成为"世界工厂"，制造业的迅猛发展带来原油需求上升，进而推动油价走高。尤其是2008年金融危机以后，欧美经济明显放缓，新兴经济体的相对增长对石油需求的维稳起了重要作用。以中国为例，其对石油的需求曾带动全球石油消费增长近1/3。随着全球天然气产业快速发展及供需规模的不断扩张，中国、印度等新兴经济体对天然气的需求持续攀升，正在成为全球天然气需求增长的主力。中国受"煤改气"及"打赢蓝天保卫战"等政策推动，天然气消费持续快速增长。印度等国的天然气消费力度也持续加大。

（三）替代能源情况

根据可耗竭资源理论，油气价格还受替代能源的影响，替代品的生产成本决定了油气价浮动上限。油气价格越高，能源消费越容易向替代品转移。影响油价的典型替代品之一是页岩油，2012年美国的页岩油革命对石油价格产生了实质性影响。目前全球页岩油储量在11万亿吨至13万亿吨之间，超过石油储量，但由于生产成本相对较高，一些石油厂商通过价格战抵抗页岩油的进入。目前页岩油的开发备受关注，其替代性对石油价格打击较大。

三、美元指数

石油美元以及美元指数，是导致国际油价波动的关键因素。国际油价是以美元来标价的，美元在国际石油交易货币体系中的决定地位，使美元和石油价格有着密切的关系。石油逐步成为美国实现政治博弈、维护其霸权地位的有力工具。

石油美元的出现和发展形成了一种特殊的国际政治经济现象，那就是石油美元环流。从1947年开始，美国的石油企业就向西欧援助出口了大量的石油。根据美国的官方统计，美国投入到马歇尔计划中的美元，其中大约10%通过买卖石油又回到了美国自己的手里，这就是最初的石油美元环流，美元的国际化程度也由此大大加深。

美国在战后凭借其政治和经济的霸权地位，让美元成为主要国际大宗商品的结算货币，从而美元顺理成章地成为各个国家的重要货币储备。美国从此可以开动机器大量制造美元纸币，用其在全世界购买物品及服务。而其他国家需要通过出口货物换取美元才能进行对外支付，从而也让美元异常坚挺。很多主要的石油进口国由于对石油的高度依赖，需要准备大量的外汇储备用来支付石油进口费用。与此同时，产油国也有很大体量的石油美元需要储蓄或者寻找投资渠道，而美国又凭借其发达的经济实力、政治地位以及完善的资本市场，让这些石油美元以"回流"的方式进入美国，成为存款、有价证券等资产，填补美元的财政赤字、缓解贸易逆差。而不断攀升的油价可以使石油美元储蓄快速增长，美国就以其强势的政治经济地位，维持石油美元的回流，吸收外资，支持其经济的发展。

作为国际原油价格的计价货币，美元对原油价格的影响远远高于其他货币。货币汇率的变化原则也会影响原油价格走势。理论上，当美元指数走弱时，以美元计价的原油价格从其他国家角度来看，就显得便宜，需求量就会上升；反之，当美元升值时，以其他国家计价的原油价格就偏贵，原油的需求量就会下降。欧佩克国家虽然垄断了石油的供给，却没有定价权，使得石油的所有权和定价权分离。石油与美元的互通机制让美国拥有这个强大的能源定价能力，获得了巨大利益。欧佩克产生的巨额石油美元与亚洲国家出口经济形成的巨量商品美元共同支撑着美国经济的高速运行，形成了"美元—石油美元—商品美元"这样一种稳定的资本流动链，稳固美国的政治和经济霸权地位。此外，石油美元回流产生的美元投资和储蓄，还会间接促进石油价格的攀升。

四、地缘冲突

地缘政治属性使油气价格的变动或多或少地带有一些政治色彩，因而其波动并不完全符合经济学规律。理论上，一方面全球可开采油气资源的集中度很高（大部分都位于中东地区），另一方面全球主要能源消费国大部分都存在油气供需缺口，依赖进口油气，因此供给端的集中和需求端的刚性使得发生在产油国的、影响油气生产的事件会对油价产生重要影响，而这样的事件大多都与政治相关。历史上中东地区的政治冲突对油价的影响就是很好的例证，据统计，20世纪50年代至今由中东地区地缘政治事件引发的石油供给收缩已经不下15次。法国学者菲利普·赛比耶洛佩兹认为，"在华盛顿主宰美国事务的部分政治家眼里，石油是与国防同等敏感的要害领域。"剑桥能源研究协会主席Daniel Yergin提出：石油，10%是经济，90%是政治。

地缘政治和战争威胁是影响国际油气价格短期波动的主要因素，并且可能会导致国际油气价格短期内的大幅变动。造成油气地缘政治的原因主要是油气供给和需求的不均衡。紧张的政治局势可能产生全球石油供给下降的预期，引发国际油气市场对油气供给保障的担忧，从而推动国际石油价格上涨。主要产油国近来连年的战争冲突，特别是中东和北非地区的战争将直接使国际石油市场出现供给短缺，短期内推动石油价格攀升。

复习思考题

1. 国际石油价格机制与国际天然气价格机制有哪些异同？
2. 结合当前国际油气价格，分析影响因素有哪些。
3. 国际油气价格波动具有哪些特征？

延伸阅读

美国和英国天然气价格指数启示录

上海石油天然气交易中心　瞿新荣

随着天然气市场逐渐成熟，尤其是国家提出"管住中间、放开两头"的产业改革方向后，天然气市场价格正逐渐向"气气竞争"的定价方式演进，从而更有效地反映市场供需，平抑需求波动。在天然气市场化改革推进过程中，借鉴国外天然气价格标杆的形成机制，发展中国基于市场供需的天然气基准价格，既是中国天然气市场化改革的需要，也是中国石油天然气对外依存度持续走高的背景下，形成买方话语权的需要。在这一过程中，石油天然气交易中心承担着天然气价格发现与价格标杆的重任。对标美国、英国天然气市场化改革与天然气价格标杆的形成，对于理解中国天然气市场化改革与价格标杆建设，以及石油天然气交易中心天然价格指数建设具有重要意义。

1. 天然气市场化下美国亨利中心成为北美天然气价格标杆

亨利中心（同时包含交易平台与交割枢纽两层概念）能够形成天然气价格"风向标"地位，除了其坐落于主要陆地油气产区、链接了海域油气产区及周边发达的管道外，美国天然气价格市场化推进以及纽约商品交易所（NYMEX）现货与期货的交易联动是形成其影响力的主要原因。

20世纪80年代以前，美国和加拿大都曾经对天然气井口价进行严格监管。严格监管降低了自然垄断企业的垄断利润，有利于天然气价格下降供给提升，满足工业生产与居民需求。这种情况下生产商利润及天然气供给量与价格如图1所示。

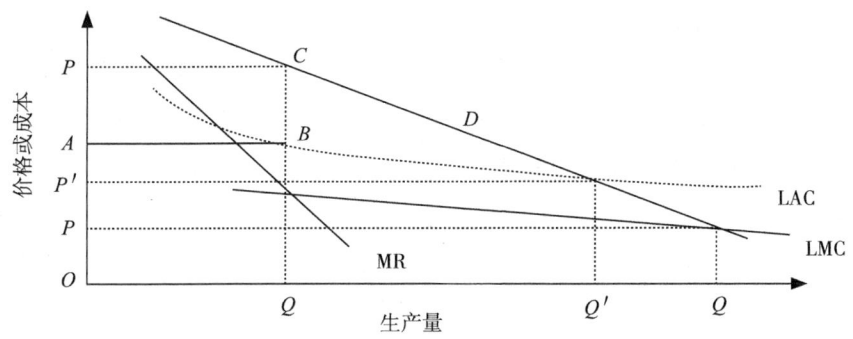

图 1　北美对天然气价格监管示意图

原本垄断情况下，企业按照边际利润（MR）= 边际成本（LMC）来生产，价格为 Q，定价为 P，企业获得垄断利润 $ABCP$。政府为促进企业生产、满足居民需求，需要破除企业垄断，规定生产商价格定在企业平均成本（LAC）处，此时供给为 Q'，价格为 P'——这也是我国过去采用的"成本定价法"由来。这种方法既降低了企业垄断利润提升了产量供给，同时也避免了将价格打到生产企业边际成本（LMC）处，带来生产企业亏损、降低生产企业积极性的问题。北美对天然气价格监管主要考虑提升供给降低垄断企业利润采用政府管制下的"成本定价法",不仅容易导致企业生产积极性不高、企业故意抬高生产成本等问题,而且在市场其他替代性产品价格变化的时候,价格不能有效反应市场变化。

为了避免价格管制下市场资源分配扭曲、价格不能反映经济变化、供需失衡的现象再次出现,美国于20世纪80年代中后期开始加快天然气改革进程,通过解除对井口价格管制,同时要求管道公司管输与销售业务分离,逐渐由过去成本加成的定价机制转变为完全竞争的天然气市场。管道放开,实行"第三方准入",这样供气方公平使用管道,形成自主定价争夺终端用户的"气气竞争"局面。

在美国天然气行业1989年提出解除井口价管制后,1992年,美国联邦能源管理委员会(FERC)规定管道公司退出天然气销售市场、只能从事天然气输送业务,这样基于双边协商的现货交易逐渐有了市场基础。市场化机制为天然气生产、贸易、消费提供了活力。1988年5月,美国第一个天然气现货交易中心——亨利中心(Henry Hub)在路易斯安那州成立。亨利中心凭借其互连能力以及提供良好可靠的输送服务方面业务,1989年11月被NYMEX挑选为全球第一份天然气期货合同的官方交付地。自此,NYMEX报出的亨利中心价格成为美国乃至北美地区的天然气基准价格。基于供需竞争形成的亨利中心天然气交割价格,对于美国进口LNG价格、美国国内管道气价格及天然气期货等衍生品价格都有非常重要的影响,对我国天然气价格改革与天然气市场发展具有一定的借鉴意义。

2.NBP天然气价格影响力如何形成

NBP的全称Virtual National Balance Point,即虚拟国家平衡点。从字面来理解,NBP是一个点(位置)、一个市场,同时没有实际的现货交割地点,即虚拟的市场——这是跟Henry Hub最大的不同。但实际它们本质一样,也就是天然气生产商与供应商通过市场供需形成天然气竞争价格。在理解NBP价格时,需要注意几点。首先,NBP是一个现货交易市场。NBP的运营公司Transco为所有交易商提供了一个在线系统(其实与亨利中心提供的电子交易系统类似）。交易商（主要是天然气托运商）使用管道公司管网预定管网容量（这方面，英国管网与托运是分开经营，管网可以竞价给第三方托运商），将天然气运输往 NBP，然后卖给买方，再由买方把这些天然气从 NBP 运输到指定供气点。这样，买方卖方基于市场供需情况通过 NBP 形成天然气价格。

另外，NBP 也是一个交割点，它同时承担着期货与现货的交割功能，是洲际交易所（ICE）天然气期货交割地之一，是欧洲流动性、交易性最强的天然气交易市场，其巨大的交易规模和市场化定价机制，决定了 NBP 天然气价格是欧洲乃至全球天然气价格的重要标杆。当然，NBP 价格标杆的形成也并非一蹴而就，这中间经历了英国天然气市场化改革的历程。20 世纪 90 年代以前，英国的天然气工业结构非常简单，主要由英国天然气公司（BG）垄断天然气中下游供应——来自英国北海海域的上游公司将天然气卖给 BG，BG 按照价目表或者合同价卖给下游居民或商业用户。这样，在上游天然气供应上，就基本是买方市场——BG 说了算，BG 根据市场净回值与粗柴油价格挂钩制形成天然气谈判价格。BG 对天然气运输与销售的垄断，抑制了英国天然气市场竞争。

1986 年，英国《天然气法》要求将 BG 私有化，并成立天然气监管机构 Ofgas，要求部分放开天然气供应管制并引入管网"第三方准入"。自此，英国开始了天然气市场化改革进程。1989 年，Ofgas 禁止 BG 与任何气田签订合同购气量高于气田产量 90%，要求生产企业将其余 10% 天然气产量出售给独立供应商和托运商。1992 年，Ofgas 规定用气量大于 2500 英热单位的用户可以自由选择上游供应商。1993 年，英国垄断与兼并委员会（MMC）建议 BG 分离销售与运输业务。1997 年 5 月，BG 被拆为两部分：BGplc 和 Centrica plc，彻底实现了运输与销售业务所有权上的分离。1998 年，包括居民用户的所有最终用户都可以自由选择供应商。这样，英国天然气市场改革不仅在批发与大宗天然气交易市场上形成了竞争机制，同时在全部零售市场引入了竞争机制。

英国经过 10 年左右时间，形成了天然气市场化定价机制——基于供需关系的"气气竞争"定价。但近些年来，随着英国北海油气输出下降及消费需求增加，英国天然气进口量增加，天然气现货价格同样受到石油价格影响，长期与石油保持相同的变化趋势。而 Henry Hub 的天然气价格相对受到石油价格影响较小，价格独立性相对 NBP 价格更强。以期货结算的英国与北美天然气价格受到原油价格影响。NBP 的影响力形成同样受益于英国天然气市场化改革，以及逐渐活跃的天然气场外交易（OTC）和天然气期货合约市场——由洲际交易所（ICE）1997 年 1 月推出。

（本文原载于《能源》2019 年 6 月）

第六章

国际油气现货贸易

在国际油气贸易发展早期,油气现货贸易较为常见。经过多年的发展,世界上已经形成了几个较大的石油现货市场,如西北欧市场、新加坡市场、北美市场等。除此之外,随着国际油气贸易的逐步发展和世界石油市场的不断变幻,长期合同贸易和准现货贸易也成为国际油气贸易不可忽视的两种形式。值得一提的是,准现货贸易不同于现货贸易和长期合同贸易,主要适用于油价动荡不定特别是油价疲软不振的时候。

第一节 长期合同贸易

一、长期合同概念及发展

长期合同是油气长期供应合同的简称,就是油气生产国与油气进口国之间签订的期限在一年以上的油气供应合同。合同内容一般包括:供应方在合同期内应供应的油气产品总量及年度或月度量、交易油气产品的价格、购买方应支付的货款总量及年度或月度量、付款方式等。在长期合同贸易中,买卖双方交易的期限、数量、价格、付款方式基本都是"固定"的。

第一次石油危机以前,长期合同是国际石油市场的主要贸易方式,甚至价格长时间不变。因为此间国际石油价格本身低廉,而且国际石油市场基本上处于供求平衡或供过于求状态。对产油国和石油进口国而言，这是一种较理想的方式。

石油危机后，由于国际石油市场价格大起大落，买卖双方都不愿签订固定价格的长期合同，买方更多地到现货市场寻求供应，长期合同贸易量大幅度下降。

目前长期合同大多数情况下只是一个框架，供应的时间、供应量、价格等都要由买卖双方定期协商。如2004年挪威与波兰订立的长期天然气合同规定：挪威将在从2008年算起的16年里向波兰供应740亿立方米的天然气，按当时市场价格计算，其价值为1000亿挪威克朗（约合110亿美元）。

二、长期合同作用

长期合同是国际石油市场一定时期的产物，尽管其内涵已经发生了较大变化，但现在仍普遍存在，足见其强大生命力。目前，许多国家之间仍签订有长期合同。长期合同的主要作用体现在：

（1）油气业投资巨大，投资回收周期也很长，因此签订长期合同对吸引投资和保障市场供需平衡至关重要。

（2）签订长期合同对维护国家油气安全至关重要。对一个国家（地区）而言，维护油气安全的途径有内部和外部两种，内部主要是国内油气储量的占有和开发以及战略储备，外部主要是占有国外油气储量和通过长期合同获得稳定的油气供给。尤其是对油气进口大国来讲，同油气生产国达成长期合同对维护国家油气安全非常重要。

如2004年达成的中俄能源合作协议规定，中国石油天然气集团公司（CNPC）向俄罗斯石油公司（Rosneft）提供60亿美元信贷，换取长期原油供应。根据合同，俄罗斯石油公司要在2010年前向中国输出4840万吨石油。对石油生产国而言，同石油进口国达成长期合同也有助于获取稳定的市场。如沙特阿拉伯石油公司（Saudi Arabian Oil Co.）一般都与那些买进固定数量原油的公司签订了长期合同。它们每个月都要对实际将交付的原油数量作出一定比例的调整。当沙特阿拉伯在公布高于预期的官方售价时，便发出了将大幅减少原油供应的信号。

（3）通过长期合同，可以规避油气价格波动风险。特别是对像我国这样的油气消费和进口大国来讲，通过长期合同，可以充分发挥我国作为油气消费大国的需求优势，从而影响国际油价的形成，争取尽快改变目前完全被动承受国际油价剧变影响的不利地位。

（4）通过长期合同，可以加深油气生产国与油气消费国的能源合作关系，进而推动相互之间的其他经济贸易关系和政治关系。

三、长期合同特点

（1）长期性。一般而言，油气贸易长期合同签订的期限跨度都十分长，比如，2018年中国石油天然气集团公司和俄罗斯天然气工业股份公司签署了《中俄东线供气购销合同》。合同规定，从2018年起，俄罗斯开始通过中俄天然气管道东线向中国供气，输气量逐年增长，最终达到每年380亿立方米，累计30年。

（2）高风险性。由于合同签订会固定油气的销售价格，一般而言，为了达成长期合同的签订，确保油气供应安全，油气进口国家都会答应签订价格相对较高的合同，即使价格就现在而言十分合理，但由于油气市场存在价格波动、汇率波动等因素的影响，仍可能会造成大量损失。

（3）涉及金额大。长期合同时间跨度长，因此供应方将在未来要保证持续的油气供应，在开发和开采过程中的成本投入，应当有后续支撑，往往会要求需求方提供巨额定金。因此，合同签订的金额数目也相当巨大。

第二节　现货贸易

一、现货贸易概念及发展

现货是指商品社会中已经现实存在的、可以用来买卖交换且代表一定价值的标的物，包括商品现货、大宗商品、现货仓单等。现货是贸易的最高形式。

现货贸易，就是一手交钱一手交货的商品货币交换。这里所说的一手交钱一手交货,并不只是指当时钱货易位、货款两清的情况。现货交易既包括物物交换、即期交易(钱货两清),还包括远期交易。

一般来讲,远期交易要签订现货合同。现货合同作为一种协议,明确规定了交易双方的权利与义务,包括双方交易商品的品质、数量、价格和交货日期等。买卖双方签约后,必须严格执行合同,在合同期内,即使市场行情朝着不利于交易的某一方发展,这一方也不能违约。另外,如果交易的一方因缺乏资金或发生意外事件,便有可能出现难以履约的情况。

20世纪70年代以前,世界石油现货贸易已经有所发生,现货市场已存在,但现货市场只能批量供应,而且是建立在超产情况之上。当时的石油现货贸易仅仅是作为石油公司之间相互调剂少量剩余石油产品的手段,石油公司也不能保证在任何时候都可以在现货市场出售其超产原油,任何用户也不依赖现货市场,买卖各方也不能签订现货贸易合同。因此,现货贸易是一个不稳定的供应来源,石油现货交易量只占世界石油贸易总量的5%以下。这个阶段的石油现货市场被称为剩余市场(residual market)。

经过第一次石油危机以后,世界石油市场发生了很大的变化,现货交易也随之在世界石油贸易中发挥越来越重要的作用。首先,在这一时期,出现了很多石油贸易商,石油交易频繁;其次,不像上个阶段现货价格完全随同长期合同价格而变化,现时的价格逐渐成为石油公司、石油消费国政府制定石油政策的重要依据;最后,石油现货市场由单纯的剩余市场演变为反映原油生产、炼制成本、利润的边际市场(marginal market),石油现货贸易在世界石油市场中占的比例也在逐步增加。

进入20世纪80年代以后,世界油气市场出现供大于求,促使更多的油气贸易走向现货市场。现货市场价格与长期合同挂钩:一种是指按周、月或季度通过谈判磋商价格;另一种是以计算现货价格的平均数来确定合同价格。

二、油气现货贸易作用

油气现货贸易,就是一手交钱一手交货的油气商品与货币交换。

现在,油气现货贸易已占世界油气贸易量的1/3以上,成为油气贸易的主导市场。由于国际油气价格波动频繁且幅度较大,因此,传统的固定价格的长期合同面临困境，出现了现货市场价格与长期合同挂钩的做法，并成为目前世界油气市场广泛采用的合同模式。现货贸易作为世界油气贸易市场的主要贸易方式，对整个世界油气工业起着重要作用。

首先，现货贸易已成为国际油气流通的重要渠道，根据实际情况与长期合同相互替代，促进贸易发展。其次，现货贸易能比较准确地反映国际油气市场供需关系的变化，现货价格成为引导价格，为世界原油和油气产品的市场清算提供了价格信息。最后，在世界油气市场不稳定、油价剧烈波动的时期，现货贸易提供了转移和减少风险的手段。

三、油气现货贸易特点

（1）双向交易。双向交易不同于其他交易方式，不仅上涨可以获利，下跌也可以获利，具体是指客户可以在预期仓单上涨时，则低价买入，高价卖出平仓；预期仓单下跌时，则高价卖出，低价买入平仓。这可以使投资者更加灵活、更加理性地进行交易，增加其交易机会。

（2）对冲机制。因为现货仓单的标准化，所以油气现货交易可以通过反向对冲操作解除履约责任。交易者可以在价格低时买进现货仓单，等价格上涨后卖出对冲平仓，也可以在价格高时先卖出然后价格下跌后买进对冲平仓，双向获利。

（3）当日结算制度，又称每日无负债结算制度，其原则是当日交易结束后，交易所按当日结算价对客户结算所有合约的盈亏、交易保证金及手续费、税金等费用，每日对客户账户进行核算，这样可以避免债务纠纷，达到控制风险的目的。

（4）保证金制度。保证金制度是指对交易双方冻结适当的保证金，以达到保证合同履行的目的，同时起到资金的杠杆作用，可充分利用资金。保证金交易是指客户在其买卖现货合约时，只需按照合约价值的一定比例缴纳资金，无需全额支付，而盈亏是按照合约金额来确定的，从而使得现货合约盈亏产生了杠杆效应。

（5）即时交易制度，就是当天可以对订立的合约进行转让处理，当日获利，当日就可以对冲转让，充分利用资金，同时减轻长期持牌带来的风险，操作机动灵活。

四、世界主要石油现货市场

现货市场的形成是有一定条件的，一般都拥有很大的炼油能力、库存能力和吞吐能力。目前世界上较大的石油现货贸易市场有以荷兰鹿特丹为中心的西北欧市场、以新加坡为中心的新加坡市场、以美国为中心的北美市场。

（一）西北欧市场

西北欧市场分布在阿姆斯特丹—鹿特丹—安特卫普（Amsterdam—Rotterdam—Antwerp，ARA）地区，是欧洲两个现货市场中较大的一个（另一个是伦敦市场），主要为德国、英国、荷兰、法国服务。这一地区集中了西欧重要的油港和大量的炼厂，原油及油品主要来源于前苏联地区，来自前苏联地区的粗柴油占总供应量的50%，另外还有北海油田的原油和ARA地区独立炼厂的油品。

西北欧市场是发源最早，也是最重要的石油现货市场。鹿特丹是西北欧市场的核心。一方面，原油通过巨型油轮从中东、非洲、北海进入市场；另一方面，原油和石油产品通过水路和陆路销往欧洲各国。

在南欧地中海沿岸，主要是在意大利的地中海沿岸，还形成了一个地中海市场。石油现货的供应来源是意大利沿海岸岛屿的独立炼厂，另外还有一部分经黑海来自前苏联地区。地中海市场比较平稳，是这一地区重要的油品集散地。

（二）新加坡市场

新加坡市场是发展最为迅速的一个石油现货市场。尽管只有20多年的时间，但它已成为南亚和东南亚的石油交易中心，主要供应来自波斯湾和当地新发展的炼厂所生产的油品。石脑油和燃料油在该市场占有很大份额，原油在该市场中也有十分重要的地位。最近几年来，随着中东地区炼油能力的不断增长，越来越多的石油产品涌入亚太地区，这使得新加坡市场的贸易量及其作用在世界石油贸易中越来越大。

（三）北美市场

美国是世界石油的消费大户，尽管美国的石油产量在世界上首屈一指，但它每年仍然要进口大量的原油，于是在美国濒临墨西哥湾的休斯敦及大西洋的波特兰港和纽约港形成了一个庞大的市场。特别是在 1982 年放宽政府对石油价格的控制以后，美国的石油现货市场得到了很快的发展。

在美欧之间的加勒比海地区，形成了一个市场加勒比海现货市场。该市场的原油及油品主要流入美国市场，但如果欧美两地差价大，该地区的油品及原油就会流入欧洲市场，特别是柴油和燃料油。该市场是一个较小的现货市场，但它对美国与欧洲的供需平衡起了很重要的调节作用。

第三节　准现货贸易

准现货是指由于一些特殊原因而产生的一种形似商品实为交换尺度且代表一定价值的标的物。这种标的物可以是商品社会现实存在的，也可能是人为创造的。一般而言，准现货更类似于金融商品。石油准现货贸易的出现，相当多数的情况都是由于世界石油市场疲软，石油卖方对石油买方以某种方式对价格进行的折扣。石油卖方对石油买方进行价格折扣的原因很多，如欧佩克成员国，可能会是不希望明目张胆地违反价格协议，因而通过准现货贸易，使定价方式和手段更加隐蔽和复杂。

准现货贸易在理论上对交易双方都有利。石油出口国可以保障其石油出口市场，而石油进口国可以促进本国货物或服务的出口，并确保进口石油的来源。但准现货贸易还存在很大的局限性，主要还得视石油市场的具体情况而定。当油价动荡不定，特别是油价疲软不振的时候，产油国为了折扣求售，才钟情于这种贸易方式。

一、易货贸易

易货贸易是将同价值的进口商品和出口商品通过协议结合起来，构成一笔互换的交易，其重要特征是以货换货。具体表现为：进口同出口同时成交，直接相连，即使不能同时成交，成交时间也有约束；进出口金额相等或基本相等；进出口商品交换的品种可以是一种对一种，也可以是几种对几种或一种对几种，软硬搭配，对等交换。

因为严重缺乏硬通货，许多国家被迫与其债权国进行易货贸易。据统计，1984年的欧佩克产量中约25%是通过易货贸易完成的，其中有广为人知的沙特阿拉伯用3440万桶石油交换波音公司10架波音747飞机。另外，阿联酋用石油交换法国的幻影战斗机；伊朗用石油向新西兰交换羊羔；阿尔及利亚用石油购买日本车辆；马来西亚用石油购买巴西的铁矿石。不仅如此，2017年，由于美国全面恢复制裁伊朗，导致伊朗国际航运、金融受阻，因此伊朗与印度达成易货贸易，伊朗用石油向印度交换食品、药品、机械等物。

二、回购贸易

这种贸易的条件是卖方必须将销售油气所得收入的一部分用来购买进口其他油气国家的货物，比易货贸易灵活。油气出口国可以从油气进口国所提供的多种货物和服务项目中进行选择，挑选其愿意接受的货物或服务，作为销售油气的全部或部分收入。

三、以油以气抵债

以油以气抵债这种现货贸易方式是指一些主要油气出口国因收入拮据，自愿用油气清偿部分债务。例如，伊朗用石油偿还欠法国、意大利、印度以及日本几家公司的债务。不仅如此，中国作为许多主要油气出口国的债权国，很多国家如肯尼亚、安哥拉、委内瑞拉、厄瓜多尔等也自愿用石油偿还欠中国的债务。

四、互换贸易

互换贸易即用不同的油种或油品进行贸易。印度尼西亚曾与石油贸易公司签订以油换油的贸易合同，印度尼西亚以每天33万桶原油换取所需的阿拉伯轻油和油品。

2016年，伊朗和俄罗斯达成一套石油天然气交换机制：俄罗斯向供应稀缺的伊朗北部地区提供石油和天然气，而作为回报，伊朗将把其南部地区的等值油气输送到俄罗斯的海湾客户手中。

五、贷款换油气

近年来，在国际油价走低的背景下，中国进一步发展了石油准现货贸易方式——贷款换石油，即中国利用庞大的外汇储备，以较低于国际正常贴现率向产油国提供贷款，以换取经济发展所需要的石油。

2009 年，中国与俄罗斯达成了贷款换石油的协议。中国以 250 亿美元 6% 年利率换取俄罗斯 3 亿吨石油。对中国和俄罗斯来说，这种方式是互惠互利的——俄罗斯有石油，中国有现金；金融危机背景下，俄罗斯缺少资金来实现经济拯救计划，中国则可趁油价较低囤积石油以应对未来的油价上涨，且可减轻对中东进口石油的依赖。

2011 年，中国与土库曼斯坦签订 41 亿美元贷款换天然气协议。这笔贷款会被用于开发土库曼斯坦境内的一处大型天然气田，并使用天然气归还。

2020 年 12 月 8 日，伊拉克宣布将与中国振华石油控股有限公司（China ZhenHua Oil Co.）签署一项价值数十亿美元的合同。这笔交易是中国通过国有贸易公司和银行向安哥拉、委内瑞拉和厄瓜多尔等陷入困境的产油国放贷的最新例证，偿还方式是石油而不是现金。

复习思考题

1. 国际石油贸易方式经历了哪几个发展阶段？
2. 何为油气长期合同，有何特点？
3. 世界主要石油、天然气现货市场有哪些？
4. 何为准现货贸易，有何特点？

延伸阅读

石油现货交易风险及其防控措施探讨

孙淮涛

石油是我国社会经济发展中不可忽视的重要能源，与国民经济发展的状况有着密切联系。国际上石油价格的大起大落，都会影响到我国经济的命脉，因此要做好石油现货交易风险的防控工作，本文就对石油现货交易风险及其防控措施进行分析,为石油现货交易的良好市场环境提供一定支撑。

1. 石油现货交易风险存在的原因

(1) 外部因素

石油现货交易风险的防控,需要充分了解其存在的原因,也就是影响石油现货交易的外部因素,像外部监督的不足、石油行业中的相关法律法规不是特别明确、现货交易制度不够健全完善等。最初石油现货电子交易的交易模式都是借鉴了期货交易的相关制度,却没有期货市场那样的行业自律标准与规范,而且相关监管部门的监督也不到位,石油现货交易市场呈现出井喷式的发展状况,在监督管理方面却落实不到位,石油现货交易市场不管是在组织架构、交易规则,还是在内控制度上都存在一些不足。在石油行业实际运营中,涉及多个管理部门,但又因没有明确法律规定,各监管部门的监管工作得不到落实。还有,对石油交易资金监管不到位。经过前期整顿之后,石油交易市场的交易资金监管工作仍然得不到落实,银行在交易资金监管上只是"存管",在没有明确监管的情况下,银行对石油现货交易资金并没有相关监管法律依据,在资金方面的保障也比较弱。

(2) 内部因素

石油现货交易风险存在的内部影响因素,主要有信息技术原因与结算原因。其中信息技术原因主要表现在硬件设备与软件系统上,在石油现货交易中,其市场上没有明确的行业规范与运营标准,由此信息技术配置要求也没有类似于证券、期货行业的行业标准,因此石油现货交易市场对信息技术的重要性认知程度不够。还有在信息安全备份上也是不够的,一旦通信出现故障,数据就会发生错误甚至丢失,相关风险的应对能力也就不够。对硬件设备改造和软件技术革新,有助于加强信息技术安全方面风险的有效防控。要知道,石油现货交易市场在石油行业运营成本中占据着较大的比重,短时间内信息技术的升级与改造都会给石油现货交易市场的运营造成一定麻烦。石油相关企业在软件开发上的力度也不够,缺乏自主开发积极性与主动性,较之国内期货交易中所有自主研发的相关交易终端软件,对确定软件开发与升级的自主权,增强石油现货交易的监督也是不够的。石油现货交易风险中内部因素存在着结算风险，石油现货交易开始的时间比较短，但是成长却很快，石油现货成交量与交易资金都有着较大的规模。随着石油交易规模的不断扩大，石油现货交易市场有着交易模式的多样化情况，交易模式有挂牌模式、竞价交易模式等，还有多种交易模式混合的运营方式。这种大规模的成交量与结算量，是多种交易模式并存产生的交易机制，无疑对石油现货交易市场的信息技术软硬件设备设施提出了更高的要求，也对结算风险的控制能力有着更高的要求。现货交易风险中多种交易机制的结算系统的应用，充分满足交易多样化的风险评估需求，但是石油现货交易市场的结算结构还会随着交易模式的变化而改变。

2. 石油现货交易的保证金制度风险与防控措施

在石油现货交易中，保证金制度对交易履约风险有着一定保障作用，但是也还存在着交易风险性。石油价格波动的幅度比较大，这给石油现货交易带来很多不确定性，若是实际交易方向与价格与预期差距较大时，交易商就会面临着不理想的价格交易，甚至会造成交易方的经济损失。不管是哪种交易结果，都可能会造成交易市场的经济损失与名誉损失。在石油交易中，保证金制度是交易商以极少的资金来控制大量货物，这样一来自身的利益得到保证，但是交易市场却被扰乱。有些货物会被交易商所操控，出现恶意囤积的情况，等到特定时机，再提高石油的价格，最终导致石油市场混乱状况出现。像这种蓄意囤积的方式，会在短时间内出现价格暴涨或者是暴跌的情况，扰乱了交易市场秩序。尽管国家对这种情况进行了调控，将保证金的比例提升到了20%以上，在一定程度上减低了交易风险，控制了交易市场的秩序，提高了市场波动的平稳性，但是也增加了石油市场交易的成本，交易商的经济压力也变大。

（1）强行平仓制度的风险防控措施分析

在石油现货交易中，为实现现货交易风险的有效防控，还会采取强行平仓制度，保证石油现货交易的安全性。通常情况下，采用强行平仓制度的风险管理措施，能缓解交易保证金的不足或需要及时补充的情况，还有就是持仓量不在交易所制定标准范围内时，也会采取强行平仓制度。在采取强行平仓制度过程中出现的金额亏损由客户来承担。较之长期合同制度来说，强行平仓制度能有效保证交易商的利益，避免出现违规违约的情况，但是对整个石油行业的有效运行来说，仍然存在很大的管理风险。实施强行平仓制度会引发很多纠纷，交易所具有一定保障权力，对客户也有很强的制约性。如果强行平仓制度的实施不恰当，客户就会出现十分严重的利益损害，甚至是出现违规操作的情况。在交易商中，为了保证利益不进行强行平仓制度，一旦价格行情不利自身发展，就会随意地提升保证金，这样就会出现多头亏损的情况。强行平仓制度一旦被交易商滥用，就会影响到整个石油行业的平衡发展。相关企业要积极推动我国石油战略储备体系的建设，为我国石油供应与稳定国际石油市场提供重要保障。在石油战略储备体系建设中，实施多元化石油交易资源的供应，要增强国家对石油市场的宏观调控手段，增强企业应对国际石油市场冲击的能力，在一定程度上缓解石油现货价格频繁波动所带来的风险。建立国家级的风险监督机构，授权按照保障国家经济安全需求，进行有效的风险评价与监控工作。

（2）网络交易风险及防控措施

现如今，许多石油现货交易可以通过网络交易来完成，网上交易模式有着高效、快速的优势，但是提供交易的信息化平台存在一定安全风险。这种安全风险，一方面是信息安全风险，像资金信息安全、信用卡账号和密码安全，一旦交易系统被黑客入侵，就会带来极大的损失，给交易商与客户等都造成难以想象的损失，使交易商、客户等的个人信息面临泄露的风险。若交易平台出现故障，极容易造成数据丢失，这样整个石油行业的安全运行就有很大风险。另一方面，网络的虚拟性给交易创设出一个虚拟的环境与场景，有的不法分子正是因为网络的虚拟性，对交易信息等进行造假，极大程度上损害了客户的利益，给石油现货交易带来了很大的风险。

（3）结算风险控制完善措施

在交易风险控制上，石油现货交易市场的业务开展模式都是比较严格的，其通过会员发展的实际结构与期货交易相似，在石油交易结算实施上，现货交易市场直接对交易商的交易实现直接结算。可以建立统一的准入与退出机制，为投资者权益提供保护。石油现货市场的竞争愈加激烈，石油现货交易市场出现野蛮生长的情况，既需要地方相关监管部门统一准入机制，进行石油现货交易市场的严格管理。对一些地方出现石油交易市场退出的情况，却很少有退出机制来进行保障，交易市场一旦有被清理的情况，交易标的处理中投资者权益的保护还是空白的，亟待进行严格规范。相关监管部门要深入监管，避免出现监督盲区，提高交易市场内部违规操作造成风险的控制，为了进一步保证行业规范的形成，要增强相关从业人员的整体素质，对石油现货交易的市场规模与设备进行有效提升，积极完善交易市场结算风险控制措施。

在结算风险控制措施完善中，建立完善的独立风控，建立风险的保证基金，完善风险的分级管理制度，充分保证结算部门的独立性，建立交易参与者、交易资金以及相关货物仓单的真实性，同时也要保证交易数据的真实性质。在交易风险处理中，要建立一定的风险保障基金，积极应对结算的风险。要增强合规监察，实施内部有效稽查，保证石油现货交易市场结算部门对风险措施的有效控制，并确保其独立性，同时检验现货交易市场进行积极的风险识别、评估、控制，构建完善可靠的交易规定，石油现货交易市场的结算管理要积极开展落实风险处理工作，排除交易市场的人为因素分析，促使石油相关企业战略目标的实现。

（本文原载于《中国标准化》2018第2期）

第七章

国际油气期货贸易

国际油气期货贸易可以追溯到1978年石油期货的产生和1990年纽约商业期货交易所（NYMEX）第一份标准化金融天然气合约的产生。直到今天，国际油气期货贸易已经得到了极大的发展。目前，纽约商品交易所（NYMEX）、伦敦国际石油交易所（IPE）、东京工业品交易所（TOCOM）和新加坡国际金融交易所（SIMEX）（目前已合并为新加坡交易所有限公司）都是石油期货运作比较成功的期货交易所；而美国亨利交易中心和英国天然气交易中心（NBP）则成为世界上主要的两大天然气期货市场。这些油气期货交易所使市场功能发挥充分，得到了各国投资商的广泛认同，在国际油气贸易中发挥了越来越大的作用。

第一节 油气期货贸易综述

一、期货贸易的概念与特点

（一）期货贸易与期货合约

期货与现货完全不同。现货是实实在在可以交易的商品。期货主要不是货，而是以某种大众产品（如棉花、大豆、石油等）及金融资产（如股票、债券等）为标的标准化可交易合约。因此，这个标的物可以是某种商品（如黄金、原油、农产品），也可以是金融工具。交收期货的日子可以是一星期之后、一个月之后、三个月之后，甚至一年之后。

买卖期货的合同或协议叫期货合约。买卖期货的场所叫期货市场。投资者可以对期货进行投资或投机。期货合约是由交易所设计，经国家监管机构审批上市的标准化的合约。期货合约的持有者可借交收现货或进行对冲交易来履行或解除合约义务。

期货合约是指由期货交易所统一制定的、规定在将来某一特定的时间和地点交割一定数量和质量商品的标准化合约。它是期货交易的对象，期货交易参与者正是通过在期货交易所买卖期货合约，转移价格风险，获取风险收益。期货合约是在现货合同和现货远期合约的基础上发展起来的，但它们最本质的区别在于期货合约条款的标准化。在期货市场交易的期货合约，其标的物的数量、质量等级和交割等级及替代品升贴水标准、交割地点、交割月份等条款都是标准化的，使期货合约具有普遍性特征。期货合约中，只有期货价格是唯一变量，在交易所以公开竞价方式产生。

（二）期货的特点

期货合约是在期货交易所组织下成交的，具有法律效力，而价格又是在交易所的交易厅里通过公开竞价方式产生的：国外大多采用公开叫价方式，而我国均采用计算机交易。期货合约的履行由交易所担保，不允许私下交易。期货合约可通过交收现货或进行对冲交易来履行或解除合约义务。因此，期货具有以下特征：

（1）双向性。期货交易与股市的一个最大区别就期货可以双向交易。期货可以买多也可卖空，价格上涨时可以低买高卖，价格下跌时可以高卖低买。

（2）费用低。对期货交易，国家不征收印花税等税费，唯一费用就是交易手续费。国内3家交易所手续费在2‰～3‰，加上经纪公司的附加费用，单边手续费也不足交易额的1‰。

（3）杠杆作用。杠杆原理是期货投资魅力所在。期货市场中的交易无需支付全部资金，国内期货交易只需要支付5%保证金即可获得未来交易的权利。

（4）大于负市场。期货是零和市场，期货市场本身并不创造利润。在某一时段里，不考虑资金的进出和提取交易费用，期货市场总资金量是不变的，市场参与者的盈利来自另一个交易者的亏损。

（5）发现价格。期货交易是公开进行的对远期交割商品的一种合约交易，在这个市场中集中了大量的市场供求信息，不同的人从不同的地点，按对各种信息的不同理解，通过公开竞价形式产生对远期价格的不同看法。期货交易过程实际上就是综合反映供求双方对未来某个时间供求关系变化和价格走势的预期。这种价格信息具有连续性、公开性和预期性的特点，有利于增加市场透明度，提高资源配置效率。

（6）回避风险。期货交易的产生，为现货市场提供了一个回避价格风险的场所和手段，其主要原理是利用期现货两个市场进行套期保值交易。在实际的生产经营过程中，为避免商品价格的千变万化导致成本上升或利润下降，可利用期货交易进行套期保值，即在期货市场上买进或卖出与现货市场上数量相等但交易方向相反的期货合约，使期现货市场交易的损益相互抵补，锁定企业的生产成本或商品销售价格，保住既定利润，回避价格风险。

（7）套期保值。在现货市场上买进或卖出一定数量现货商品同时，在期货市场上卖出或买进与现货品种相同、数量相当但方向相反的期货商品（期货合约），以一个市场的盈利来弥补另一个市场的亏损，达到规避价格风险目的的交易方式。

（8）吸收流动性。期货可以进行投资，能够吸引社会闲散资金，减少资金在其他行业投机产生的负面影响，为通货膨胀提供预警。由于国家提倡公民应该增加财产性收入，期货品种也越来越多，这也为许多投机者提供了创业平台。

二、油气期货贸易的作用

（一）发现价格

国际石油现货市场的参考价格，都是在公开竞争和竞价过程中形成的期货价格，通常都具有重要的价格导向功能，能够让企业生产经营更加市场化，让社会资源的配置效率得到提高。期货市场上汇合了众多的商品生产者、投机者和经营者，他们相互影响，将生产成本加预期利润作为定价基础，相互交易。各方交易者对商品未来价格通过行情分析、预测，然后再进行有组织的公开竞价，最终形成市场上石油预期的基准价格，这种基准价格相对权威，但还是会受到市场供求状况变化的影响而变化，拥有一定的动态特征。

（二）规避风险

规避风险的功能主义体现在可以套期保值。套期保值的做法是，当企业买进或卖出与现货市场交易数量相当但交易方向相反的石油相关商品期货合约时，预期在未来某一时刻通过平仓补偿或者对冲的方式，让现货市场价格变动所带来的实际价格风险被抵消。套期保值也是基本的石油期货市场运作方式之一，企业常常通过套期保值来实行风险采购，使生产经营成本或者预期利润保持相对平稳，以此来增强企业在面对市场价格风险时的抵御能力。套期保值并不能完全消除风险的原因是现货价格和期货价格客观存在着差别，这只是一种用较小的风险替代较大的风险，用现货价格和期货价格差风险代替现货价格变化风险的方式和方法而已。

（三）规范投机

自然的投机需求会随着期货套利的产生而产生。合理利用期货市场，一方面交易商可以以此规避国际油价波动产生的负面影响；另一方面，市场价格波动还可以使得投机者从中获取更多的利益。由于这两点，石油期货市场显然可以吸引大量资金，为石油产业的发展提供巨大的动力。因此，在规范的市场，投机行为必须受到严格的监督和规范的管理，让投机行为成为调节期货市场发展的工具，使投机者严格地遵循交易规则，并在此前提下获取正常经济利益。有了投机者的参与，期货市场的交易量会逐步增加，市场供求关系也可以得到更好的良性调节。

三、石油期货贸易的发展

石油期货的产生落后于农产品期货百年之久。国际石油贸易运用期货方式，发展石油期货市场，是20世纪70年代以来才出现的。1978年，纽约商品交易所（NYMEX）首次发放第一个与能源有关的期货合同，即取暖油（heating oil）合约。这标志着国际石油期货市场的开端。1981年，纽约商品交易所进一步开办了汽油期货合同交易，同年，开始交易粗柴油期货合同。1983年，纽约商品交易所进一步引进了原油期货交易。1989年，鹿特丹能源期货交易所挂牌成立。

石油期货市场建立之初，发展极为缓慢，也没有被国际石油工业广泛认可，直到1986年油价暴跌、石油市场波动频繁、风险增大后，才迅速发展起来，期货交易量急剧上升。石油期货市场的交易范围从最初的燃料油交易扩大到原油、取暖油、汽油及丙烷的期货贸易，以及原油、取暖油的期权合同交易，期货和期权交易种类逐渐扩大。

石油期货贸易发展迅速，目前已成为世界商品期货市场的龙头品种，交易规模位居各商品期货之首，形成和发展了一系列新的交易方式和交易手段，吸引了大量的投机商参与交易。

（一）世界石油期货发展现状

20世纪下半叶以来，国际石油需求与供给严重不统一，油价经历多次大起大落，全球经济备受冲击。在遭遇数次石油危机之后，人们开始认识到衍生工具的重要性，石油期货应运而生，并成为目前商品期货市场上最大的交易品种。可以预见，未来几十年，作为现代工业的血液，石油仍将是不可替代的能源，并影响整个世界经济的走向。

（二）石油期货产生的历史背景

早在19世纪下半叶，"汽油交易所"就在纽约繁荣一时。20世纪30年代早期，市场秩序被俄克拉荷马和得克萨斯快速增长的石油生产打乱，油价大幅下跌，加利福尼亚就出现过一个石油期货市场。不过，由于大型跨国公司和美国政府很快重建了稳定的垄断市场结构，这一石油期货萌芽也就很快消失了。到20世纪70年代，两次石油危机先后爆发，为石油期货的产生提供了先决条件，直接导致了石油期货市场的产生。

面对石油危机，世界各国纷纷采取了各种经济手段。由于商品期货出现较早，发展日趋完善，许多欧美投资者开始运用期货来解决石油价格波动问题。最初的尝试并非一帆风顺，纽约棉花交易所1967年、1974年两次强行推出石油期货，但均以失败告终。1978年底，纽约商业交易所推出了2号取暖油期货。合约推出初期，一些小型的公司和独立的市场参与者为了在动荡的市场中寻找稳定的替代供给源，纷纷进行交易。随后，石油现货交易商与其他金融和商品市场的纯投机者也加入进来，给石油期货市场带来了生机和活力。

自1978年上市以来，石油期货已经历30多年的发展过程。随着国际油价的大起大落，石油期货得到了迅猛发展，并成为世界最大的商品期货品种。原油期货是石油期货最重要的品种，美国纽约商品交易所（NYMEX）的西得克萨斯轻质原油期货、英国伦敦洲际交易所（ICE）的布伦特（Brent）原油期货目前在国际上最具影响力。其中WTI原油期货是美国以及西半球其他市场常用的原油价格标杆，而Brent原油期货则是西欧、地中海和西非地区原油价格的标杆。

作价方面，目前国际原油现货交易主要采取基准价升贴水的计价方式，WTI、Brent等期货交易价格经常被用作基准价。目前世界2/3以上交易量的原油是以北海布伦特原油为基准价的。1988年6月伦敦国际石油交易所推出Brent原油期货合约，北欧、北海、非洲以及也门等国家和地区都以此为基准。虽然WTI原油期价重要性日益凸显，但全球仍有70%左右的交易量以Brent原油为基准作价。

（三）石油期货的特点

1. 石油期货有着广泛的现货市场需求

石油是国际大宗贸易品种。2020年，全球石油产量约为44.4亿吨，远远超过玉米等农产品期货品种，现货基础比较雄厚。同时，由于全球石油储藏分布不均匀，石油主要生产国和主要消费国不一致，石油的进出口贸易量较大。在国际贸易中，石油期货价格已成为多数地区现货贸易合同的定价基准，石油生产商、贸易商以及加工商直接面临石油价格波动风险，需要参与期货市场保值。近年来，随着世界石油产量和消费量的不断增长，石油期货的交易规模也呈现出同步上升的趋势。

2. 石油价格波动比较剧烈

石油作为重要的战略物资，石油价格对国际政治形势的变化十分敏感。石油生产者、消费者和贸易商都强烈需要回避价格风险。期货市场的套期保值和价格指导功能此时显得十分重要，现货商保值要求强烈，直接促成了石油期货交易的活跃。

3. 石油期货采用比较灵活的交割方式

石油期货的交割方式比较灵活，既可采用实物交割，又可采用现金交割方式。美国 NYMEX 的取暖油期货、WTI 原油期货由于与现货市场非常接近，实物交收比较便利，因此采用实物交割方式。英国 Brent 原油期货合约采用实物交割和现金交割相结合的方式。日本、新加坡推出的中东原油期货由于远离现货市场，实物交割比较困难，故采用现金交割方式。同时，英国 Brent 原油期货的交割方式中配有期货转现货（EFP）和期货与现货掉期（EFS）方式，日本汽油期货增加了协商交割（coordinated delivery）和声明交割（declared delivery）等方式，使投资者在交割过程中更为灵活和主动。

四、天然气期货贸易的发展

在 1990 年，纽约商品交易所开始交易 Herry Hub 天然气期货合约。这份合约受到了天然气交易组织的欢迎，其交易量增长迅速。另一方面，纽约商品交易所在 1996 年引入其他两种天然气期货合约——Permian Basin 和 Albert，但是没有引起天然气交易组织较大的兴趣，很快就失败了。

1995 年，堪萨斯城期货交易所开始交易竞争的天然气期货合约，这份合约要求在 Permian Basin 和 WAHA Hub 交割 10000 百万英热单位的天然气。这份合约被接受的程度有限，在 1999 年停止了交易。

同年，新加坡国际货币交易所引入布伦特原油期货合约，这份合约与国际石油交易所的布伦特原油期货合约相联系。通过两个交易所之间共同的对冲协议，布伦特原油期货每天可以交易 18 小时。

在 1997 年，国际石油交易所引入天然气期货合约，这是它的第一份非石油期货合约，通过它的能源交易系统（ETS）进行交易。

第二节　主要石油期货市场及特点

目前，世界上主要的石油交易所有纽约商品交易所（NYMEX）、伦敦国际石油交易所（IPE）、东京工业品交易所（TOCOM）和新加坡国际金融交易所（SIMEX）（已合并为新加坡交易所有限公司）、上海期货交易所，参见表7-1。

表7-1 主要交易所石油期货交易情况比较

交易所名	合约名称	合约单位	最小价格变动单位	每日价格限制	交割月份	交易时间	最后交易日
伦敦国际石油交易所	布伦特原油	1000桶或42000加仑	1美分/桶或10美元/手	无	12个连续月份，一季度后扩展至最长24个月，半年后至最长36个月	公开喊价交易10:02—20:13；电子交易8:00—9:45（均为当地时间）	交割月第一天的前第15天。如果当日是伦敦的非银行日（包括星期六），交易将于当天前一个工作日停止，该日期由交易所公布
	柴油	100吨	25美分/吨或25美元/手	无	12个连续月份，一季度后扩展至最长24个月，半年后至最长36个月	公开喊价交易9:15—17:27；电子交易8:00—9:00（均为当地时间）	交割月第14天前的第2个工作日的中午12:00点，该日期由交易所公布
纽约商品交易所	轻质低硫原油	1000桶或42000加仑	1美分/桶或10美元/张合约	首日3.00美元/桶（除前两个月份外），次日6.00美元/桶	30个连续月份，加上最初挂牌还未到期的36个月份、48个月份、60个月份、72个月份及84个月份	公开喊价交易10:00—14:30；电子交易每星期一至星期四下午3:15开始，第二天上午9:00结束，星期天始于下午7:00（均为当地时间）	交割月份前一个月的第25个公历日之前的3个交易日的收盘时分。如果第25日是非工作日，交易将止于25日前最后一个工作日之前的3个交易日的收盘时分
	纽约无铅汽油	1000桶或42000加仑	0.01美元/加仑或4.20美元/张合约	首日6美分/加仑，次日9美元/加仑	12个连续月份	公开喊价交易10:05—14:30；电子交易每星期一至星期四下午3:15开始，第二天上午9:00结束，星期天始于下午7:00(均为当地时间)	交割月份前一个月的最后一个工作日的收盘时分

续表

交易所名	合约名称	合约单位	最小价格变动单位	每日价格限制	交割月份	交易时间	最后交易日
东京工业品交易所	原油	100千升	10日元/千升	交易所可以根据市场情况改变价格波幅	从当前合约月份开始，6个连续月份	上午9:00至11:00，下午12:30至15:30（均为当地时间）	1至11月每个月最后一个工作日之前的第3个工作日。12月为24日之前的第3个工作日。如果24日是周末或假日，则提前至前一工作日
	汽油	100千升	10日元/千升	交易所可以根据市场情况改变价格波幅	从当前合约月份开始，6个连续月份	上午9:00至11:00，下午12:30至15:30（均为当地时间）	交割月份前一个月的第20日。如果恰遇假日，最后交易日将被提前

资料来源：胡国松，李允．国际石油贸易．北京：中国财经出版社，2006.

一、纽约商品交易所

美国是石油期货的起源地，也是目前世界石油期货交易品种最多、发育程度最高的国家。1978年11月14日，纽约商品交易所推出了取暖油期货交易，1982年推出了世界第一个原油期货合约——轻原油期货合约，由于它是以美国著名的西得克萨斯中质原油为主要交易标的，因此又被广泛地称为西得克萨斯中质原油（WTI）期货合约。原油期货的推出立即吸引广大石油现货商的参与，交易规模迅速上升，其价格也成为全球原油现货贸易的重要定价依据。表7-2给出了NYMEX轻原油期货合约规格。

表7-2 NYMEX轻原油期货合约规格

商品代码	CL
交易场所	公开喊价、CME Globex、CME ClearPort

续表

交易时间	公开喊价	周一至周五：09:00—14:30(美国东部时间)/08:00—13:30(美国中部时间)
	CME Globex	周一至周四:18:00—17:15(美国东部时间)/17:00—15:15 以及 15:30—16:30(美国中部时间)，每天 17:15(美国东部时间)/16:15(美国中部时间) 开始休息 45 分钟
	CME ClearPort	周日至周五:18:00—17:15(美国东部时间)/17:00—16:15(美国中部时间)，每天 17:15(美国东部时间)/16:15(美国中部时间) 开始休息 45 分钟
合约单位	1000 桶	
报价	美元 / 桶	
最小价格波动值	0.01 美元 / 桶	
交易终止	交割月份当月进行的交易必须在交割月前一月的 25 号前第 3 个营业日完成。若该月 25 日为非营业日，则必须在 25 日前一个营业日前的第 3 个营业日完成。若交易所正式假日安排在原油期货上市后发生变更，原上市到期日应仍然有效。若原上市到期日被宣布为假日，则到期日应为前一个营业日	
交易合约	原油期货合约时间达 9 年，依下列时间表：当年与未来 5 年的连续月份、第 6 年后每年 6 月及 12 月。其余月将在 12 月合约到期后每年更新，因此未来 9 年每年 6 月及 9 月以及第 6 年连续月份也将纳入。此外，单一交易在 2~30 个连续月之内可以依前一天的收盘价平均差执行，须在公开喊价的时间点进行	
结算方式	实物交割	
交割交易	交割交易允许在现货 (最后交易日除外)、第 2 个月、第 3 个月以及第 7 个月依现行 TAS 规则进行。所有 TAS 商品交易于每日下午 2:30（美国东部时间）停止。在按 1:1 交割基本商品时，TAS 商品将替换为零的基本价格，产生差异（加减 10 个单位）值。基础价格为零的交易，将与传统 TAS 交易相对应，TAS 交易将以当天最后交割价进行清算	
交割期间	(1) 交割日期应不早于交割月第一日并不迟于交割月最后一日进行 (2) 卖方有责任确保其原油从交割月的第一天开始，依照被普遍接受的油管安排惯例，可在俄克拉何马州库欣进行交割，包括每一批国外原油 (3) 所有权转让：卖方应在收到付款时给予买方油管通行证、数量证明及所有相关文件	
持仓限额	NYMEX 持仓限制	
交易规则	NYMEX 规范和规则	

二、伦敦国际石油交易所

1981年4月,伦敦国际石油交易所推出轻柴油期货交易。轻柴油在质量标准上与美国取暖油十分相似。该合约是欧洲第一个能源期货合约,上市后比较成功,交易量一直保持稳步上升的走势,2001年交易量达到723万手(约合7.23亿吨)。1988年6月23日,IPE推出国际3种基准原油之一的布伦特原油期货合约。布伦特原油期货合约上市后取得了巨大成功,迅速超过轻柴油期货成为该交易所最活跃的合约,2019年日交易量超过200万手。由于布伦特原油供应的稳定性、安全性以及市场的完善性,布伦特原油期货价格已成为全球重要的原油定价基准之一。

经过长期发展,布伦特原油形成了集现货、远期、期货为一体的完善的市场体系,而现货市场和远期市场为期货市场的发展打下了良好的基础。布伦特原油期货与现货市场联系非常紧密,一方面期货价格为现货贸易与远期贸易提供了重要的价格参考,另一方面期货市场也以现货贸易价格作为交割结算价。布伦特原油合约是一种既可实物交割又可现金结算的方式。实物交割主要采取期货转现货(EFP)和期货与现货掉期(EFS)的形式,持仓者要提前申报交割意向,交易所可以将其持有的期货头寸转变成相应的现货合同。在到期时,布伦特原油期货合约以布伦特指数作为交割结算价进行现金交割。此外,IPE的布伦特原油期货与NTMEX的WTI期货也保持着密切的联动性,并形成了一大批的跨市套利者,套利交易规模从以前占总原油贸易额的15%扩大到25%~30%。

三、新加坡国际金融交易所

新加坡是亚太地区燃料油交易中心。1989年2月,新加坡国际金融交易所(Singapore International Monetary Exchange,SIMEX)推出高硫燃料油期货合约。合约规格为每手100吨,报价单位为美元/吨。该合约在推出以前曾引起世界的广泛关注,因为这是亚太地区的第一份石油期货合约。后来,SIMEX又推出了布伦特原油期货交易,该合约在上市之初交易尚好,但1999年以后交易量锐减,不得不于2002年摘牌。2002年11月,改制后的新加坡交易所(SGX)在东京工业品交易所(TOCOM)的帮助下又推出了中东石油期货合约,该合约与日本TOCOM的中东石油期货合约非常相似。

新加坡燃料油市场在国际上占有重要的地位。该市场主要由3个部分组成：一是传统的现货市场，二是普氏公开市场，三是纸货市场。

传统的现货市场主要是进行燃料油现货买卖，市场规模大约在每年3000万～4000万吨左右。

普氏公开市场每天下午5：00—5：30在普氏公开报价系统上进行公开现货交易。该市场的主要目的不是进行燃料油实货的交割，而主要是形成当天的市场价格，起到发现价格的作用。目前普氏公开市场每年的交易量大约在600万～1000万吨左右。值得注意的是，普氏每天公布的价格并不是当天装船的燃料油的现货价格，而是15天后交货的价格。因为根据亚洲地区的贸易习惯，大多数公司都倾向于提前买货，而卖方也倾向于提前卖货，结果大多数的实货交割都集中在15～30天这个时间段。

纸货市场（paper market）大致形成于1995年前后，从属性上讲是属于衍生品市场，但它是OTC（over the counter）市场，而不是交易所内市场。纸货市场的交易品种主要有石脑油、汽油、柴油、航空煤油和燃料油。目前新加坡燃料油纸货市场的市场规模大约是现货市场的3倍，每年成交1亿吨左右，其中80%左右是投机交易，20%左右是保值交易。纸货市场的参与者主要有投资银行和商业银行、大型跨国石油公司、石油贸易商、终端用户（包括船公司、航空公司、发电厂等用户）。纸货市场的主要作用是提供一个避险的场所，它的交易对象是标准合约，合约的期限最长可达3年，每手合约的数量为5000吨，合约到期后不进行实物交割，而是进行现金结算，结算价采用普氏公开市场最近一个月的加权平均价，经纪商每吨收取7美分即每手收取350美元的佣金。由于是一个OTC市场，纸货市场的交易通常是一种信用交易，履约担保完全依赖于成交双方的信誉，这要求参与纸货市场交易的公司都是国际知名、信誉良好的大公司。

我国国内企业只有中化、中联油、中联化、中航油等少数几家大公司能够在新加坡纸货市场上进行交易。绝大多数经营燃料油的中小企业只能通过种种渠道，经过二级代理或三级代理在纸货市场上进行避险操作。据统计，我国国内企业的交易量占新加坡纸货市场1/3以上的市场份额。尽管市场需求和实际交易量很大，但由于受到国家政策限制，这类交易目前还处于灰色地带，因而总体上保值效果不佳，对新加坡市场的影响力也较小。

四、东京工业品交易所

日本是石油消费大国，年消费量为2.5亿吨以上，95%以上依靠进口，80%的进口原油来自中东。日本的石油期货起步较晚，1999年东京工业品交易所（TOCOM）才推出第一张石油期货合约——汽油、煤油期货，2001年又推出了中东石油期货合约。中东石油期货合约以中东石油为交易标的，采用现金交割方式，交割结算价为国际权威机构Plats报出的当月迪拜和阿曼的日原油贸易价格的平均价。中东作为世界石油的主产区，中东原油也是与北海布伦特原油、美国西得克萨斯中质原油齐名的全球三大基准原油之一，亚太地区使用的原油约70%来自中东。在良好的现货背景下，TOCOM的中东石油期货取得了初步成功。2002年，东京工业品交易所的汽油期货交易量为2087万手，煤油期货交易量为1048万手，中东原油期货交易量为204万手，参见表7-3。

表7-3 东京工业品交易所石油期货合约

序号	合约名称	每手	2001年交易量（手）	2001年末空盘量（手）
1	汽油	100千升	16941056	123800
2	煤油	100千升	7721559	116092
3	中东石油	1000桶	2040000（2002年）	—

资料来源：胡国松，李允．国际石油贸易．北京：中国财经出版社，2006．

石油期货的快速发展使得东京工业品交易所的成交量迅速增长，2002年东京工业品交易所交易量已占到日本期货总交易量的60%以上，在日本期货市场独占鳌头，打破了以往与东京谷物交易所平分天下的格局。在东京工业品交易所开出石油期货不久，日本中部交易所也推出了汽油和煤油期货，合约规格为TOCOM汽油和煤油期货的1/5，主要吸引中小投资者的参与，交易也十分活跃，2002年交易量基本与东京工业品交易所持平。

五、上海期货交易所

上海期货交易所（Shanghai Futures Exchange，缩写为SHFE）是依照有关法规设立的，履行有关法规规定的职能，按照其章程实行自律性管理的法人，受中国证监会集中统一监督管理。上海期货交易所目前上市交易的有黄金、白银、铜、铝、锌、铅、螺纹钢、线材、燃料油、天然橡胶、沥青等11种期货合约。原油期货自2018年3月26日在上海国际能源交易中心上市两年多来，运行平稳，交易量、持仓量均稳步增长，价格发现功能发挥灵敏，合约连续性增强，换月平稳有序，法人客户、境外客户参与度提升，交易者结构持续优化，结算、交割等各业务环节运作顺畅，交易机制和价格发布机制不断完善，风险管理功能有效发挥，服务实体经济功能更加凸显，得到了市场参与各方的认可和支持。据美国期货业协会（FIA）2019年统计，上海原油期货成为规模仅次于WTI和Brent原油期货的第三大原油期货。表7-4给出了上海国际能源交易中心原油期货标准合约。

表7-4　上海国际能源交易中心原油期货标准合约

交易品种	中质含硫原油
交易单位	1000桶/手
报价单位	元（人民币）/桶（交易报价为不含税价格）
最小变动价位	0.1元（人民币）/桶
涨跌停板幅度	不超过上一交易日结算价±4%
合约交割月份	最近1～12个月为连续月份以及随后8个月
交易时间	上午9:00—11:30，下午1:30—3:00，以及上海国际能源交易中心规定的其他交易时间
最后交易日	交割月份前第一月的最后一个交易日；上海国际能源交易中心有权根据国家法定节假日调整最后交易日
交割日期	最后交易日后连续5个交易日
交割品质	中质含硫原油，基准品质为API度32.0、硫含量1.5%，具体可交割油种及升贴水由上海国际能源交易中心另行规定

续表

交易品种	中质含硫原油
交割地点	上海国际能源交易中心指定交割仓库
最低交易保证金	合约价值的 5%
交割方式	实物交割
交易代码	SC
上市机构	上海国际能源交易中心

资料来源：上海国际能源交易中心官网。

（一）交割单位

原油期货标准合约的交割单位为 1000 桶，交割数量必须是交割单位的整数倍。

（二）最后交易日

原油期货合约最后交易日为交割月份前第一月的最后一个交易日；为保护期货交易各方的合法权益和社会公共利益，防范市场风险，上海国际能源交易中心有权根据国家法定节假日调整最后交易日。例如，临近最后交易日、最后交易日和交割日期之间出现连续 3 天以上的国家法定节假日的，上海国际能源交易中心可以决定提前或者延后最后交易日，并提前进行公告。

（三）交割品质

中质含硫原油，基准品质为 32° API、硫含量 1.5%。具体可交割油种及升贴水由交易中心另行规定，上海国际能源交易中心可根据市场发展情况对交割油种及升贴水进行调整。本合约所称的原油，是指从地下天然油藏直接开采得到的液态碳氢化合物或其天然形式的混合。

（四）指定交割仓库

该项由上海国际能源交易中心指定并另行公告。

六、我国原油期货市场的特点

我国原油期货与其他国家有较大不同。我国的原油期货方案和目前国际上几个主要的原油期货品种在交割等级、合约大小、报价单位、交易时间、挂牌月份等多个方面都有所不同。

（一）交易品种不同

我国原油期货合约标的确定为中质含硫原油。洲际交易所上市的是布伦特原油期货，芝加哥商品交易所集团（CME）交易的是低硫轻质原油（WTI）期货，而迪拜商品交易所（DME）上市的是阿曼（Oman）原油期货。

（二）交易时间不同

上海国际能源交易中心原油期货的交易时间为：北京时间上午9时到11时30分，下午1时30分到3时。洲际交易所布伦特原油期货的交易时间是：纽约20时—次日18时，伦敦1时—23时，新加坡8时至—次日6时。迪拜商品交易所阿曼原油期货合约的交易时间是：电子交易，开始时间为周日北美中央标准时间/中部夏令时（CST/CDT）16时，周一至周四为CST/CDT 16时45分，结束时间为次日周一至周五CST/CDT 16时。

（三）交割方法不同

我国原油期货市场采用"保税交割"，即依托保税油库，进行实物交割。保税油库可以作为联系国内外原油市场的纽带，有利于国际原油现货、期货交易者参与交易和交割。纽约商品交易所采用的是FOB（离岸价）管道交割。迪拜商品交易所采用的是FOB（离岸价）装船港交割。洲际交易所则采用了期货转现货的交割方式。

第三节　主要国际天然气期货市场及特点

一、美国天然气交易中心（亨利交易中心）

美国亨利中心拥有一系列天然气贸易的硬件设备。该地区拥有连接16个州的天然气管道系统，可以将这些地区的天然气输送出去。这些管道输送系统横穿美国东海岸、墨西哥湾和中西部地区，直至加拿大边境。同时，美国亨利中心也是 NYMEX 天然气期货合约的交割地，由于期货交易和持仓的发展，NYMEX 天然气期货价格已成为天然气的基准价格，并且 NYMEX 为了满足市场需求，针对亨利中心与美国和加拿大进口天然气的价格关系推出了一系列互换合约，这些合约在芝加哥商品的 Clear Port 交易平台上交易。

NYMEX 的天然气期货合约成交量逐年攀升，从 1995 年的不到 1000 万手，最多达到 2012 年的 9470 万手（图 7-1），而 2015 年截至 12 月 15 日该合约的成交量已达 7700 万手。Mini 天然气期货合约交易单位为每手 5000 百万英热单位。另外，由于天然气价格的易变性，市场需要发展亨利中心和美国、加拿大进口天然气市场的价格关系，因此 NYMEX 推出一系列互换期货合约，交易单位为每手 2500 百万英热单位。不同合约的交易平台和交割清算方式略有不同。从 NYMEX 天然气期货价格与亨利中心天然气现货价格走势来看，两者走势基本一致，实现了期货发现价格的作用，对参与者来说可以较好地规避现货波动风险。NYMEX 天然气期货合约见表 7-5。

表 7-5 NYMEX 天然气期货合约

商品代码		NG
交易场所		CME Globex、CME ClearPort、公开喊价（纽约）
交易时间（所有时间为纽约时间/美东时间）	CME Globex	周日至周五 18:00—17:00（17:00—16:00 芝加哥时间/美国中部时间），其间每天自 17:00（16:00 美国中部时间）起休市 45 分钟
	CME ClearPort	周日至周五 18:00—17:00（17:00—16:00 芝加哥时间/美国中部时间），其间每天自 17:00（16:00 美国中部时间）起休市 45 分钟
	公开喊价	周一至周五 09:00—14:30/08:00—13:30（美国中部时间）

续表

合约单位	10000 百万英热单位
报价单位	美元/英热单位
最小价格增幅	0.001 美元/英热单位
最大日内价格波幅	所有合约月份初始价格波动限制：在每个交易日开始时，该期货合约的每个合约月份有效价格波动限制应该在合约月份前一天的合约结算价上下 1.5 美元/英热单位；若任何首 3 个合约月份出价或要价在价格波动上下限值（如适用），在 Globex 上将被视为一个触发事件。NG 期货合约的所有合约月份将暂停交易 5 分钟，同时所有产品的所有合约引用相关产品附录中的规则 220.08：可在 Globex 平台或交易大厅交易涉及该合同的任何期权，或引用相关产品附录的任何产品，相关的期权合约也要遵守协调暂停交易
交易终止	任何交割月的交易应在交割月首日前 3 个营业日完成；若交易所正式假日安排在天然气期货上市后发生变更，原上市到期日仍然有效；若原上市到期日被宣布为假日，则到期日应为前一个营业日
挂牌合约	118 个连续月份
以结算价交易（TAS）	TAS 适用于现货月（最后一个交易日除外）、第 2 以及第 3 个月合约的交易，并依照现行 TAS 商品交易于每日 14:30（美国东部时间）结束；在按 1:1 结算基本商品时，符合 TAS 的商品将以基准价格（值设为 0）上下加成 1 差异值（最高 10 个价格跳动单位）进行委托下单；以基准价格成交的 TAS 交易等同于传统 TAS 交易，即将以当天最后结算价进行清算
结算类型	实物
等级和质量规格	天然气须符合经 FERC 核准的美国路易斯安那州亨利港 Sabine Pipe Line 公司交割时生效的规定，该等交割为期货合约项下的交割义务履行
持仓限额	NYMEX 持仓限额
规范手册章节	220
交易所规范	这些合约按照 NYMEX 规则和条例挂牌交易并受其约束

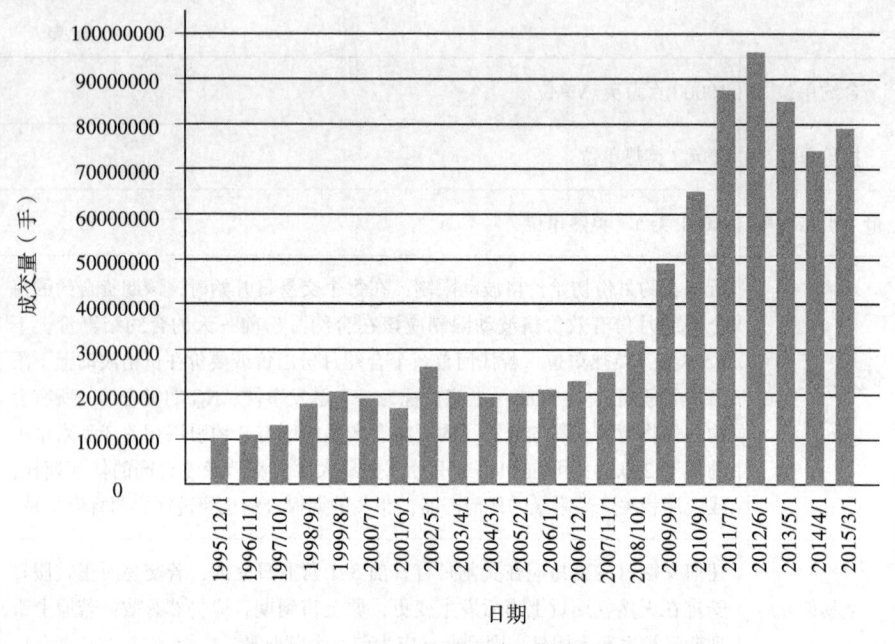

图 7-1 NYMEX 天然气期货合约成交量

二、英国天然气交易中心（NBP）

就全球天然气交易中心来看，主要有两种基本类型的天然气交易中心——实体中心（如美国的亨利中心）和虚拟中心（如英国的 NBP）。与美国的亨利中心不同的是，NBP 价格反映的是整个区域的价格，价格是根据上、下气的容量确定的，并不是按照实际运输距离来计算。一个天然气交易中心不能既是实体又是虚拟的，但是随着时间的推移，实体中心可以逐渐扩展为虚拟中心。NBP 的建立，促进了这些国家天然气资源的优化配置，也为天然气市场实现更高水平的发展创造了条件。

NBP 建立于 1996 年，它是欧洲历史最为悠久的天然气现货交易市场，也是欧洲天然气市场流动性最强的交易中心。NBP 天然气价格被认为是欧洲天然气现货市场的风向标，目前它还是 ICE 指定的天然气期货交割地。NBP 是一个虚拟的点或者交易位置，是基于《天然气网络规程》的相关规定而建立起来的，建立的目的在于促进天然气的平衡。NBP 成立以来，对英国天然气供需平衡、能源繁荣发挥了重要作用。NBP 作为一个虚拟的天然气交易中心,其独特之处在于,能通过虚拟交易平台和相关机制实现对有形交易平台的替代,并有效实现有形交易平台的全部功能。

NBP 天然气期货合约于 1997 年推出,成交逐渐活跃,其成交量从 1997 年的 6 万手上升至 2014 年的 500 万手(图 7-2)。

NBP 天然气期货合约的单位为天,不同月份天数不一样合约单位略有区别。同时,NBP 天然气期货合约的种类也较多,有月合约、季合约、半年合约和单日合约(表 7-6)。从市场主体结构看,NBP 形成了充分竞争的市场参与者结构;从交易合同上来看,NBP 提供了多样的交易合同选择;从服务功能上来看,NBP 具有在线交易、期货交割和价格标杆功能。

表 7-6 英国 NBP 天然气期货合约

商品代码	NGF
交易场所	IPE
交易时间（伦敦时间）	08:00—17:00（除单日合约),08:00—16:00（单日合约)
合约单位	1000 热量单位/日,每天最少 5 手;6 月合约的合约规模为 30 天 × 5 手 × 1000=15000 热量单位
报价单位	英镑及便士/热量单位
最小价格增幅	0.01 便士/热量单位
交易终止	交易应在交割月份、交割季度或交割季节首日的两个工作日前停盘时终止;BOM 合约于每个月倒数第 4 个工作日期满;单日合约于交割日前一天的 16:00 到期
挂牌合约	月合约是连续单日合约,包括 28 天、29 天、30 天、31 天合约,具体取决于相关月份的日历天数。 月余额合约是单个日合约的组合,具体天数取决于相关月份的日历天数。BOM 合约的天数每天都会减少,每天收盘时,BOM 产生一个单日合约,并表示第二天要交割。单日合约于一天前（D+1)至七天前（D+7)挂牌。季合约是 3 个连续月份的合约,如 1—3 月、4—6 月、7—9 月、10—12 月、11—12 月季合约。半年合约是 6 个连续月份的合约,如 4—9 月或 10—3 月,共 6 种半年合约。所有合约同时交易

续表

交割方式	实物交割或期货转现货转掉期。天然气由管道运营商应该天然气传输公司供应给 NBP，再由其负责集中调配。在交割期内，每天以实物形式交割合约
交割地点	NBP
持仓限额	无持仓限制

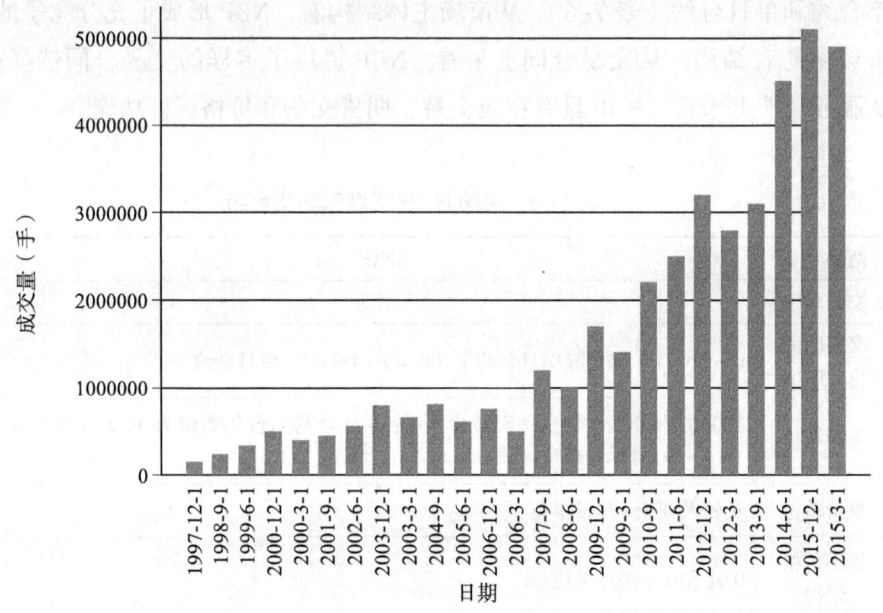

图 7-2 NBP 天然气期货合约成交量

三、天然气期货交易的特点

一般而言，国际天然气市场由于其期货合约的特殊性，其交易存在以下特点：

第一，波动幅度大，客户能从波动中买入/买空赚取利润。

第二，天然气期货晚上波动较活跃，更适合于一般上班族晚上进行操作。

第三，天然气的 EIA 数据在周四晚上公布，每次公布时都会导致天然气价格的波动。

第四,杠杆水平比较大,一旦获利可享受数倍于本金的收益。

第五,国际能源市场、各大基金及能源消耗国均会进行交易,价格无法被庄家操控。

第四节　油气期货交易与套期保值

套期保值是以规避现货价格风险为目的的期货交易行为,即在买进或卖出实货的同时,在期货市场上卖出或买进同等数量的期货,经过一段时间,当价格变动使现货买卖上出现盈亏时,可由期货交易上的亏盈得到抵消或弥补,从而在"现货"与"期货"之间建立一种对冲机制,以使价格风险降到最低限度。

一、产油商的卖期保值

向市场提供原油的产油商和提供成品油的炼厂,作为社会商品的供应者,为了保证其已经生产出来准备提供给市场或尚在生产过程中将来要向市场出售的商品合理的经济利润,防止正式出售时价格下跌而遭受损失,可采用相应商品期货卖期保值的交易方式来减小价格风险,即在期货市场以卖主的身份售出数量相等的期货,等到要销售现货时再买进期货头寸对冲作为保值手段。

例如,7月份,某油田了解到原油价格为54美元/桶,对这个价格比较满意,因此该油田加紧生产,但又担心现货市场上的过度供给会使得原油价格下跌,从而减少收益。为避免将来价格下跌带来的风险,该油田决定进行在美国纽约商品交易所进行 WTI 原油期货(轻质低硫原油期货合约)的卖期保值交易,交易和损益情况见表 7-7。

通过这一套期保值交易,虽然现货市场价格出现了对该油田不利的变动,即原油价格下跌了4美元/桶,因而少收入了40000美元,但在期货市场上的交易盈利了40000美元,从而消除了价格不利变动的影响。

表 7-7 套期保值案例

项目		现货市场	期货市场	基差
时间	7月1日	原油价格为 54 美元/桶	卖出 10 手 9 月份 WTI 原油合约，价格为 56 美元/桶	-2 美元/桶
	8月1日	卖出 10000 桶原油：价格 50 美元/桶	买入 10 手 9 月份 WTI 原油合约：价格 52 美元/桶	-2 美元/桶
套期保值结果		亏损 4 美元/桶	盈利 4 美元/桶	
		净盈利为 0		

注：基差＝现货价格－期货价格；现货价格和期货价格在大多数情况下呈同方向波动。

二、油品加工和消费企业的买期保值

对于油品加工和消费企业（如石化企业、炼厂和航空公司等企业）来说，它们担心原油或成品油价格上涨，为了防止其需要进原料时石油价格上涨而遭受损失，可采用买期保值的交易方式来减小价格风险，即在期货市场以买主的身份买进数量相等的期货合约，等到要进石油现货时再卖出期货头寸对冲作为保值手段。

例如，6 月 1 日，某炼厂和当地分销商达成一份远期合约，同意在 9 月份供应一批货。它根据当时的 WTI 原油期货价格 56 美元/桶，给分销商提出了固定价格。炼厂目前并没有货，也还没有用于提炼的原油的货源保证或定价，为了锁定成本从而锁定利润，该炼厂决定进行 WTI 原油期货交易，交易情况见表 7-8。

表 7-8 套期保值案例

项目		现货市场	期货市场	基差
时间	6月1日	原油价格 54 美元/桶	买入 10 手 9 月份 WTI 原油期货合约：价格 56 美元/桶	-2 美元/桶
	9月1日	买入 10000 桶原油：价格 58 美元/桶	卖出 10 手 9 月份 WTI 原油期货合约：价格 60 美元/桶	-2 美元/桶
套期保值结果		亏损 4 美元/桶	盈利 4 美元/桶	
		净盈利为 0		

通过这一套期保值交易,虽然现货市场价格出现了对该加工厂不利的变动,即原油价格上涨了 4 美元/桶,因而该炼油厂在现货市场损失了 40000 美元,但在期货市场上的交易盈利了 40000 美元,从而消除了价格不利变动的影响。

三、石油贸易商、储运商等石油产品经营者的套期保值

对于石油贸易商、储运商而言,既可以向甲客户买现货,又可以向乙客户卖现货。如果签约的买卖数量不等、时间不一致,就会有风险存在,应根据每月的现货净暴露情况(现货净暴露头寸)决定如何进行买期或卖期保值。一般石油贸易企业、储运商通常都有一定的库存,可以选择对石油库存进行保值。当库存现货销售出去时,相应地在期货市场买入相等头寸,反之类似。而专业的石油进出口公司,更多的是要结合进出口业务,充分利用国内外两个市场跨市套利和保值。

天然气期货作为一种能源期货,同样遵循一般期货套期保值的原则,即在天然气"现货"与天然气"期货"之间建立一种对冲机制,从而在一定程度上规避价格发生不利变动带来的损失。

复习思考题

1. 期货的特点是什么,油气期货又有什么特点?
2. 油气期货的发展经历了哪些阶段?
3. 世界油气期货市场现状是怎样的,对我国有何启示?
4. 世界主要的油气期货交易所有哪些?
5. 油气期货如何套期保值?

延伸阅读

美国石油期货市场"月份效应"研究

任中杰

自1978年纽约商品交易所推出世界上第一个石油期货产品——燃料油以来,石油期货产品的交易品种愈发复杂,并逐步发展成为世界上最大的商品期货交易品种。新兴经济体包括中国市场越来越重视期货市场套期保值、抵御风险的作用。美国在推出石油期货产品时,有非常深刻的历史背景和战略考虑。在目前的国际石油定价体系中,国际石油期货市场已经掌握了对世界石油产品的定价权。在此,本文希望通过对美国石油期货产品价格的月份效应特征进行分析,以此为鉴,对中国的石油期货市场的未来发展有所展望。

月份效应是资本市场中一种周期性异象。特定月份的资产回报率,比如一月份的资产回报率,会远远高于其他月份。然而,过往的研究常常都集中于对股票市场的分析,对于商品市场存在的月份效应研究的并不深入。目前已经有大量的研究分析了在股票市场存在的特定月份回报率异常偏高的现象。Odgen(1990)发现在每个月份月末的时期,尤其是在每年的年底期间,美国股市平均收益会有显著的偏高。该结论为股票市场上存在的月份效应尤其是一月效应提供了一个解释。中国学者也针对中国的股票市场进了月份效应的研究。范辛亭和董文卓(2007)认为我国A股市场存在三月效应和十二月效应。其中三月的市场收益率高于其他月份的市场收益率,十二月的市场收益率低于其他月份的市场收益率。就商品市场而言,Lucey(2006)利用COMEX现金和期货的价格数据来找寻黄金和白银日期货及现货合约价格的季节性效应。他们发现黄金和白银在现金和期货市场上都负星期一效应。华仁海(2002)通过对大豆期货价格(大连商品交易所)的研究,发现其不存在月份效应。陈秋雨(2013)通过对我国黄金期货市场的研究发现,在春节、国庆节、劳动节前后,价格会有明显的波动,这一特点与中国民众喜欢在过节期间买黄金饰品的行为特征相一致。这一发现也提醒了我们去研究中国期货商品市场是否有月份效应。

未来二十年,是世界经济大发展的二十年。根据 BP 公司的预计,未来二十年世界经济将增长近一倍,年均增长率将达到 3.4%(基于购买力平价)。中国将是最大的能源增长市场。石油产品作为重要的能源产品,消耗量也将持续增长,但是预计增长速度将降低。石油产品价格在很长的历史时期内,被发达经济体所控制。美国更多的是依靠发达的金融市场,通过石油期货来控制国际油价。中国作为世界上最大的石油产品的进口方,在石油产品定价权上的话语缺失,导致我们只能是被动的接受方。

人民币的国际化,需要石油定价权的支持。长期以来,国际石油产品的计价都以美元为基础,美国因此就可以利用对本国货币政策的调整来影响甚至操纵国际油价。石油作为重要的能源产品,任何国家的发展都离不开,但是购买石油就需要用美元,因此,美元成为世界上最重要的外汇储备。虽然人民币在国际上越来越受到重视,但是和美元的影响力相比仍然具有较大的差距。因此,争夺石油产品的定价权对于人民币接下来的发展至关重要。我国坚持走和平发展道路,不可能选择战争的手段来争取自身的利益。因此我们要充分利用国际资本市场的力量,来获得石油产品的定价权。但是,我国的资本市场起步时间比较晚,在发展的过程中存在大量的问题。在与欧美发达经济体的资本市场竞争中,明显处于劣势。具体到石油期货市场,笔者提出以下几点建议:

第一,对新的原油期货合约推出不抱有过高的期望。完善的石油期货市场要是一个具备高度价格竞争的市场,市场参与者数量众多,市场上不应存在垄断势力做庄。目前我国对资本账户的管控没有完全开放,因此任何指望在短期内看到我国的原油期货市场对世界原油价格产生影响的想法都是缺乏理性的。同时,一个发达的原油期货市场需要有发达的原油现货市场做铺垫。我国原油开采量在很长的时期内都未增长,这对我国原油期货市场的发展是一个不利的因素。只有同时存在发达的原油现货市场和原油期货市场,投资者才能规避风险,期货市场才能更好地发挥套期保值的功能,从而更进一步地改进市场规则,完善制度漏洞。

第二,原油期货标的现阶段不应该以国产原油产品为主。首先这是由我国现阶段石油企业体制决定的。虽然现阶段国家在石油产业的某些领域对民营资本开放，但是我国大部分石油企业还是国企。如果将自产原油产品纳入期货交易，势必会与我国现阶段的石油企业体制发生冲突，从而大大降低期货交易的效率，对原油期货市场的发展造成不利的影响。其次，我国对进口原油的依赖程度大大高于自产原油，因此石油企业对进口原油产品期货的套期保值和价格发现功能更加关注。自产原油由我国的石油国企自行生产炼化，所以更容易受到国家的管理。

第三，稳步推进石油交易人民币结算进程。伴随着越来越多的国家将人民币纳入外汇储备币种，笔者认为在我国的原油期货市场上可以鼓励投资者使用人民币进行结算交易。这一方面可以加快人民币的国际化进程，另一方面可以推动世界石油现货产品的人民币结算。但是，人民币的国际化必然对美元造成重大影响，不排除美国政府利用政治经济甚至军事手段强行干预。在我国资本市场并不发达的情况下，石油期货交易的人民币结算不应该步幅过大过快，应该稳步推出，步步为营。

第四，完善市场规则，建立更具开放性的交易机制。目前，我国的期货交易市场相关法律法规并不完善，对外国投资者的进入要求较高。目前，由于我国资本市场仍然受到欧美发达资本市场的影响，我国的原油期货市场也是如此。对我国原油期货交易者的一个不利影响是时差因素，我们需要国外投资者进入，但是国外投资者会在市场交易较为活跃之后进入。所以要想保证市场的公平公正，必须要完善相关的法律法规，保护全体投资者的合法权益。

（本文原载于《山东纺织经济》2018年第4期）

第八章

国际油气贸易格局

近年来,随着美国页岩气革命的成功开展,国际油气供需格局呈现出了多种变化,包括美国非常规油气资源产量提升、国际油气供应重心西移、国际油气消费重心东移等。国际油气贸易新格局的形成背后包含着多种因素,比如油气勘探技术、地缘政治等等。了解目前国际油气供需状况并研究清楚其特征和形成因素,将对我国的能源安全起到重要作用。

第一节 国际油气贸易商品结构

一、主要石油贸易商品

国际石油现货贸易的主要产品包括原油贸易、成品油贸易和石油产品贸易。

（一）原油

原油,是一种黑褐色的流动或半流动黏稠液,略轻于水,是一种成分十分复杂的混合物;就其化学元素而言,主要是碳元素和氢元素组成的多种碳氢化合物,统称"烃类"。原油中碳元素占 83%～87%,氢元素占 11%～14%,其他部分则是硫、氮、氧及金属等杂质。虽然原油的基本元素类似,但从地下开采的天然原油,在不同产区和不同地层,反映出的原油品种则纷繁众多，其物理性质有很大的差别。

原油的分类有多种方法：按组成可分为石蜡基原油、环烷基原油和中间基原油三类；按硫含量分为超低硫原油、低硫原油、含硫原油和高硫原油四类；按密度可分为轻质原油、中质原油、重质原油以及特重质原油四类。

原油是多种不同沸点、成分复杂的组合混合体。原油中所含分子量较轻、沸点较低且易挥发的称为"轻组分"，包括石脑油、汽油、煤油、柴油等；组分较重、沸点较高的称为"重组分"。原油加工的基本手段之一就是利用各组分的不同沸点，通过加热蒸馏，将其"切割"成若干不同沸点范围的"馏分"。

（二）成品油

1. 汽油

汽油是一种无色透明、易挥发的液体。衡量汽油的主要指标有汽油的抗爆性、蒸发性、安定性和腐蚀性等。汽油辛烷值是汽油的重要质量指标，汽油按辛烷值主要可分为90、93、97等牌号，标号越高，性能越好。

汽油主要用作汽车、摩托车、快艇、直升机、农林用飞机的燃料。商品汽油中添加有添加剂（如抗爆剂四乙基铅）以改善使用和储存性能。受环保要求，今后将限制芳烃和铅的含量。

2. 柴油

柴油是一种淡黄色透明的液体，比水轻。衡量柴油的主要性能有柴油流动性、雾化和蒸发性、燃烧性、安定性等。柴油主要可分为-20、-10、0、5、10等牌号。

柴油的沸点范围有180～370℃和350～410℃两类。对石油及其加工产品，习惯上对沸点或沸点范围低的称为轻，相反称为重。故上述前者称为轻柴油，后者称为重柴油。商品柴油按凝点分级，如10、-20等，表示最低使用温度。

柴油广泛用于大型车辆、船舰。由于高速柴油机（汽车用）比汽油机省油，柴油需求量增长速度大于汽油，一些小型汽车也改用柴油。对柴油质量的要求是燃烧性能和流动性好。燃烧性能用十六烷值表示，越高越好，大庆原油制成的柴油十六烷值可达68。高速柴油机用的轻柴油十六烷值为

42～55，低速的在 35 以下。

3. 煤油

煤油是一种无色透明的液体，比水轻。衡量煤油的主要性能和指标有煤油的热值、密度、燃烧性、低温性、润滑性、防静电性等。煤油的沸点范围为 180～310℃。

煤油包括航空煤油、灯用煤油、其他煤油等馏分。

（三）石油产品

石油产品可分为燃料油、石油溶剂与化工原料、润滑剂、石蜡、石油沥青、石油焦等 6 类。其中，各种燃料油产量最大，约占总产量的 90%；各种润滑剂品种最多，产量约占 5%。各国都制定了产品标准，以适应生产和使用的需要。

1. 燃料油

燃料油用作锅炉、轮船及工业炉的燃料。商品燃料油用黏度大小区分不同牌号。喷气燃料主要供喷气式飞机使用，沸点范围为 60～280℃或 150～315℃（俗称航空汽油）。为适应高空低温高速飞行需要，这类油要求发热量大，在 -50℃不出现固体结晶。

2. 石油溶剂

石油溶剂用于香精、油脂、试剂、橡胶加工、涂料工业做溶剂，或用于清洗仪器、仪表、机械零件。

3. 润滑剂

润滑剂主要包括润滑油和润滑脂。从石油制得的润滑油约占总润滑剂产量的 95% 以上。除润滑性能外，润滑油还具有冷却、密封、防腐、绝缘、清洗、传递能量的作用。产量最大的润滑油是内燃机油（占 40%），其余为齿轮油、液压油、汽轮机油、电器绝缘油、压缩机油，合计占 40%。商品润滑油按黏度分级，负荷大、速度低的机械用高黏度油，否则用低黏度油。炼油装置生产的是采取各种精制工艺制成的基础油，再加多种添加剂，因此具有专用功能，附加产值高。

润滑脂俗称黄油，是润滑剂加稠化剂制成的固体或半流体，用于不宜使用润滑油的轴承、齿轮部位。

4. 石脑油

石脑油是一种无色透明、易挥发的液体,比水轻,主要用作重整和化工原料。衡量石脑油的主要指标有烷烃和环烷烃的含量、烯烃含量和硫含量等。石脑油包括石蜡(占总消耗量的10%)、地蜡、石油脂等。石蜡主要用于制作包装材料、化妆品原料及蜡制品,也可作为化工原料产脂肪酸(肥皂原料)。

5. 石油沥青

石油沥青主要供道路、建筑用。

6. 石油焦

石油焦用于冶金(钢、铝)、化工(电石)行业制作电极。

除上述石油商品外,各个炼油装置还得到一些在常温下是气体的产物,总称炼厂气,可直接做燃料或加压液化分出液化石油气,可作为原料或化工原料。

炼厂提供的化工原料品种很多,是有机化工产品的原料基地,各种油、炼厂气都可按不同生产目的、生产工艺选用。常压下的气态原料主要制乙烯、丙烯、合成氨、氢气、乙炔、炭黑。液态原料(液化石油气、轻汽油、轻柴油、重柴油)经裂解可制成发展石油化工所需的绝大部分基础原料(乙炔除外),是发展石油化工的基础。目前,原油因高温结焦严重,还不能直接生产基本有机原料。炼厂还是苯、甲苯、二甲苯等重要芳烃的提供者。

最后应当指出,汽油、航空煤油、柴油中或多或少加有添加剂以改进使用、储存性能。各个炼油装置生产的产物都需按商品标准加入添加剂和不同装置的油进行调和方能作为商品使用。石油添加剂用量少、功效大,属化学合成的精细化工产品,是发展高档产品所必需的,应大力发展。

二、主要天然气贸易商品

天然气按贸易方式主要分为管道天然气、液化天然气、压缩天然气、液化石油气等。

(一)管道天然气

管道天然气指通过管道运输将天然气从开采地或处理厂输送到城市配气中心或工业企业用户。管道天然气贸易往往发生在邻近地区。在北美地区，加拿大的天然气出口到美国，满足其需求；在欧洲地区，也基本是俄罗斯、挪威、荷兰等欧洲国家的天然气满足德国、意大利、法国、英国等国的需求；在亚洲地区，印度尼西亚、马来西亚、缅甸等亚洲国家的天然气满足新加坡、泰国等国的需求。随着天然气需求的进一步增长，俄罗斯及中亚资源国开始积极拓展出口市场，将目标投向正在快速发展的亚太天然气市场。

（二）液化天然气

液化天然气（liquefied natural gas，LNG）是先将气田生产的天然气净化处理，再经超低温（-162℃）常压液化形成，其主要成分是甲烷。LNG无色、无味、无毒且无腐蚀性，其体积约为同量气态天然气体积的1/625。LNG的重量仅为同体积水的45%左右，每吨热值为52百万英热单位。LNG市场主要位于亚太、欧洲和北美地区。亚太市场主要在内部进行贸易，东亚国家接收来自东南亚和大洋洲的LNG，还接收部分来自中东的LNG；欧洲市场主要接收来自非洲的LNG；北美市场主要接受来自南美和非洲的LNG。目前世界70%以上的LNG贸易都集中于亚太地区。

（三）压缩天然气

压缩天然气（compressed natural gas，CNG）是将天然气加压并以气态储存在容器中。压缩天然气除了可以用油田及天然气田里的天然气外，还可以人工制造生物沼气（主要成分是甲烷）。压缩天然气与管道天然气的组成成分相同，主要成分为甲烷（CH_4）。CNG属于清洁型燃料，排放污染非常小，被很多发达国家列为首选新能源气体。CNG在冶金、食品、瓷业、工业、餐饮、民用、汽车等领域广泛应用。

（四）液化石油气

液化石油气（liquefied petroleum gas，LPG）是由炼厂气或天然气（包括油田伴生气）加压、降温、液化得到的一种无色、挥发性气体。液化石油气是丙烷和丁烷的混合物，通常伴有少量的丙烯和丁烯。液化石油气是在提炼原油时生产出来的，或从石油或天然气开采过程挥发出的气体。液化石油气（LPG）常被人们误认为是丙烷。实际上，LPG是石油和天然气在适当的压力下形成的混合物，并以常温液态的方式存在。

第二节　国际油气贸易地区格局

一、主要石油进出口地区

世界石油出口量最大的地区分别为中东、前苏联地区、西非和中南美洲，其出口量均在1亿吨以上，见表8-1。

表8-1　2019年世界主要石油贸易国石油进出口状况

单位：百万吨

进出口 国家或地区	进口		出口	
	原油	成品油	原油	成品油
美国	338.4	109.9	137.7	251.1
加拿大	32.9	32.5	197.0	34.7
墨西哥	0.1	60.9	58.1	4.8
中南美洲	21.3	110.2	146.2	23.3
欧洲	522.5	209.2	26.7	125.4
俄罗斯	<0.05	9.4	286.1	164.6
沙特阿拉伯	0.1	11.4	358.4	57.4
阿联酋	12.3	34.9	139.4	77.0
伊拉克	<0.05	4.5	200.8	11.0
科威特	<0.05	0.8	99.2	25.4
中东其他地区	27.8	17.8	125.2	62.1
北非	6.4	37.6	93.4	26.1
西非	0.4	38.5	219.0	7.7
东南非	19.6	39.0	5.5	3.0
中国	507.2	78.4	0.4	66.9
印度	221.7	44.4	0.1	60.7

续表

进出口 国家或地区	进口		出口	
	原油	成品油	原油	成品油
日本	146.9	39.7	<0.05	19.3
新加坡	49.6	112.4	1.9	86.1
亚太其他地区	290.4	212.7	39.2	109.3
世界总计	2239.0	1241.9	2239.0	1241.9

数据来源：BP世界能源统计年鉴。

（一）中东

中东既是世界上最大的产油地区，又是石油出口量最多的地区，其出口总量占世界总量的35%左右，其中沙特阿拉伯为第一出口国，紧随其后的是伊拉克、阿联酋等国家。2019年中东石油出口量达11.56亿吨，其石油产量的80%以上用于出口；原油出口9.23亿吨，占全球原油贸易量的41.2%，占中东当年石油总产量14.17亿吨的65.1%。

就主要的出口对象而言，中东石油主要出口至美国、日本、西欧、中国和亚太其他国家和地区。

表8-2　2010—2019年中东向主要国家或地区的石油出口量

单位：百万吨

年份 国家或地区	美国	欧洲	日本	其他国家或地区	中东总出口量
2010	86.0	116.7	179.9	553.3	935.9
2011	95.5	126.0	175.1	582.8	979.4
2012	108.0	112.2	176.1	583.3	979.6
2013	100.1	102.6	164.2	596.6	963.5
2014	93.0	101.6	157.0	627.1	978.7
2015	75.0	131.8	157.5	656.6	1020.9
2016	89.5	153.3	160.8	763.2	1166.8

续表

年份\国家或地区	美国	欧洲	日本	其他国家或地区	中东总出口量
2017	87.4	166.3	154.9	774.6	1183.2
2018	78.5	157.2	146.4	835.5	1217.6
2019	48.0	137.7	141.2	829.0	1155.9

数据来源：BP世界能源统计年鉴。

（二）非洲

非洲目前共有20个产油国，其中尼日利亚、安哥拉、阿尔及利亚、利比亚和埃及5个国家的产量占非洲总产量的82%。此外，苏丹和乍得已成为新崛起的石油生产国。

2019年，非洲日均原油产量达839.9万桶（约3.99亿吨），占世界石油总产量的比例为8.9%。石油出口量约3.55亿吨，其中西非地区石油出口量达2.267亿吨，北非地区石油出口量接近1.2亿吨。非洲地区的石油主要出口到美国、西欧、中国和亚太地区，非洲国家也从石油出口中获取了巨大的石油收益。2010—2019年非洲地区石油出口量见表8-3。

表8-3 2010—2019年非洲地区石油出口量

单位：百万吨

年份\地区	北非	西非	东南非
2010	141.7	228.8	16.7
2011	95.1	231.5	16.9
2012	129.1	227.4	5.0
2013	109.4	221.9	7.5
2014	86.7	220.4	10.0
2015	80.5	221.7	9.9

续表

年份 \ 地区	北非	西非	东南非
2016	83.0	223.8	9.2
2017	106.3	222.3	9.6
2018	122.7	227.4	11.1
2019	119.5	226.7	8.5

数据来源：BP世界能源统计年鉴。

（三）中南美洲

2019年，中南美石油出口量达1.7亿吨，主要出口至亚太地区和美国。在中南美石油生产和出口国中，最值得注意的国家是委内瑞拉。

委内瑞拉是石油输出国组织正式成员，也是全球第五大石油出口国。委内瑞拉本国石油消费水平很低，其生产的石油70%左右都供出口，石油输出的外汇收入占到委内瑞拉政府年均总收入的50%。2002年底，委内瑞拉国内政治动荡，石油生产受到严重干扰，产量锐减，从原来的每天330万桶骤降到每天不到70万桶。2004年，委内瑞拉石油生产出现恢复性增长，较2003年增长15.2%，达到每天330万桶，而到了2019年，其石油日产量仅为91.8万桶，较上年减少37.7%，不到2017年日产量的一半。

（四）亚太地区

在亚洲地区，中国是进口石油最多的国家，印度和日本次之；日本对进口石油的依赖程度高达95%以上，韩国的石油则完全依赖进口。

亚洲和大洋洲是世界上石油消费绝对量增长最快的地方，其2001年的日均消费量较1980年增加了1049万桶，增长了近一倍，2019年的日均消费量更是达到了3617.8万桶。其中，消费量增加最多的国家是中国，其次是印度，而日本的日均消费量在近年来不增反降。截止到2019年，中国的石油消费量居世界第2位，约占亚太地区消费量的39.2%，占全球消费量的近14.6%，仅次于美国的18.9%。

(五)北美地区

2019年,北美地区石油总产量为11.165亿吨,占世界石油总产量的24.9%,而其石油消费量为10.195亿吨,占世界石油总消费量的22.9%。

加拿大是西半球第二大石油储藏量国家,2019年底探明石油储藏量约为1697亿桶,仅次于委内瑞拉。近年来,加拿大石油产量在逐年增加,2009年石油日均产量为333.1万桶,而2019年石油日均产量增加到565.1万桶,产量上升了约70%。加拿大2019年石油消费量为日均240.3万桶,石油出口为2.32亿吨,其中出口至美国2.19亿吨,相当于其石油出口量的94.4%。

由表8-4可知,美国石油的进口量总体是不断减少的,而石油出口量则是不断增加,2019年达到了8016千桶/日,增长率达到了13.6%,自从美国政府解除实施40年的石油出口禁令后,大至中国、印度,小至西非的多哥,满载美国原油的油轮已陆续抵达了30多个国家。石油出口禁令解除,让大量美国页岩油倾巢而出,压低了国际原油价格,削弱了石油输出国组织的影响力,也抢走了许多欧佩克成员国的市场占有率。在亚洲及欧洲一些全球最大石油进口国家,美国油企不断拿下新客户,对沙特阿拉伯及俄罗斯构成直接重大威胁。全球只有这两个国家的产油量足以与美国抗衡。

在美国页岩油革命成功后,美国在世界石油市场上的角色发生了颠覆性的转变。美国已经由依赖国际石油供应的消费大国,转变为石油生产、加工、出口、消费大国。美国的石油净进口量不断下降,2019年更是历史性地降到了1888千桶/日,下降了34.6%(表8-4)。

表8-4 美国2010—2019年石油进出口数量

单位:千桶/日

年份	2010	2011	2012	2013	2014	2015	2016	2017	2018	2019	2019年增长率
进口量	11689	11338	10587	9859	9241	9451	10056	10148	9943	9904	-8.5%
出口量	2154	2495	2682	3563	4033	4521	5078	5888	7054	8016	13.6%
净进口量	9535	8843	7905	6296	5208	4930	4978	4260	2889	1888	-34.6%

数据来源:BP世界能源统计年鉴。

（六）西欧地区

欧洲（主要是西欧）为世界主要进口地区，2019年石油进口达7.32亿吨，其中原油进口量达5.23亿吨。石油主要进口来源为前苏联地区和中东地区，进口量分别达3.35亿吨和1.38亿吨，其次为北非和西非地区。

欧盟现阶段所需石油的75%靠进口，其中，近一半来自欧佩克国家。冷战结束后国际政治格局的变化，也为欧盟向俄罗斯和里海等地区寻找石油和天然气提供了现实基础。苏联解体后，欧盟积极向里海产油区国家提供财政援助和技术支持，以帮助这些国家开发石油和天然气资源，并为西方石油公司向这些国家投资创造条件。

（七）独联体国家

俄罗斯—中亚—里海地区的石油资源量丰富，在国际石油贸易中发挥着重要作用。根据世界能源署统计，里海的石油储量约在1100亿桶到2400亿桶之间，约占世界石油总储量的18%。作为里海邻国的哈萨克斯坦和阿塞拜疆两国的石油储量加在一起，比美国石油储备的3倍还要多。2019年，独联体国家出口石油5.63亿吨，其中俄罗斯出口4.51亿吨。

二、主要天然气进出口地区

由于相当大一部分天然气资源远离市场需求中心，所以自20世纪70年代中期以来，世界天然气贸易稳定增长，贸易方向相对集中于中东、俄罗斯（主要供气区）、北美、欧洲和亚洲（消费中心）。

（一）欧洲贸易区

1. 欧洲贸易区天然气贸易的基本流向

该贸易区以俄罗斯出口和西欧及东欧进口为主，基本贸易流向为：

（1）俄罗斯西欧（德国、意大利、法国、奥地利等）和东欧（捷克、斯洛伐克、波兰、匈牙利、罗马尼亚等）的管道天然气贸易：俄罗斯每年向欧洲出口天然气约2000亿立方米，是欧洲天然气的首要供应方。2019年，欧盟共消费了5541亿立方米的天然气，33.9%由俄罗斯进口（其中有2335亿立方米为管道天然气）。

（2）西欧—西欧国家之间的贸易，主要是荷兰和挪威对其他西欧国家（德国、法国、比利时、意大利等）的管道天然气出口，贸易流量约占西欧总进口量的33%。1995年，荷兰向西欧6个国家出口天然气410亿立方米，占西欧贸易量的20%；挪威向西欧7个同家出口天然气276亿立方米，占西欧贸易量的13%。2003年，欧盟共消费了4560亿立方米的天然气，其中有61%由欧洲国家（包括非欧盟国家的挪威）自产，到了2019年，消耗的天然气也有近一半为自产。

（3）阿尔及利亚—意大利和前南斯拉夫地区的管道天然气贸易。1995年，该贸易量为179亿立方米。1995年阿尔及利亚还向法国、比利时、西班牙等国出口液化天然气177亿立方米，总出口量占西欧贸易量的18%。2018年，来自阿尔及利亚的管道天然气占欧盟天然气消费的6%（约342亿立方米）。

2. 欧洲地区天然气贸易情况

前苏联地区以外的欧洲地区天然气生产与消费，在世界天然气生产与消费中同样具有十分重要的地位。2019年，欧洲天然气探明储量仅占世界总储量1.7%，但天然气生产量却占世界总产量的5.9%，消费量占世界总消费量的14.1%。该地区乌克兰和挪威天然气探明储量最多，荷兰、挪威和英国的产量较多。

英国、德国、意大利、法国和荷兰为天然气消费大国。从天然气产消关系看，该地区天然气生产量远远落后于消费量，2019年产消缺口为3182亿立方米。天然气产消矛盾通过向前苏联地区进口，以及建设挪威到欧洲大陆和英国的管线，从挪威等富气国进口等方式缓解。目前挪威已经有三条通往大陆和一条通往英国的天然气管线，形成每年输送天然气460亿立方米至480亿立方米的能力，这些举措有助于挪威变成欧洲天然气运输的中心。

比利时在欧洲天然气分销中起重要作用。比利时地处多个区域天然气贸易的连接口，一方面向北巩固荷兰、挪威的管线，另一方面向南发展德国的管线，并承担向卢森堡的天然气出口和过境运输。

中欧和东欧（前苏联地区除外）天然气市场供给主要从俄罗斯进口。从消费来看，该地区天然气消费主要是家庭能源消费，电力和化工方面的消费相对北欧地区较弱。

（二）北美贸易区

北美是世界天然气资源最为丰富的地区之一。2019年底，北美探明天然气储量15.0万亿立方米，占全球总储量的7.6%。北美也是世界重要的天然气生产区和最大的天然气消费区。2019年，北美天然气产量占世界天然气总产量的28.3%。天然气消费量占世界天然气消费总量的26.9%。北美地区天然气贸易流向，以加拿大向美国出口管道天然气为主要贸易形式。

加拿大拥有丰富的天然气储量，是世界重要的天然气生产国，其天然气产量位居世界前列。2019年，加拿大天然气产量为1731亿立方米，仅次于美国、俄罗斯和伊朗，居世界第四位，占世界天然气总产量的4.3%。加拿大天然气消费也位居世界前列，2019年，加拿大天然气消费量为1203亿立方米，位居世界第五，占世界天然气消费总量的3.1%。加拿大输气管网自成体系，这大大提高加拿大向美国出口天然气的输送能力，从而对美国天然气出口迅速增加。除了通过管道向美国出口天然气外，随着世界液化天然气需求的增加，加拿大也正在考虑建造和购置运输液化天然气专用货船，以运输或出口液化天然气。

从北美洲天然气市场的情况看，墨西哥天然气勘探与生产对该地区天然气贸易所产生的影响同样不容小觑。近几年来，墨西哥湾成为世界上最引人注目的沿海盆地之一。这里有丰富的天然气资源，在墨西哥湾每口气井平均日产量是其他地区同类井日产量的10倍。为推动墨西哥湾天然气资源的开发利用，墨西哥政府对墨西哥湾天然气开发提供了一些优惠，比如在水深660～1320英尺开发天然气可免除向政府交纳每立方英尺17比索的税，在1320～2640英尺的水下开发天然气可免除每立方英尺52.5比索的税，在大于2640英尺的水下开发天然气可免除每立方英尺87.5比索的税。但自1938年实行石油工业国有化政策以来，墨西哥政府一直只把国家石油公司当成收入主要来源，很少追加投资，而墨西哥宪法明确规定禁止能源部门向私人资本开放，最后致使墨西哥石油部门基础设施和技术水平落后，再加工能力低下，影响了墨西哥天然气的生产和出口。

（三）中东贸易区

中东地区天然气资源非常丰富。截至2019年底，中东地区的天然气剩余探明可储量为 75.6 万亿立方米，占世界天然气剩余探明可储量的 38.0%。在中东国家中，伊朗和卡塔尔的天然气资源最为丰富，两国天然气储量约为 56.7 万亿立方米，占世界天然气储量的 28.5% 左右，占中东地区天然气储量的 75%。

丰富的储量为该地区天然气工业的发展提供了广阔的前景。2019 年，中东地区的天然气产量达到 6953 亿立方米，占世界天然气总产量的 17.4%，相比 2008 年产量近乎翻一番。促成中东天然气快速发展主要原因，一是政府为了增加收入，二是天然气作为更清洁的能源受到市场欢迎。由于中东各国政府在过去经常处于巨额的财政赤字状态，迫于财政赤字的压力，中东各国政府重新认识了天然气的价值，开发利用丰富的天然气以增加国家的收入。虽然中东地区天然气产量很高，仅次于北美地区，而天然气消费量仅占世界总消费量的 14.2%。产量与消费量之间的巨大差额，促使中东地区成为国际天然气贸易的重要极点。中东地区的天然气除少部分通过管道向区内和前苏联地区出口外，绝大部分出口到远东如日本等国。

伊朗是中东地区最早出口天然气的国家，早在 20 世纪 70 年代初，伊朗就通过管线向苏联供气。在两伊战争结束后，伊朗很快拟定了加速天然气开发的战略，提出了天然气生产、出口和管道建设的 10 年计划，将欧洲国家、印度、日本、中国以及其周边国家作为天然气出口贸易的重点对象。

在国内，伊朗着重扩大城镇间的输配气管网建设。为出口，伊朗计划兴建的天然气管线主要通往 3 个方向：一是与欧洲天然气管网连接，向保加利亚、罗马尼亚等欧洲国家供气；二是 1990 年开始敷设的经土耳其到欧洲长约 4000 千米年输气量约为 300 亿立方米的天然气管线；三是经巴基斯坦到印度和中国的横穿亚洲的管道，全长约 3380 千米，年输气量达 360 亿立方米，其中 10% 的天然气将用于伊朗东部各省，20% 出口到巴基斯坦，其余输往印度。由于受美伊战争和目前核问题的困扰，伊朗关于天然气发展的上述目标并未完全实现。

卡塔尔是该地区最大的 LNG 出口国，也是世界第一大 LNG 出口国。2019 年，该国 LNG 出口达 1071 亿立方米，占世界 LNG 出口总量的 22.1%。

（四）亚太贸易区

欧洲进口量保持稳定增长的同时，亚太地区表现出强劲的天然气需求，逐渐超越欧洲成为全球最大的天然气需求中心。2019 年，亚太地区天然气产量达到 6721 亿立方米，占世界天然气总产量的 16.8%；天然气消费量为 8699 亿立方米，占世界天然气消费总量的 22.1%。未来随着澳大利亚等新兴产地扩大出口量、美国页岩气大规模开采以及美国国际政策的变动，会进一步影响国际天然气贸易格局。

2019 年，全球管道气贸易量为 8015 亿立方米，同比下降 0.5%；LNG 贸易量为 4851 亿立方米，同比增长 12.7%。LNG 进口量排名前三的国家分别为日本（1055 亿立方米）、中国（848 亿立方米）和韩国（556 亿立方米）；LNG 进口增量排名前三的国家分别为中国（113 亿立方米）、英国（109 亿立方米）和法国（101 亿立方米）。

第三节　国际油气贸易国别结构

一、主要石油进出口国

（一）沙特阿拉伯

在中东地区，沙特阿拉伯处于特殊重要的地位。截止到 2019 年，沙特阿拉伯（包括与科威特的"中立地区"）已探明原油储量为 2976 亿桶，占全球总储量的 17.2%。沙特阿拉伯拥有 77 个油气田，其中包括世界最大的陆上油田 GHAWAR 和最大的海上油田 AFANIYA，目前原油日产量为 1183.2 万桶。沙特阿拉伯生产的石油 90% 以上供出口，是世界石油出口量最多的国家，占全球石油出口总量的 11.3%。

（二）俄罗斯

俄罗斯是欧佩克成员之外石油储量最丰富和生产、出口能力最强的国家。原油工业在俄罗斯国民经济中居重要地位，是重要的支柱产业部门。2019 年，俄罗斯的石油日产量达到 1154 万桶，仅次于美国和沙特阿拉伯。

原油也是俄罗斯的重要能源和出口物资，2019 年俄罗斯原油出口 2.86 亿吨，占世界原油总出口量的 12.0%。

俄罗斯具有优越便利的交通条件，交通运输系统比较发达，这也加重了其在国际石油贸易中的砝码。俄罗斯一半以上的石油和石油产品是通过管道运输的，其石油出口大多也通过管道运输。俄主要管道总长约 21.4 万千米，其中天然气管道 15.3 万千米，石油管道 4.6 万千米，石油产品管道 1.5 万千米。

（三）美国

美国是世界上重要的石油生产国，也是最大的石油消费国和最大的进口国之一。由于美国对石油强大的需求并且美国拥有雄厚的石油资源储备及其生产能力，它对石油市场和世界石油格局的影响是目前任何一个其他国家都无法企及的。

早在 1995 年，美国的石油进口量已经超过其总需求量的 50%。2005 年，美国石油对外依存度为 67.2%，石油进口量为 6.35 亿吨，占世界石油总进口的 27%，主要进口来源为其周边国家如中南美地区、加拿大和墨西哥，进口量占美国总进口量的 50%，其次为中东地区，占美国总进口量的 24.1%，从西非和欧洲的石油进口量约占美国总进口量的 20%。

自 2008 年页岩油革命以来，美国原油产量以每年 100 万桶/日的速度增长，基本弥补了全球每年的需求增量。到了 2014 年底，美国原油产量达到 912 万桶/日，较 2008 年 500 万桶/日的产量增长了 80% 以上。如果把其他液态石油产品、天然气凝结油以及精炼厂副产品等更广泛的石油产品统计在内，2014 年底，美国石油产量已接近 1500 万桶/日，远超沙特阿拉伯和俄罗斯，成为全球最大液体石油生产国。2019 年，美国进口石油 4.48 亿吨，占世界石油进口总量的 12.2%，其中原油进口量 3.38 亿吨，占世界原油进口总量的 15.1%，位列世界第一。同年，其成品油出口量同为世界第一，达 2.51 亿吨，占世界成品油总出口量的 20.2%。

（四）日本

日本曾经一度是世界第二大石油消费国，2002 年中国超过日本成为石油第二大石油消费国后，日本成为世界第三大石油消费国。日本国内由于资源贫乏，该国的石油几乎主要都依靠国外进口，目前是世界第四大石油进口国。2019 年石油进口量为 1.87 亿吨，其中原油进口量达 1.47 亿吨。中东地区是日本石油进口的主要来源地，占日本石油进口的近 75%。

二、主要天然气进出口国

（一）俄罗斯

俄罗斯是世界天然气资源最为丰富的国家之一。2019 年俄罗斯天然气出口量已达到 2566 亿立方米，其在世界天然气生产和贸易中具有重要的地位和影响力。天然气在俄罗斯能源消费总量中所占比例超过 50%，但该国的天然气产量仍然远远超过国内需求量。俄罗斯供应欧洲的天然气量占欧洲天然气供应总量的 37%。在俄罗斯天然气出口中，约 22% 供应德国，10% 供应意大利，9% 输往土耳其，其余出口到法国、匈牙利、波兰、斯洛伐克、奥地利、罗马尼亚、芬兰、保加利亚、捷克等国。

俄罗斯天然气工业股份公司（Gazprom）是俄罗斯第一大天然气出口商。俄罗斯政府对国内燃气低价格的决定迫使 Gazprom 发展天然气出口业务，增加外汇收入。为了扩大天然气出口业务，2001 年 2 月 Gazprom 通过 Itera（俄罗斯第二大天然气出口商）与土库曼斯坦签署协议购买 3530 亿立方英尺天然气。随着对天然气领域重组力度的加大，俄罗斯将为更多生产商开放出口市场。

（二）美国

美国天然气储量比较丰富，现已探明天然气储量约 11.9 万亿立方米，占全球天然气探明储量的 6% 左右，居世界第五。美国是天然气产量第一大国，和世界最大的天然气消费国。2019 年，美国天然气消费量为 8466 亿立方米，占世界天然气消费总量的 21.5%。

自 20 世纪 90 年代开始，美国天然气供给增长缓慢，而天然气需求则快速增长。供给量与需求量之间的缺口越来越大。美国天然气供给增长缓慢的主要原因有三：一是美国国内天然气产量增长缓慢，许多大的天然气田已经开采了数十年，产量增长十分乏力；二是天然气进口受到抑制，由于向美国供应天然气的加拿大西部气田的产量在逐渐下降，考虑到加拿大本国天然气需求增长的因素，对美国的出口可能下降；三是增产措施不力，美国通常是增加钻井数量来迅速提高产量,增加供给,但效果并不理想。

供给与需求的缺口需要依靠进口来填补。美国是世界第二大管道天然气进口国,2019年管道天然气进口量为733亿立方米,约占全球天然气总贸易量的7.4%。美国的天然气进口主要来自加拿大(加拿大出口的天然气全部销往美国)和阿尔及利亚(液化天然气)。此外,美国还从墨西哥进口少量天然气,从而保持天然气的供需平衡。

(三)日本

日本天然气的主要进口地有印度尼西亚、阿联酋的阿布扎比等。日本政府吸取两次石油危机的教训,提出"让石油退位"的口号,力求改变石油消费在能源消费中高比例的局面。在调整能源消费结构的过程中,核能和天然气被作为石油的主要替代能源。2019日本天然气消费量占世界总消费量的2.8%,但日本自产的天然气十分有限,对国外天然气的依赖程度高达95.5%,其液化天然气进口量居世界第一。2019年,日本进口天然气(LNG)1055亿立方米,约占全球天然气贸易量的10.7%,占全球液化天然气贸易量的21.7%。

第四节 国际油气贸易运输方式

一、管道运输

输油(气)管道(也称管线、管路)是由油(气)管及其附件所组成,并按照工艺流程的需要,配备相应的油泵机组,设计安装成一个完整的管道系统,用以完成油料接卸及输转任务。

输油(气)管道系统,即用于运送石油及石油产品或天然气的管道系统,主要由输油(气)管线、输油(气)站及其他辅助相关设备组成,是石油储运行业的主要设备之一,也是原油、石油和天然气产品最主要的输送设备,与同属陆上运输方式的铁路和公路输油(气)相比,管道输油(气)具有运量大、密闭性好、成本低和安全系数高等特点。

（一）管道运输的特点

管道运输是国民经济综合运输的重要组成部分之一，也是衡量一个国家能源与运输业是否发达的特征之一。目前，长距离、大管径的输油气管道均由独立的运营管理企业来负责经营和管理。管道运输多用来输送流体（货物），如原油、成品油、天然气及固体煤浆等。它与其他运输方式（铁路、公路、海运、河运）相比，主要区别在于驱动流体的输送工具是静止不动的泵机组、压缩机组和管道。泵机组和压缩机组给流体以压能，使其沿管道连续不断地向前流动，直至输到指定地点。

首先，管道运输作为石油运输的特殊方式，有着自身的运输优点：

（1）运输量大。一条输油管线可以源源不断地完成输送任务。根据其管径的大小不同，其每年的运输量可达数百万吨到几千万吨，甚至超过亿吨。例如，一条直径为720毫米的管道，可以年输原油2000万吨以上，相当于一条铁路的运量。

（2）占地少。运输管道建设实践证明，运输管道埋藏于地下的部分占管道总长度的95%以上，因而对于土地的永久性占用很少，分别仅为公路的3%、铁路的10%左右。因此，在交通运输规划系统中，优先考虑管道运输方案，对于节约土地资源意义重大。

（3）管道建设周期短、费用低。与相同运量的铁路建设周期相比，管道运输系统的建设周期一般来说要短1/3以上。新疆至上海市全长4200千米天然气运输管道，建设周期为21个月，但是如果新建同样运量的铁路专线，建设周期至少在3年以上。统计资料表明，管道建设费用比铁路低60%左右。

（4）管道运输安全可靠、连续性强。由于油气产品具有易燃、易爆、易挥发、易泄漏等特点，采用管道运输方式，既安全又可以大大减少挥发损耗，同时油气泄漏导致的对空气、水和土壤污染也可大大减少。而且，由于管道基本埋藏于地下，安全密闭，基本上不受恶劣气候的影响，能够长期安全稳定运行。

（5）管道运输耗能少、成本低、效益好。发达国家原油管道的单位耗能只相当于铁路的1/12～1/7，在运量较大时运输成本与水运接近。管道运输是一种连续工程，运输系统不存在空载行程，因而系统的运输效率高。理论分析和实践经验已证明，管道口径越大，运输距离越远，运输量越大，运输成本就越低。以运输石油为例，管道运输、水路运输、铁路运输的运输成本之比为1∶1∶1.7。

当然，管道运输也有其自身缺点。主要表现在：

（1）灵活性差。管道运输不如其他运输方式（如汽车运输）灵活，除承运的货物比较单一外，它也不容随便扩展管线。要实现"门到门"的运输服务，对一般用户来说，管道运输常常要与铁路运输或汽车运输、水路运输配合才能完成全程输送。

（2）专用性强。运输对象受到限制，管道承运的货物比较单一，只适合运输诸如石油、天然气、化学品、碎煤浆等气体和液体货物。

（3）专营性强。管道运输属于专用运输，其生产与运销混为一体，不提供给其他发货人使用。

（4）固定投资大。为了进行连续输送，还需要在各中间站建立储存库和加压站，以促进管道运输的畅通。

（二）主要油气管道

目前全球在役油气管道约3500条，原油管道总长约33万千米，成品油管道总长约26万千米，天然气干线管道总长约124万千米。管道长度最长的国家是美国。原油管道按照总长度排序前5名的国家分别为：美国8.4万千米，俄罗斯7万千米，加拿大3.6万千米，中国1.9万千米，利比亚1万千米，其他国家原油管道长度总计约13万千米。成品油管道按照总长度排序前5名的国家分别为：美国10万千米，俄罗斯2万千米，中国2万千米，印度1.7万千米，加拿大1.5万千米，其他国家成品油管道长度总计约9万千米。天然气干线管道按照总长度排序前5名的国家分别为：美国42万千米，俄罗斯19万千米，加拿大6万千米，中国4.8万千米，乌克兰4万千米，其他国家天然气干线管道长度总计约49万千米。

当今具有国际意义的输油气管线主要有20余条，现择要介绍如下：

（1）横越沙特阿拉伯输油管线。沙特阿拉伯在1987年建成了东起波斯湾沿岸的阿卜凯克，向西横越阿拉伯半岛后到达红海岸边的延布港，全长

1200 千米的大口径长输原油管道，是世界上运量最大的石油管道。它从沙特阿拉伯的东部油田直到红海沿岸的延布港附近，全长 1200 余千米，管径 1219 毫米。它能把沙特阿拉伯、科威特、阿联酋和卡塔尔等国的原油输送到这一红海港口。该管道仅在 1988 年输油量即达 1.1 亿吨，至今年输量仍保持在 9000 多万吨，远程输油量可达 1.8 亿吨左右。

（2）俄罗斯—东欧友谊输油管线，1972 年由苏联与东欧各国建成。此线从俄罗斯的阿尔梅季耶夫斯克起，至匈牙利、捷克、斯洛伐克、波兰与德国，是一条双线输油管道。一条长 5500 千米，年输油能力 5000 万吨左右；另一条长 4400 千米，年输油能力约达 7000 万吨。这是俄罗斯向东欧国家出口原油的供应线。

（3）横越巴拿马输油管线。该输油管线位于巴拿马西部与哥斯达黎加边境地区，南起阿木韦列斯港，北至奇里基湾，长约 130 千米，日输油能力约 8 万～10 万吨。这条输油管线的兴建，弥补了巴拿马运河不能通过大中型油轮的缺陷。

（4）苏伊士湾—地中海输油管线，从埃及的苏伊士湾到亚历山大港，是双线输油管线，全长 320 千米。年输油能力约 1 亿吨。

（5）伊拉克—土耳其输油管线，从伊拉克的基尔库克到土耳其的杜尔托尔港，长约 1000 余千米，年输油能力约 3000 万吨。

（6）纵贯阿拉斯加输油管线，1977 年 4 月建成。这是世界上第一条伸入北极圈的原油管道。它起自美国的阿拉斯加州北部的普罗德霍湾油田，至南部的瓦尔迪兹港，全长约 1300 千米，管道直径为 1220 毫米，最大年输油能力约达 1 亿吨。管道全线采用计算机集中控制和微波通信。

（7）北海斯塔特菲奥德—挪威输油管线，从挪威的北海海底油田斯塔特菲奥德到卑尔根西南的沙特拉，估计海底管道敷设最深处达 330 米，年输油能力与长度尚未披露。

（8）俄罗斯萨莫特洛尔—古比雪夫输油管线，从俄罗斯最大油田萨莫特洛尔到重要的炼油中心古比雪夫，长约 2200 千米。

（9）的里雅斯特—英戈耳施塔特输油管线，从意大利的威尼斯湾起，经奥地利，至德国多瑙河畔的英戈耳施塔特，全长约 462 千米，年输油能力 5500 万吨左右。

（10）科洛尼尔成品油管道，是世界上规模最大的成品油管道系统，1963 年建成投产，年输油能力约 3500 万吨，后多次扩建。该管道起自美国得克萨斯州的休斯敦，终于新泽西州的林登，全长 2908 千米。该管道将美国南部墨西哥湾沿海地区许多炼厂生产的多种成品油输送到美国东南部和东部近 10 个州的工业地区。管道采用电子计算机集中管理控制系统。

（11）乌连戈伊—中央输气系统和亚姆堡—中央输气系统，每个系统总长超过 2 万千米，年输气能力 2000 亿～2500 亿立方米。

（12）中国的大庆—大连与秦皇岛港的输油管线等，也是世界上重要的输油管线。

世界著名输油管道见表 8-5。世界著名输气管道见表 8-6。

表 8-5　世界著名输油管道

序号	管道或国别	起止点	施工或投产时间	长度（千米）	管径（毫米）	输量（万吨/年）
1	友谊输油管道（双线）	俄罗斯阿尔梅季耶夫斯克—匈牙利、捷克、斯洛伐克、波兰、德国	1964（一线） 1972（二线）	5500 4412	1000 1220	5000 7000
2	美国阿拉斯加	普罗德霍湾—瓦尔迪兹	1975	1200	1220	10000
3	美国科洛尼尔成品油管道	休斯敦—林登	1963—1980	2908	1000	10000
4	俄罗斯	乌金—古比雪夫	1967—1970	1500	1020	4500
5	俄罗斯	秋明—苏振斯克	1970—1972	850	1220	7000
6	俄罗斯	乌斯特巴雷克—鄂木斯克	1965—1967	1036	1020	7000
7	俄罗斯	亚历山大罗夫斯克—阿尔梅季耶夫斯克	1972—1973	2190	1220	7000
8	印度	纳霍卡蒂亚—伯劳尼	1961—1962	1150	400/356	279
9	印度尼西亚	丹戎油田—巴厘巴板	1962	238	508	300

续表

序号	管道或国别	起止点	施工或投产时间	长度（千米）	管径（毫米）	输量（万吨/年）
10	黑海—里海管道	田吉兹—新罗西斯克	2000	1593		6000
11	中哈石油管线	阿特劳—新疆	2006	3000	610/813	5000
12	中俄石油管道	斯科沃罗季诺—大庆	2008	1000	720/813	5000

资料来源：胡国松，李允.国际石油贸易.北京：中国财政经济出版社，2006.

表8-6 世界著名输气管道

序号	国别或管道	起止点	施工或投产时间	长度（千米）	管径（毫米）	输量（亿立方米）
1	伊朗	阿瓦兹—德黑兰	1968—1970	754	400/500	400
2	伊朗	马隆—伊斯法罕	1978	430	800/750	320
3	利比亚	沙利尔—托卡努克	1967—1968	514	860	50
4	沙特阿拉伯	阿卜凯克—延布	1969—1983	1202	1219	600
5	伊拉克—土耳其	基尔库克—伊斯肯特伦港	1977	981	1020/760	450
6	阿尔及利亚	霍达哈拉—阿尔齐港	1965—1970	805	710	220
7	阿尔及利亚、意大利	阿尔及利亚西鲁万勒—意大利博洛尼亚	1983	2506	1220/500	350
8	意大利、奥地利、德国	意大利的里雅斯特—德国英戈尔施塔特	1967	462	1019	250
9	加拿大、美国	埃德蒙顿—苏必利尔	1953—1974	4000	1220	320
10	美国	圣詹姆斯—帕托克	1968—1974	1020	1020	600
11	美国	圣巴巴拉—休斯敦	1987	2731	762	200
12	美国	科林加—阿文	1967	275	508	300
13	中亚天然气管道A、B线	土库曼斯坦和乌兹别克斯坦边境—中国霍尔果斯	2006	1833	1067	300

续表

序号	国别或管道	起止点	施工或投产时间	长度（千米）	管径（毫米）	输量（亿立方米）
14	中亚天然气管道C线	库曼斯坦和乌兹别克斯坦边境—中国霍尔果斯	2014	1840	1219	250
15	中亚天然气管道D线	土库曼斯坦—中国新疆乌恰	2014	1000	1219	300

资料来源：胡国松，李允．国际石油贸易．北京：中国财政经济出版社，2006．

二、船舶运输

（一）概念与分类

1. 油轮

油轮（oil tanker），是油船的俗称，是指载运散装石油或成品油的液货运输船舶，从广义上讲是指散装运输各种油类的船。除了运输石油外，油轮还运输成品油、其他各种动植物油、液态的天然气和石油气等。但是，通常所称的油船，多数是指运输原油的船。而装运成品油的船，称为成品油船。装运液态的天然气和石油气的船，称为液化气体船。

油轮按照按载重吨位和船型分类。

载重吨（dead weight tonnage，DWT）是表示船舶运载量的一种方法。载重吨等于该船舶的"最大排水量"减去"船舶自重"。载重吨并不代表船舶的实际载货量，因为载重吨位还包括该船舶所载油（燃油、润滑油）和水（饮用和生活用水）、船员及物品等的重量。

油轮按照按载重吨（DWT）可分为小型油轮、中型油轮、大型油轮和超级油轮。

（1）小型油轮（0.6万载重吨）：以运载轻质油为主。

（2）中型油轮（0.6万～3.5万载重吨）：以运载成品油为主。

（3）大型油轮（3.5万～16万载重吨）：以运载原油为主，偶尔运载重油。

（4）超级油轮（16万载重吨以上）：运载原油。

油轮按照按载重船型可分为超级油轮、苏伊士型油轮、阿芙拉型油轮、巴拿马型油轮、灵便型油轮和通用型油轮。

（1）超级油轮（very large crude carrier，VLCC）：16 万载重吨以上的游轮，超过 30 万载重吨的油轮称为超级巨型油轮（ultra large crude carrier，ULCC）。

（2）苏伊士型油轮（Suezmax）：以苏伊士运河（Suez Canal）通航条件为上限，12 万～16 万载重吨。

（3）阿芙拉型油轮（Aframax）：8 万～12 万载重吨。该型船舶可以停靠大部分北美港口，并可获得最佳经济性，又称为"运费型船"或"美国油轮船"。

（4）巴拿马型油轮（Panamax）：是以巴拿马运河（Panama Canal）通航条件为上限（运河对船宽、吃水的限制），在 6 万～8 万载重吨之间。

（5）灵便型油轮（Handysize Carrier），1 万～5 万载重吨，又可分为大灵便型（1 万～3 万载重吨）和小灵便型（4 万～5 万载重吨），特点是灵活性强、吃水浅、船长短、舱数量多、需求量很大。

（6）通用型油轮，1 万载重吨以下。

2. LNG 船

LNG 船是在零下 163℃低温下运输液化天然气的专用船舶，是高技术、高难度、高附加值的"三高"产品，是一种"海上超级冷冻车"。LNG 船的储罐是独立于船体的特殊构造。在该船舶的设计中，考虑的主要因素是能适应低温介质的材料、对易挥发或易燃物的处理。船舶尺寸通常受到港口码头和接收站条件的限制。12.5 万立方米是最常用的尺寸，在建造船舶中最大的尺寸已达到 20 万立方米。LNG 船的使用寿命一般为 40～45 年。

（二）船舶运输的特点

1. 船舶运输具有海上运输的一般特点

（1）船舶运输量大。一般而言，油轮和 LNG 船特别是超级油轮的载运能力远远大于火车、汽车和飞机，是运输能力最大的运输工具。

（2）船舶通过能力大，通达性好。海上运输利用天然航道四通八达，不像火车、汽车要受轨道和道路的限制，因而其通过能力要超过其他各种运输方式。

（3）船舶运费低廉。据统计，海运运费一般约为铁路费用的 1/5、公路汽车运费的 1/10、航空运费的 1/30。

（4）船舶运输的速度慢。由于油轮和 LNG 船的体积大，水流的阻力大，加之装卸时间等其他各种因素的影响，所以运输速度比其他运输方式慢。

（5）船舶运输的风险也较大。一方面，油轮和 LNG 船海上航行易受如狂风、巨浪、暴风、雷电、海啸等自然气候的季节性影响；另一方面，船舶运输还存在着战争、罢工、贸易禁运、海盗劫掠等社会风险。

2. 船舶运输具有极强的周期性

船舶运输行业是随着海上石油贸易的兴起而发展起来的，已有一个世纪的历史，被公认为是一个运作规范、专业化程度很高、信息完整、公开透明的成熟行业。世界经济发展状况的变化导致石油和天然气需求的变化，而石油与天然气需求的变化又会影响船舶运输行业。所以，从过去几十年来看，船舶运输行业呈现极强的周期性特征。

这一特征在船舶市场价格上表现得非常明显，如超级油轮的运价波动幅度最高时为最低时的 6～8 倍。所以，各大船舶运输公司均需得到长期合同的支持，这点以日本和韩国的船东表现得最为突出，它们都得到了该国石油进口商长期合同的支持。另一方面，石油与 LNG 进口商如不采用长期合同与船公司建立合作关系，而仅仅将自己的运作局限在即期市场的话，本身也面临付出较高运输成本的风险。所以，船东和租家之间长期稳定的策略伙伴关系，其实质是一种"双赢"的关系。

3. 船舶运输行业的专业性极高

船舶运输是一个风险极高的行业，也因此成为一个专业化程度极高的行业。船舶运输所涉及的安全、技术、规范，以及可能的泄漏和污染等，均对船舶运输的经营提出极高的要求。船舶运输的专业性，还表现在其与集装箱和散货运输日益明显的分工。目前世界上最大的几家油轮船队，也都是专业的油轮运输公司。在专业化分工下，应该清楚地认识到，船舶运输在基本客户、航行航线、操作规范、经营管理等方面，都具有其自身的特点和要求。

4. 油轮、LNG 船市场呈寡头垄断的格局

在国际船舶市场上,存在两种船队运作方式:一是油气公司附属船队;二是独立的油轮、LNG 船东。今天,独立船东已成为船舶市场的主要力量,占国际船舶市场运力的 80% 以上。独立船东的壮大,使得其与油气公司之间的分工逐渐明显。随着独立船东的崛起,以及近年来若干油轮、LNG 船队的上市,促进了船队规模的大型化和兼并收购活动的增多,出现了几家超大型的专业油轮、LMG 船队。超大型船东的出现,使得船舶运输市场呈寡头垄断的格局,而这些企业多通过资本市场实现兼并和收购来壮大规模。

5. 船舶运作惯例——单船公司和方便旗

几乎所有的独立油轮、LNG 船东都将其船舶注册为单船公司,主要原因是船舶运输是一个风险极高的行业,运输途中一旦发生撞船或泄露,可能导致船东巨大的赔偿责任。因此,为了分散风险,避免整个船队经营受到影响,故常将每条油轮、LNG 船注册成单船公司,一旦出现撞船或泄漏污染造成了大额赔偿,最多就把这个单船公司关闭,不至于危及整个公司。而且油轮、LNG 船造价比较高,注册成单船公司,有利于融资的安排及资本运作,同时,在船舶管理、资产出租和出售等方面比较灵活。

通常,在注册单船公司后,母公司会再注册一家船舶管理公司来管理旗下几个单船公司的经营,有时候母公司也直接扮演管理公司的角色。从法律角度看,单船公司和母公司是没有关系的,但是在母公司内部的财务账上,会体现出其与子公司差不多的投资关系,而这一般都是等级较高的商业机密。

单船公司一般悬挂"方便旗"(flag of convenience),故又称为方便旗船,就是在船舶管理较为宽松的国家进行登记,从而取得该国国籍,悬挂该国国旗并在国际市场上进行营运的船舶。第二次世界大战之后,挂方便旗的船舶主要属于海运较发达的国家和地区(如美国、希腊、日本、中国香港和韩国)的船东。它们将船转移到外国登记,以图逃避国家重税和军事征用,自由制定运价不受政府管制,自由处理船舶和运用外汇,自由雇佣低工资的外籍船员,降低船舶标准以节省修理费用,降低运营成本以提高竞争力等。目前,方便旗船总载重约占到世界商船总载重的 1/3,对世界

船运市场产生了巨大的影响。经国际运输业工人联合会（ITF）认定，方便旗国家有安提瓜和巴布达、巴哈马、百慕大、开曼群岛、塞浦路斯、直布罗陀、洪都拉斯、黎巴嫩、利比里亚、马耳他、马绍尔群岛、巴拿马、圣文森特和格林纳丁斯、斯里兰卡、瓦努阿图等。其中，巴拿马、圣文森特和格林纳丁斯是应用率比较高的方便旗国家；马绍尔群岛是声誉比较高的方便旗国家（马绍尔旗相当于美国国旗）。

（三）国际主要海运航线和通道

目前，世界海上运输的航线主要有3条：波斯湾—好望角—西欧、北美运输线，波斯湾—马六甲海峡、新加坡海峡—日本运输线，以及波斯湾—苏伊士运河—地中海—西欧、北美运输线。与此对应，霍尔木兹海峡、马六甲海峡、苏伊士运河、曼德海峡、丹麦海峡、土耳其海峡、巴拿马运河等是世界最重要的海上运输通道。

1. 波斯湾—好望角—西欧、北美运输线

它从波斯湾出发，向西经阿拉伯海，沿非洲东海岸，穿过莫桑比克海峡，绕过好望角，再沿非洲西海岸，直达西欧地区与美国。目前，此航线约承担着输往西欧石油的70%和输往美国石油的45%的繁重任务。它是世界最主要的海上石油运输线。

2. 波斯湾—马六甲海峡、新加坡海峡—日本运输线

这条航线由波斯湾出发，向东经印度洋和太平洋，抵达日本。从印度洋至太平洋的船只大多穿越马六甲海峡和新加坡海峡，因为这是此两大洋间的捷径。1971年，海峡沿岸的马来西亚、新加坡和印度尼西亚3个主权国提出确保无害的通航原则以后，部分大型油轮已改道龙目海峡和望加锡海峡航行。多年来，日本进口石油的80%以上都是经由这条航线运输的。它是世界上第二大海上石油运输线。

3. 波斯湾—苏伊士运河—地中海—西欧、北美运输线

1967年6月以前，中东地区出口的石油大约有50%是通过苏伊士运河，再经地中海，然后输往西欧、北美的。自运河封闭以后，情况骤然大变，绝大部分中东石油由大型油轮运载，绕道非洲南端的好望角，输往西欧与北美。1975年6月，运河重开，但由于过境费用提高，运费加倍，且

深度不够，大型油轮不能通行等，故通过运河的油轮远非昔比，后虽有拓宽，仍未达理想。

除此以外，北非与西非—西欧、拉丁地区及北美航线；拉丁美洲—北美、西欧航线；印度尼西亚—日本与大洋洲航线等，也是当今世界最重要的海上石油运输线。

表 8-7 列出了世界重要运油航道。

表 8-7 世界重要运油航道

三大大型通道	波斯湾—苏伊士运河—地中海—西欧、北美通道
	波斯湾—马六甲海峡、新加坡海峡—日本
	拉美—加勒比海—大西洋—北美西欧；拉美—巴拿马运河—大西洋—亚洲通道
三大中型通道	西北非—西欧、北美、拉美
	东南亚—中、日、韩、新、澳
	波斯湾—印度、澳大利亚、新西兰
三大咽喉通道	马六甲海峡：连接印度洋与大西洋的通道
	苏伊士运河：连接红海与地中海的通道
	巴拿马运河：连接太平洋与大西洋的通道

资料来源：胡国松，李允.国际石油贸易.北京：中国财政经济出版社，2006.

4. 南海航线

中国南海是全球 LNG 贸易的主要航线。2016 年，接近 40% 的全球 LNG（大约 4.7 万亿立方英尺）贸易是通过南海航线进行的。其中，两大 LNG 出口国马来西亚和卡塔尔就占据了 2016 年南海 LNG 贸易总量超过 60% 的份额。尤其是马来西亚，由于其 LNG 出口设施都靠近南海海域，该国所有的 LNG 出口都是通过南海航线进行。2016 年，卡塔尔的全球 LNG 运输也有近半数量通过南海航线，阿曼、文莱和阿联酋通过南海运输的 LNG 出口量都超过了各自出口总量的 84% 以上。

三、内陆运输

（一）铁路运输

铁路运输是现代化运输的主要方式之一，与其他运输方式相比较，具有以下主要特点：

（1）铁路运输的准确性和连续性强。铁路运输几乎不受气候影响，一年四季可以不分昼夜地进行定期的、有规律的、准确的运转。

（2）较之公路运输和海洋运输，铁路运输速度比较快。

（3）较之航空运输和汽车运输，运输量比较大。

（4）较之航空运输和汽车运输，铁路运输成本较低。

（5）铁路运输安全可靠，风险远比海上运输小。

（6）初期投资大。铁路运输需要铺设轨道、建造桥梁和隧道，建路工程艰巨复杂又需要消耗大量钢材、木材，占用土地，其初期投资大大超过其他运输方式。

铁路运输石油基本是单方向、罐车承运，车辆到站后空车远距离返回，运输效益不佳，再加上近期石油价格浮动，使铁路运输石油罐车调配困难。

（二）公路运输

公路运输（一般是指汽车运输）是陆上两种基本运输方式之一，具有以下特点：

（1）机动灵活、简捷方便、应急性强，能深入到其他运输工具到达不了的地方。

（2）适应点多、面广、零星、季节性强的货物运输。

（3）运距短、单程货多。

（4）投资少、收效快。

（5）港口集散可争分夺秒、突击抢运。

（6）是空运班机、船舶、铁路衔接运输不可缺少的运输形式。

（7）随着公路现代化、车辆大型化，公路运输是实现集装箱在一定距离内"门到门"运输最好的运输方式。

石油与天然气作为公路运输的重要战略物资，在国家政策中常常受到倾斜保护。我们常见的石油与天然气公路运输方式主要是各种型号的油

（气）罐车，主要是进行短距离运输。国内石油资源的运输调配在大多数情况下就是靠公路运输完成。但油（气）罐车运输也潜藏着一定的危险，公路状况会对车辆运输形成影响，易造成如油（气）罐车漏油（气）、爆炸等事故。

公路运输石油的费用和成本也比海上运输和铁路运输高。在公路运输方面，油料成本占总成本的比例达到30%。公路运输部门油料成本节节上升，但由于还得面对铁路、民航在长途客货运方面的竞争，所以即使允许涨价，幅度也不会太大，这样成本就很难传递下去，公路运输企业的利润率就会下降。

（三）内河运输

作为综合运输体系中一种重要组成部分，内河运输的发展面临着与公路、铁路的竞争与协作。和公路、铁路运输相比，内河运输具有下列技术经济特征：

（1）运输能力大，如长江黄金水道通过能力大体相当于14条铁路。

（2）能源等资源消耗少。在各种运输方式中，船舶发动机功率热效率是最高的。我国水路运输中，柴油发动机占发动机功率的95%，其中低速柴油发动机约占88%。

（3）与公路、铁路运输相比，水运对环境的影响最小。根据国外有关机构的研究分析，公路运输的汽车是造成污染的罪魁祸首，公路运输造成的污染是内河运输的3～15倍；飞机造成的铅污染最严重，约占96%；铁路运输造成的污染为内河运输的3.3倍。

（4）与公路铁路相比，占用土地少，基本不占用耕地。有些航道的疏浚和码头建设，还可以利用疏浚的泥沙回填，增加沿岸的可利用土地面积。

（5）船舶尺度结构与飞机、火车、汽车有着根本的不同，具有其他运输工具不可能具有的空间，可以提供舒适的房间和各种娱乐活动需要的宽敞场地。

（6）依赖水运资源、航速较低、运输环节多，使得运输时间和经济性受到一定影响。

多年来内河运输的传统似乎是运送煤炭、石油、天然气等所谓"量大和交货缓慢"的大宗货物。

随着经济的发展，人均石油、天然气消耗也将增加（特别是汽车进入家庭后），石油、天然气消费越大，内河运输能耗低的比较优势将越来越受到重视。

综上所述，就国际油气贸易运输而言，主要方式有轮船和管道运输两种，铁路运输作为补充。全球石油跨国运输中超过3/5的石油通过海上运输，不到2/5经由管道运输。海运石油的成本比较低，管道运输相对可靠，而铁路运输量有限。几种方式各有特点，相互补充，国际油气贸易运输在很多时候是采用联运的方式来实现的。

（四）多式联运

《联合国国际货物多式联运公约》定义："国际多式联合运输，是按照国际多式联运合同，以至少两种不同的运输方式，由多式联运经营人，将货物从一国国境内接管货物的地点，运送至另一国国境内指定交货的地点。"

在联合国贸易和发展会议秘书处提交的《多种方式联运使用的现代化运输技术》报告中，指出了多式联运的特征："多式联运经营人和发货人之间的合同关系性质，构成多式联运的特征，联运经营人以独立的法律实体向发货人提供，一种以上的运输方式运送货物的单一合同。"

根据以上两个国际惯例对国际联运的定义和解释，结合国际实际做法，可以概括归纳出国际多式联运的以下几个特征：

（1）国际多式联运，必须是使用全程的联运提单（combind transport bill of lading）；

（2）国际多式联运的经营人，对货主承担全程的运输责任；

（3）国际多式联运的经营人，以单一费率向货主收全程运费；

（4）必须是国际间的货物运输，而这种运输必须是采用两种以上的不同的运输方式，并且衔接组成的一个连贯的运输，来完成跨越国界的货物运输。

在当前国际贸易竞争日趋激烈的情况下，外贸运输的商品要求速度快，破损少，费用低。国际多式联运正以其手续简便、安全可靠、提早结汇、简化包装、加快运送等优点，在国际上被广泛采用，有着良好的发展前途。

第五节　国际油气贸易新格局

一、国际油气新格局特征

2018年以来，国际油气供需格局呈现出了多种变化，包括国际油气供应重心西移、国际油气消费重心东移。

（一）国际油气供应重心西移

美国奉行的能源新现实主义也促使各国重新开始审视本国的能源政策，评估煤炭、石油等传统能源的价值，重视技术创新。2018年，美国超过沙特阿拉伯成为世界第一大原油生产国，美国的石油产量占据全球石油市场的16%，与沙特阿拉伯、俄罗斯持平。到了2019年，美国的市场份额进一步上升至18%，超过俄罗斯和沙特阿拉伯的16%和15%，成为全球最大的石油生产国。随着美国的油气供应能力大幅提高，与之相对的是，传统石油供应中心即中东地区在国际油气供应体系中的地位与话语权受到削弱。

近年来，美国原油产量持续增加。根据国际能源署最新数据，2018年美国日均原油产量达到1090万桶（其中页岩油的日均产量已经超过800万桶），成为全球最大的原油生产国，原油产量占全球总产量的12.9%。天然气方面，根据国际能源署统计，美国保持世界上最大的天然气生产国地位，2018年天然气产量占全球总产量的20.2%，并且其未来5年增加的产量将比其他任何一个国家都多，达到每日23.57亿立方米，约占全球产量增长份额的40%。西方能源新现实主义，重新重视传统化石能源的开采后，以美国为代表的西方国家开始大力开采油气。随着美国页岩油的强势崛起，全球原油市场供应格局多点开花，北美、欧洲、中东、非洲和南美均是全球主要的原油出口地区。特别是美国、沙特阿拉伯、俄罗斯剩余产能空间巨大，基本主导了全球石油市场的供应格局，全球能源供应市场中心逐步向西方转移。

(二)国际油气消费重心东移

全球石油需求增长越发集中。近些年欧洲地区原油需求增速进入瓶颈期,北美地区原油需求保持低增速态势,全球原油需求重心逐步转移至以中印为主的亚太地区。美国仍是全球最大的石油消费国,2019年的石油消费量高达10亿吨,全球占比20%。其次是中国。中国石油消费量为6.6亿吨,全球占比14%,几乎是欧盟的总和。2019年,中国进口5亿吨石油,同比增长9.5%,对外依存度高达72%,是全球最大的石油进口国,也是仅次于美国的全球第二大石油消费国。第三位为印度。2019年,印度石油消费量2.16亿吨,全球占比5%,印度有13多亿人口,却是地球上能源最匮乏的国家。过去10年中,中国和印度分别在全球新增石油需求中占了45%和20%,国际能源署(IEA)预计到2025年,印度的石油需求将超过中国。美国、中国和印度三国合计占全球石油消费总量的40%,其中,美国主导了全球石油供应,而中国和印度主导了全球石油需求增长。

二、影响国际油气贸易格局的因素

(一)影响国际油气供给新格局的主要因素

1. 非常规油气勘探开发技术进步

近年来,水平钻井、分级压裂、微地震三大技术突破为非常规油气资源的大规模开发利用奠定了基础。全球经济的发展,则使得高成本的深海和非常规油气勘探开发具备了可行性。据IEA统计,全球深海和超深海石油成本为35~65美元/桶,重油和油砂成本为40~80美元/桶,页岩油成本为50~115美元/桶,页岩气和煤层气生产成本2.7~9美元/百万英热单位。

2000—2013年,油价持续上涨,高位油价对全球非常规资源的开发起到强有力的支撑作用,但受地质条件和技术水平两大因素影响,非常规资源开发成本出现较大地区差异,呈现不平衡发展态势。北美作为非常规领域的引领者已经走在世界前列。据剑桥能源分析,只要油价在60美元/桶以上,美国页岩油开采便具有经济价值。

此外,美国"能源独立"战略的继续实施,以及制造业二次复兴经济发展目标的推进,将为美国非常规油气的进一步开发提供关键的政策支持。

正是丰富的资源基础、优越的地质条件、领先的技术水平以及有力的政策支持奠定了美洲在深水和非常规领域的领先地位，使得美洲能源逐渐崛起，为世界油气供给带来油气供应新格局的可能。

2. 美国非常规油气产量激增

非常规油气资源包括油砂、页岩天然气、页岩石油和深海石油等，过去由于开采难度大、成本高，产量较低，但随着水平钻井法、水压破裂法等技术的进步，非常规油气资源逐渐成为能源产出的重要组成部分。2018美国石油协会年会表示，如果包括页岩天然气资源，美国达到开采标准的油气资源居世界首位，比沙特阿拉伯多24%，是巴西的7倍多。得益于先进的油气开采技术，美国非常规油气资源占能源产出的比重不断攀升。美国埃克森美孚石油公司非常规油气资源过去5年内增产近90%，达到3350亿桶油当量，预计产量将在未来10年再翻一番。美国非常规油气产量的增长，意味着美国作为能源消费第一大国，对国际市场的油气需求将大幅降低，对国际油气市场的供应将上升，这将进一步影响国际油气供需空间格局。

3. 美国霸权战略影响国际油气供给安全

近年，美国在油气勘探开发和利用上制定和实施了新的战略布局。美国在维护中东地区战略利益的同时，力争降低对该地区资源的依赖程度。据美国能源署统计，美国从波斯湾进口的原油比重已经从20世纪90年代初的约30%下降到2011年的18%。随着"美洲能源保供战略"的逐渐实施，美国必将更为灵活地掌控中东北非局势，并利用宗教和经济等矛盾制造动荡，牵制俄罗斯在中东的地缘政治利益。

美国霸权主义和能源政策将迫使新兴能源消费大国承担更多国际义务。一方面，美国页岩气的大发展和天然气消费的增加，将极大降低美国碳减排压力，从而在气候变化问题上掌握更多的主动权，使中国和印度等新兴能源消费和碳排放大国面临更大的国际舆论压力。另一方面，中国、印度等新兴经济体对外油气依存度攀升，油气供应安全压力凸显，维护海外油气投资利益和通道安全的压力增大，将承担更多国际义务。

（二）影响国际油气需求新格局的主要因素

1. 新兴经济体经济的增长

新兴市场国家和发展中国家 GDP 占全球比重已达到一半，对全球经济增长的贡献率超过 80%。

国际货币基金组织表示，尽管近期受到油价波动、地缘政治冲突等外部环境因素的影响，新兴经济体和发展中国家仍将继续保持增长，油气需求将持续上升。以印度为例，2008 年以来，印度石油消费量从 149.3 万吨增加到了 2018 年的 239.1 万吨，年均增长率为 4.8%。印度天然气消费量从 2008 年的 400 亿立方米，增长到 2018 年的 581 亿立方米，2008—2017 年年均增长年率为 13%，2018 年天然气消费总量同比增长 17.7%。

2. 新能源和替代能源的局限性

传统化石能源具有不可再生性，同时外部环境成本较高，因此世界各国均致力于新能源的研究与开发。目前，国内外在太阳能、核能、氢能等领域研发技术已经相对成熟。尽管如此，新能源在技术上、能效上仍然存在不足。就光伏产业而言，太阳能的利用载体存在不可循环和回收性，对环境会造成一定的影响，而其他新能源的开发也涉及大量的成本投入。要实现新能源替代传统化石能源，短期内很难实现。从目前新能源技术、成本、安全、环保等各个角度考虑，短期内国家对于油气资源的需求仍占据主要地位。

3. 工业化进程的不平衡发展

1）发达国家后工业化

在工业发达国家和地区，受去工业化影响最大的主要是一些大城市地区，以及那些以资源为基础、传统的衰退产业相对集中的老工业基地。这些地区出现去工业化的主要原因：一是由于大城市地区土地和工资等生产成本较高，劳动和环境保护意识较强，加上市中心区生活和环境质量的下降，导致企业家把制造工厂由发达国家大城市迁移到中小城镇和农村地区，甚至迁移到国外；二是由于资源的枯竭和生产成本的上升，工业发达国家的一些传统产业（如钢铁、造船、工程机械和纺织等）逐步走向衰退，这些衰退产业主要集中在一些老工业基地，由此导致这些地区制造业出现严重的下降;三是随着技术发展,企业把生产过程的某些部分尤其是劳动密集型的加工装配环节,分散到国外工资成本相对低廉的地区,而发展中国家提供的各种优惠政策又加剧了这种趋势。在发达国家经济结构下,一些国家被去工业化,因此,工业产业对于能源的需求大幅削减。

2)发展中国家的工业化进程提速

随着生产碎片化的进一步强化和深化,区域性与全球性生产链的迅速出现和扩大从根本上改变了许多发展中国家与经济体进行工业化和经济发展的条件。因此,充满活力的新兴市场大经济体(尤其是巴西、俄罗斯、印度、中国及南非)的工业化发展非常迅速,这为其他发展中国家提供了前所未有的机遇来模仿它们的成功,进而大幅提高自身的工业化进程。发展中国家迎来了工业化黄金时代,对能源的消耗也将大幅提升。

4. 天然气将引领世界能源转型发展

考虑到长远,发展替代能源是保障能源安全的重大战略举措。由于传统化石能源对环境造成的持续性损害,各国对新能源领域的投资不断增加,如可燃冰、核能、太阳能、风能、生物资源、水资源等新能源的开发利用技术成为各国研究的重点,投入经费不断增长,研发水平不断提高。2018年数据显示,近10年来,全球风电、核电、水电、光伏发电的产量均成倍增长,中国的风电、水电、光伏发电量均已位居世界第一。与此同时,随着能源生产技术的不断革新,世界各国对能源的开采不再局限于陆地以及容易开采的近海地区,逐步由近海延伸至深海、北极地区。

遵循能源结构演变规律,全球各国将逐步以新能源替代传统能源、以优势能源替代稀缺资源、以可再生能源替代化石能源,大力开发利用水电、风电、生物质、太阳能等可再生能源,逐步提高替代能源在能源结构中的比重,最终构建出可持续、经济环保、绿色高效的能源利用体系。但能源的替代过程具有时间递延性,是一个长期的变革过程,因此,天然气作为清洁高效的化石能源,在能源结构转型的过程中起着过渡作用。倡导低碳排放、可持续发展的国家,诸如欧洲、日本、中国等,在实现能源的转型过程中已付出诸多努力,并将持续实施能源转型政策,因此,天然气将成为化石能源向新能源过渡的主要消费能源。

5. 油气清洁化利用

近年来,以美国为主的发达国家,开始重新重视起传统化石能源的开发,这些国家的行为被称为能源新现实主义。这些国家主张回归传统化石能源,兼顾传统能源与新能源的发展平衡,通过技术创新减少化石能源的碳排放量,实现可持续发展。

6. 国际油气合作

"一带一路"对于油气供需格局变化具有加速作用。"一带一路"连接亚洲经济圈和欧洲经济圈,主要油气生产国普遍缺乏油气开发资金,存在技术短板,需要通过扩大投资、引进先进技术实现油气产业现代化改造,而中国拥有资金优势和独特的开发技术,可以优势互补,实现油气及相关产业现代化,而且将有可能形成世界上供应链、产业链合作程度最广最深的油气合作局面,对国际油气秩序的改造具有重要作用。

复习思考题

1. 国际原油天然气贸易的发展现状如何?
2. 国际石油贸易的进出口流向有什么特点?
3. 国际天然气贸易格局的变化具有什么特点?
4. 国际天然气贸易的主要运输形式是什么?

延伸阅读

国际油气贸易格局演变

张生玲 胡晓晓

石油和天然气是国际能源市场的重中之重。自 2018 年以来,国际油气供需格局正在深度调整,新的油气供需格局加速形成。技术革命提高了美国非常规油气资源产量,导致国际油气供应重心西移,油气消费重心东移。

第一,世界油气市场供应端形成美国、沙特阿拉伯和俄罗斯"三足鼎立"的新格局。中东地区和俄罗斯的油气资源丰富，同时消费量相对较低，是重要的油气出口力量。近10年来，美国经过页岩油气技术革命，大幅度提高了石油产量，不仅实现了自给，并进一步成为油气的净出口国。同时，美国利用其强大的军事和政治力量，在国际能源市场上争取更大的经济利益。一是挤占了部分以沙特阿拉伯和俄罗斯为代表的"减产联盟"减产后的全球石油市场份额；二是对伊朗和委内瑞拉的能源制裁直接降低了这些国家在全球石油市场的占比；三是制裁参与连接俄罗斯和德国的"北溪2号"天然气管道项目的企业，旨在争夺欧洲天然气市场，迫使俄罗斯天然气的出口向亚洲地区转移。2017年以来，全球油气供给格局从以沙特阿拉伯和俄罗斯为核心的"维也纳联盟"逐渐转变为美国、沙特阿拉伯和俄罗斯"三足鼎立"的新格局。

第二，亚洲、欧洲和北美洲构成世界油气市场的需求端，中国是世界最大的原油进口国。亚洲是全球油气进口最多的地区，主要包括中国、日本、印度和韩国。2019年中国石油进口占全球的16.7%，印度占7.6%，两国已经成为全球石油消费新的增长极，整个亚洲共计占全球石油进口的56.3%。欧洲的油气进口国以法国、德国和英国为主。北美洲的油气进口国主要是美国。从能源安全角度来看，亚洲多国石油需求远高于国内石油生产，严重依赖石油进口，且呈上升趋势。石油进口来源较为单一，主要集中在政治经贸冲突较为频繁的中东地区，面临能源安全的不稳定因素较多。北美洲由于美国"页岩油革命"产量激增，对外界依赖逐渐减少，能源安全状况改善。欧洲受益于能源转型，积极发展非化石能源产业，对石油等化石能源依赖降低，而且来源分布多元化，能源安全状况也在改善。

第三，全球油气呈供给宽松和需求收缩态势，跨区域油气贸易博弈复杂，角逐不断。从供应端看，页岩油气革命带来了美国原油产量的快速增长，极大地改变了全球的石油供应格局。美国不仅快速实现了能源的基本自给，而且成为全球最大的原油和天然气生产国，并跻身全球前五大原油出口国之列。根据美国能源信息署的数据，2016—2019年，美国原油产量从883.9万桶/日增加至1223.2万桶/日，提高了38.4%，而同期全球原油产量仅提高了3.7%。此外，随着全球各主要产油区不断获得勘探重大发现和新产能建设加快，巴西、挪威、加拿大、圭亚那等国家将成为全球原油供应新的增长动力。从需求端看，近年来石油需求随世界经济增长乏力而逐步放缓，加之能源结构转型调整、中美贸易冲突、技术进步推进能效提高、应对气候变暖系列限制措施，都在不同程度上限制了石油需求增长。2019年，全球经济增速降至2008年金融危机以来的最低水平，世界石油需求量为1亿桶/日，增量自2011年以来首次降至100万桶/日以下。再加上新冠疫情在全球蔓延，经济停摆，增速急剧下滑，导致原油需求大幅度萎缩，价格低位运行。同时，围绕油气供需，各种地缘政治冲击事件频发，争夺激烈。其中，美国对伊朗和委内瑞拉的能源制裁，引发了能源生产国之间的武装冲突斗争，加剧了整个能源贸易网络的不稳定性。美国对参与"北溪2号"项目的欧洲企业实行经济惩罚措施，以期阻止德国与俄罗斯的合作，增加对欧洲的天然气出口。

第四，石油商品属性、金融属性和政治属性相互交织，导致全球油价短期内大起大落。2019年，全球石油市场波动不断。一是全球经济放缓，为稳定石油市场，"欧佩克+"减产联盟继续通过减产来平衡下行的市场；二是美国为了争夺市场，对伊朗和委内瑞拉实行制裁，导致油价剧烈波动；三是围绕产油国的袭击事件造成国际油价短期内上涨；四是由于新的减产协议谈判失败，沙特阿拉伯、俄罗斯、美国为抢占国际能源市场竞相增产，进一步加剧了市场的供应过剩，国际油价随之暴跌。进入2020年，新冠疫情肆虐，冲击经济前景，导致全球能源需求骤降。金融市场的超重量级事件，也将载入史册。一是沙特阿拉伯宣布将大幅上调原油供应量，国际油价遭遇疯狂暴击，通过短期阵痛向包括俄罗斯在内的其他原油生产国施加压力，促使产油国重回谈判桌。二是"欧佩克+"达成史上最大的减产协议，支撑下滑的市场，以期结束由沙特阿拉伯和俄罗斯发起的惩罚性价格战。三是原油期货跌到史无前例的负值，2020年5月交割的美国WTI期货价格4月20日开盘后一路下跌，最低每桶-40.32美元的价格，最终收在每桶-37.63美元。本轮油价暴跌可能进一步导致美国页岩产业和全球深水油气资产的深刻调整。

（本文原载于《国际贸易》2020年第9期，有删减）

第九章

国际油气贸易合同

国际油气贸易是以合同为中心进行的,即不同国家从事石油与天然气进出口贸易的企业在进行一笔交易时,需要订立油气进口或出口合同,也称为国际油气买卖合同或国际油气销售合同。同时还需要与运输机构、保险公司、银行签订合同,而这些合同一般是为履行买卖合同服务的,是辅助性的合同,基本的合同仍然是国际油气买卖合同。合同最根本的作用就是明确双方的权利与义务。

第一节 国际油气贸易合同概述

一、国际油气贸易合同的概念

国际油气合同,是指一国政府、国家油气公司或企业与外国政府、油气公司或企业为了合作利用油气资源,依法订立的包括油气勘探、开发、生产和买卖在内的国际性合同。与一般合同不同的是,国际油气合同的主体主要是油气资源国政府、国家油气公司、外国油气公司、银行和其他各种机构等。与一般经济合同相比,国际油气合同的期限一般比较长,一般为几十年,也存在一百多年的合同期限,这些通常都会根据最初的合同条款和补充协议而定。

国际油气贸易合同，是指一国政府、国家油气公司或企业与外国政府、油气公司或企业，依照法律通过协商就各自在油气贸易上的权利和义务所达成的具有法律约束力的协议。油气贸易合同一经有效成立，当事人就要承担履行合同规定的义务。

合同的内容必须完整，除了交易的主要条件如品名、品质、数量、包装、价格、装运、付款，还应包括保险、商品检验、索赔、仲裁、不可抗力等条件。卖方拟制的合同称"销售合同"（sales contract）；买方拟制的合同称"购货合同"（purchase contract）。

确认书是合同的简化形式，对索赔、仲裁、不可抗力等内容，一般不予列入。卖方拟制的确认书称"售货确认书"（sales confirmation）；买方拟制的确认书称"购货确认书"（purchase confirmation）。

一般出口交易的销售合同或售货确认书，我国有关进出口公司都印有固定格式，通常在达成交易后制成一式两份的正本，经双方核对无误签字后各执一份，据以执行。

二、国际油气合同的类型及特点

现代商业油气合同大致可分为以下几类：油气合作投资合同、油气联合经营合同、国际油气工程（技术）服务合同、原油购销合同、咨询与服务合同等。

（一）油气合作投资合同

1. 矿费税收制合同

矿费税收制合同也称许可证协议，是由传统的租让制合同演化而来。在矿费税收制合同中，外国油气公司对矿区内所产油气拥有所有权以及在矿区进行油气勘探、开发和生产的专营权，油气产量的收益首先应向政府交纳矿区使用费，剩余部分扣减成本费用后为油气公司的应税收入。因此，税后利润是合同双方追求的目标。在这种合同中，油气产量对承包商影响较大：产量越高，承包商能够获得的原油收入和税后利润就越高；否则，承包商则可能面临亏损。除产量因素外，油价风险也是无法忽视的。一旦油价低迷，导致项目税前亏损，则承包商很可能在合同到期时无法回收投资与利润分成。对资源国政府而言，这种合同最有利的方面在于经济风险小，管理简便，成本较低。如果采用竞争性招标，资源国还可以获得高额定金或矿区使用费以及所得税。

2. 产量分成合同

产量分成合同是指在资源国保留矿产资源的所有权，承包商通过与资源国政府签订合同，从事作业服务，利用生产出的原油进行成本回收和获得产品分成。在产量分成模式下，承包商要承担勘探风险及开发生产费用。全部产量分为用来偿还油气公司投入成本费用的"成本油"和由资源国政府与承包商按规定比例分享的"份额油"（也称"利润油"）两部分。承包商如果盈利，将向资源国交纳所得税。产量分成合同模式的收益分配结构包含四大基本要素，即成本回收、利润油分成、矿区使用费以及所得税。产量分成合同产量的不确定性，即储量和油藏的风险对于合同者效益影响较大。投资者面临因实际产量低于预期产量而带来的成本费用不能完全回收的风险，但也可能享受高产带来的超额利润。与矿费税收制合同类似，产量分成模式下油价过低也会大大影响承包商收益。

3. 服务合同

服务合同具体类型包括纯服务合同与风险服务合同。在风险服务合同中，资源国拥有矿产的所有权和经营权。外国油气公司提供勘探开发所需的技术与资金，并承担所有风险。油田投产后，资源国将按合同有关规定在一定期限内偿还承包商的投资费用，并以现金形式支付风险服务费。风险服务合同与产量分成合同在收益分配机制上基本相同，只是产量分成合同中对油气公司的补偿和报酬是以分成油的形式支付。在几种主要油气投资合同中，风险服务合同的条件对资源国政府最为有利。

4. 回购合同

回购合同是服务合同的一个变种。在回购合同中，外国油气公司（承包商）承担勘探开发全部费用和技术服务，直至油田按合同要求建成后交由资源国政府管理。油田投产后，从生产原油的销售收入中回收投资、费用并获得报酬。报酬水平根据项目总投资的一定比例事先谈判确定，但以年产量的一定比例为上限。

（二）油气联合经营合同

1. 合作经营合同（JVC）

合作经营合同通常又称政府参股，是指由资源国（或其国家油气公司）为一方，外国油气公司为另一方，共同组建一个新公司，负责油气勘探、开发、生产、运输和销售等经营活动。双方各参与一定比例的股份，按比例分享利润。双方共同承担勘探风险和纳税责任。这一模式往往与投资项目合同结合使用，在分散风险的同时一方面加强了资源国政府对项目的控制，另一方面有助于资源国政府在油气经营方面获得专业技能和管理经验。

2. 联合作业协议（JOA）

联合作业协议是指为了减少对巨额投资需求带来的财务风险，几个承包商（投资者）组织财团共同参与一个油气投资项目的开发。联合作业协议的内容包括联合作业的组织机构、权限、决策程序和实施项目的具体问题。一般而言，由于投资项目前期工程作业不能停顿，任何一个阶段环节都必须资金到位才能开展，否则整个财团遭到损失，所以财团成员必须根据表决通过的预算及时支付所承担的费用，不然很快就会面临表决权丧失、权益被快速摊薄、最后完全出局的结果。

（三）国际油气工程（技术）服务合同

油气工程服务合同是指与油气勘探开发有关的工程服务合同。与项目投资合同不同，国际油气工程（技术）服务合同通常只涉及勘探、开发中的某一环节，而不涵盖整个过程，也不需要外国公司承担勘探风险。目前，国际油气工程服务项目合同多属于国际工程承包的范畴。根据承包方式的不同，国际工程承包合同可分为总包合同、分包合同和二包合同。对国际油气工程服务而言，三类合同分别对应资源国政府（国家油气公司）将项目交给某一家国外作业公司、资源国政府将大型项目划分后交给几家国外作业公司，以及总承包商（国外作业公司）将部分项目转包给其他承包商的情况。

根据工程服务涉及的具体内容，国际油气工程服务合同包括：地面建设工程合同、管道建设工程合同、2D/3D地震工程合同、钻井工程合同、测井工程合同、录井工程合同、固井工程合同等。对于大型油气项目来说，由于技术要求高、综合性强、设备、设施、场地投入高，综合实力较强的大企业常采用 EPC 工程总承包形式。总承包商按照合同约定，完成工程的勘察、设计、设备材料采购、施工、试运行（开车）等工作，并对工程的安全、质量、进度、造价全面负责。按国际通行惯例，施工采用分包方式，外国公司只负责施工管理。因此，很多大型工程项目中往往包含具体单项工程的分包合同。国际工程承包合同不是采取单一合同方式，而是采用由一些有关文件组成的合同文件形式。油气技术服务合同类似于项目投资合同中的纯服务合同，这类合同中，承包商通过无风险的作业服务获取费用，订约人不承担勘探风险，也没有任何产出的油气转让。技术服务合同常常在资金充足但缺少经验技术的国家采用。

与国际油气合作项目投资合同相比，工程（技术）服务合同一般只涉及勘探、开发中的某一环节，条款也更加细致，如设备、配件、操作规范、费用报酬支付等均做出规定。资源国政府（或国家油气公司）与工程（技术）提供商之间是雇佣与被雇佣的关系，通常不存在产出油气转让；作业方也无产量或油价风险，且有利于带动本国相关设备的出口。

（四）原油购销合同

与项目投资合同、工程服务合同等相比，原油购销合同内容较为简单。在长期供应协议中，通常供需双方签订框架协议，对供应原油的规格种类、数量质量以及付款等做出约定，并对供应原油的具体时间、原油的产地，以及供应的目的地会在补充协定中规定。对一次性的购销，则通常直接在合同中约定供应的时间、交货地点、产品的数量质量、违约责任以及担保、税收等事宜。

（五）咨询与服务合同

咨询合同主要包括技术咨询与业务咨询合同。

技术咨询是指企业、专业机构或个人为特定技术项目提供可行性论证、技术预测、专题技术调查、分析评价报告等。技术咨询合同通常包括：任务的内容与要求，履行的时间、地点及方式，合同各方的权责义务，报酬支付，保密条款等。其内容涵盖技术数据分析、油气潜力评价与产量预测、钻井技术的改进、项目经济评价与筛选等。这类合同的报酬通常事先商定，可一次支付或分期付清。

业务咨询则侧重于对企业的运作经营提供指导性意见。业务咨询合同是指当事人一方以技术知识为另一方解决特定技术问题所订立的合同。合同中主要规定了技术服务的内容、范围和要求，如技术与质量指标、评价标准、规范、经济效益预测分析等；价款、报酬或者使用费金额及其支付方式，如是否是一次付清等；合同履行的计划、进度、期限和地点、方式；技术情报和资料的保密；风险责任的承担；违约或者损失赔偿的计算；验收的方法以及纠纷的解决等。

总之，尽管目前世界各国采用的油气合同种类繁多，条款规定在双方享有的权利、承担的义务、利益分配等方面不尽相同。但总体来看，资源国政府均处于主导地位。同时，国际商业油气合同条款的设计已呈现出一致化的趋势。许多公用概念和规定的出现使得合同更加标准化。另一方面，随着国际油气合作的发展，合同的多样性与灵活性也在增强，逐渐出现了一些游离于传统合同结构之外的新型合同，将原有各类合同的特点进行有机结合，从而适应了各种不同区块的具体情况。此外，国际商业油气合同从来就不能够脱离资源国具体国情而存在。因此，资源国法律法规、政策甚至区块当地的条件等都是影响油气合同的重要因素。

三、国际 LNG 贸易合同的类型及特点

随着全球天然气贸易规模的扩大，LNG 贸易在国际油气贸易中的地位更加凸显。除了满足一般购销合同要求以外，LNG 贸易合同还呈现出其自身的特点。

（一）按照合同期限划分

1. 长期合同

长期合同，就是天然气出口国与进口国之间签订的具有较长期限的合同。一般期限不少于 20 年，从 20 世纪 90 年代开始，出现了 25 年的长期合同。当前的天然气合同主要以 LNG 贸易合同为主。传统的长期 LNG 贸易合同通常为单一来源供应，LNG 供应来源限定于某一项目，供应能力受到项目生产能力的限制，当买方希望补量、增量时，可能存在生产能力无法满足的情况，或者当项目发生故障时，卖方可通过主张"不可抗力"来

免除供货义务。由于"照付不议"的条款限制，不管下游买方是否能承受或者需要，都必须接货，即使买方不需要，同样要付费，上下游在风险承担上不平等。

2. 中短期合同

中短期合同相对于长期合同期限更短，现有的中期合同通常为 5～15 年。在未来，预测 LNG 贸易合同期限将有可能下降至少 5 年。自 20 世纪 90 年代以来，随着世界天然气贸易的快速发展尤其是 LNG 贸易的迅猛发展，同时为应对买方"照付不议"的风险，中短期合同随之兴起。之所以天然气贸易合同期限逐渐降低，主要在于中短期贸易合同灵活性更强，便于谈判，有利于合同双方积极面对政治经济环境的变化。由于 LNG 市场是很难预料并存在季节性波动的市场，使得 LNG 市场很适合中短期合约进行交易。这类合同有利于满足 LNG 的波动和不确定性需求，有利于随时调节供气量，避免供气量不足或富余衍生浪费现象。

（二）按照交易方式划分

1. 现货贸易合同

目前，国际上仍然没有一个明确的关于天然气现货贸易合同的定义，同时现阶段关于天然气现货贸易谈论较多的是国际 LNG 现货贸易。LNG 现货贸易是近几年在国际 LNG 市场上流行起来的一种贸易方式，和 LNG 长期贸易的不同之处在于：现货贸易的双方通常先签订一个主合同，将 LNG 现货贸易的各项通用商务条款锁定，待实际交易发生时再签订一个单船货物补充协议，以进一步确认所交易 LNG 的价格、数量、供应时间、质量等个性化条款。主合同和单船补充协议一起生效。

2. 期货贸易合同

买卖天然气期货的合同或协议叫天然气期货合约，买卖天然气期货的场所叫天然气期货市场。天然气期货合约与其他商品期货合约一样，是一种具有法律约束力的协议，即买卖双方同意就天然气按照双方认可的价格与规范化的数量、质量标准以及在未来某个确定的交割日期达成的支付、收取现金款项的协议。这种协议一般称之为天然气期货合约，天然气期货交易就是在期货交易所内对天然气期货合约进行的交易。在每份天然气合约的交易中都有天然气购买者与出售者两个当事人，购买者按期货合约规定在交割日提取规定质量、数量与交割地点的天然气，出售者按规定在期货合约到期日交付已经出售的天然气。从本质上说，天然气期货合约是标准化的天然气远期合约。现阶段国际上的天然气期货交易市场可以划分为北美、欧洲和亚太三个主要天然气市场，其中北美和欧洲都形成了天然气交易中心，包括美国的 NYMEX（亨利交易中心）和英国的 NBP 交易中心。

（三）按照权责界面划分

1. DES 合同

DES 是一种国际天然气贸易方式，表现为天然气卖方在买方接收站码头，按照天然气价格、装船费用、运输费用和运输期间的保险费用，将天然气销售给买方；天然气运输由卖方负责，天然气的所有权和风险在接收站码头由卖方转移给买方。因此，DES 合同是一种交货合同，必须规定到货时间，以目的港实际交货后为责任转移的界限。

2. FOB 合同

FOB 同样是一种国际天然气贸易方式，表现为天然气卖方在出口终端码头，按照天然气价格和装船费用，将天然气销售给买方；天然气运输由买方负责，天然气的所有权和风险在接收站码头由卖方转移给买方。在这种贸易模式中，买方控制运输，提高了运输的灵活性，且船舶运输技术提高使得运输成本降低。因此签订无目的地条款限制、允许买方自主转售的 FOB 合同对于天然气买方来说更为方便。

第二节　国际油气贸易合同的订立

一、国际油气贸易合同的主要内容

在国际油气贸易市场，国际油气贸易合同目前并没有一个标准的合同文本。大型国际油气公司如 BP、SHELL、EXXON MOBIL、TOTAL 等都制定有自己的油气买卖合同"通用条款"，主要油气输出国的国家油气公司也大多制定有油气贸易合同的"通用条款"。就买卖双方而言，通常以卖方提供的文本为基础进行谈判。

尽管不同的公司使用不同的合同文本签订合同，但通常均包括如下基本条款：期限、产品的数量、质量、交付术语、所有权和风险转移、船舶的指定、装卸时间、滞期费、支付、保险、陈述和保证、不可抗力、违约事件、违约救济、适用法律和争议解决等。

《联合国国际销售合同公约》(CISG)在国际贸易中的影响日益广泛，但由于种种原因，国际油气贸易合同通常排除这一公约的适用，而选择适用英美法。

（一）合同期限

国际油气贸易合同一般应有期限条款，除非是一次性交易。如果一方希望达成一个长期限的合同，那么可以约定一个自动延期条款。如果一方要求终止合同，应在合同期满前一定时期书面通知对方，否则自动顺延。

（二）产品的数量

数量条款对双方都很重要，可以是具体的数字，也可能是某个特定时期的产销量或消费量，或者也可能是卖方的全部产量或买方的全部需求量。"卖方的产量"和"买方的需求量"，是较模糊的概念，实际上这两个数量都可能发生巨大变化。根据《美国统一商法典》(UCC)规定，如果买卖双方发生争议，将根据诚信原则做出合理的解释，因此应避免使用。如果要使用，应给出一个确定的数量范围。根据英国《货物销售法》(SOGA)的规定，"卖方交付货物数量有误，除非有相反约定，通常构成对条件（condition）的违反，买方有权拒收货物。"当事人通常会约定一个5%～10%的溢短装条款，以避免出现这一问题。买卖双方都会争夺这一幅度的选择权，作为一种折中方案，有时会将溢短装的决定权交给第三方如港口或者船东。

（三）产品的质量

质量条款应包括具体的规格以及相关公差范围。原油规格通常包括API、酸值、含硫量、含水和杂质量、黏度、倾点等。在原油贸易合同中，通常对质量只是笼统约定，"货物质量为在装货时、在装港所在地所供应原油的通常品质"。具体指标将在其他附件中体现。

（四）贸易术语

国际贸易中广泛使用《国际贸易术语解释通则（Incoterms 2000）》。国际原油贸易中较常用的有 FOB、CFR、CIF、DES 等。UCC 对 FOB、FAS、CIF 及其他术语都有明确定义，与《Incoterms 2000》的规定不完全一致。比如，在 UCC 中，FOB 指"将货物送到买方的目的地"，显然与《Incoterms 2000》规定的"目的港船边交货"的定义不同。所以在国际原油贸易合同中务必注明，如 FOB（Incoterms 2000）。

（五）所有权和风险转移

根据 SOGA，通常情况下货物风险随所有权的转移而转移，但当事人有特殊约定的除外。因此，双方最好明确约定在什么时间或什么地点转移所有权和风险。卖方通常希望尽早转移风险，但只有在得到付款后再转移所有权；买方则正好相反。由于原油贸易的特殊性（交易的原油一旦与其他原油混合，将无法保证卖方的货物所有权得到保证），所以卖方应尽可能在合同中订立"所有权保留条款"——无论是否已经交货，无论是否交付提单，在卖方未取得全部货款前，货物所有权仍由卖方保留。

（六）租船

从国际油气贸易合同履行情况来看，这也是买卖双方经常发生争议的条款。

负责租船的一方应在合同规定时间内确定执行任务的油轮，并被相关港口接受。合同通常约定有指定替代船舶的条款，以给租船方改正的机会。如果在装卸时间内不能完成装货或卸货，负责提供港口的一方，将向负责租赁船舶的一方支付滞期费，甚至其他损失（责任方通常会要求将其赔偿义务限定于"仅支付滞期费，其他损失不赔"）。因此，装卸时间的起止点、不能按期完成的原因、不应计入装卸时间或滞期费的时间等内容，都应列入合同内容。

（七）付款

一般而言，卖方希望尽早收回货款而买方希望付款期限较长。对于付款金额是否有争议，卖方希望买方先按发票金额付款，等争议确定之后再返还买方；而买方希望对有争议部分货款先不支付，等确定后再付款。对于延期付款，卖方会要求支付所有延付期间的利息；而买方会要求特定的争议期间免付利息。申请付款时，卖方通常应向买方提供如下单据：发票、提单、品质数量及原产地证书。付款日到期卖方无法提供提单等海运单据原件时，通常可以申请"保函"（letter of indemnity，LOI）。而"保函"的可靠性完全取决于卖方的商业信用。

（八）保险

应分清买卖双方在保险上的责任分担，确定货物及时投保并保证足够的担保范围。《INCO-TERMS 2000》要求的保险只是最基本的保险，货主通常会要求追加额外保险。同时，还要关注对方的相关设施或货物是否已经足额投保，因为这直接关系对方一旦出险，是否有能力继续履行合同或进行赔偿。

（九）陈述和保证

陈述和保证条款通常规定：有权出售、有权签订合同、不与法律冲突等内容。卖方通常要保证享有货物的所有权或出售权，货物没有权利瑕疵。一般不需要保证货物的适销性或能满足其他特定目的。根据 UCC，如果卖方不特别声明，将默认为货物的适销性或能满足其他特定目的。SOGA 也有类似规定。

（十）不可抗力

因当事人无法控制的因素阻止合同履行时，受影响的一方可免予承担违约责任。因为在英美法下，不可抗力并没有一个确定的定义，其范围完全取决于双方约定。通常情况下，在合同中尽量扩大己方的不可抗力事件，同时要防止对方不合理扩大不可抗力事件的范围。

（十一）违约及救济

当事人一方由于破产、财务状况严重恶化等原因而出现不能履行合同义务时，守约方通常有权中止履行合同；违约方可能会享有一定的宽限期，宽限期通常为 5 天，其他违约事件的宽限期可长达 30 天。

宽限期到期后，守约方就享有两项重要救济权利（remedies）：一是终止合同；二是要求赔偿损失。终止合同，是在对方严重违约的情况下才享有的救济权利。守约方并不一定非要行使这一权利，也可能放弃终止合同，而要求违约方赔偿其损失。在有些情况下，损失额很难计算或者损失是灾难性的（比如合同标的无法从其他方获得，或者不交货将严重影响与其他方的合同），那么双方会约定一个特定金额的违约金，即预期违约金（liquidated damages），这一金额是预期的损失，而非"惩罚金（penalty）"，因而能够得到法院支持。在原油贸易合同中，通常包括这样的条款：赔偿仅限于直接损失，不包括间接损失或惩罚性损失。为控制风险，有的油气贸易合同会约定一个最高赔偿限额。

（十二）适用法律

显然，合同各方都愿意选择适用本国法律，因而最终结果将是一个双方妥协的产物，一般会选择适用第三国的法律。在原油贸易领域，一般倾向于接受英美法。一方面是因为英美法律高度发达和相对完善，另一方面是因为其规定有相当宽泛的管辖权。多数中东国家油气公司会坚持适用本国法律，偶尔也有选择适用中国法律的国际原油贸易合同。

（十三）争议解决

国际贸易通常选择仲裁而不是诉讼解决争议，因为双方都不愿在对方国家进行诉讼。另外，还有一个执行的问题需要考虑，因为目前大多数国家已经参加了联合国 1958 年《承认与执行外国仲裁裁决公约》（通常简称为《纽约公约》），但签订执行外国判决的双边条约的国家并不多。

二、国际油气贸易合同的谈判

贸易谈判（business negotiation），又称交易磋商。它是买卖双方为买卖某项商品，就交易的各项条件进行洽商，最后达成协议的整个过程。交易磋商是合同的根据，合同是交易磋商的结果。而合同质量的高低，直接影响到国家和企业的利益。

合同的磋商谈判是一项十分重要的工作，是国际货物买卖中必不可少的一个重要环节。从事油气外贸人员面对来自世界各地不同国家、不同文化背景的商业伙伴，怎样快速有效地磋商，化解业务中不可避免的各种矛盾和利益冲突，谈判人员的思维模式和谈判技巧便显得尤为重要。

(一) 谈判前准备

油气贸易合同谈判是一项艰难复杂而又十分重要的工作，必须事前做好充分准备。

（1）选好参加谈判的人员。在油气贸易谈判过程中，买卖双方可能在拟定价格等各种合同条款时产生分歧和争论，而且在洽商过程中，还可能出现种种预先没有估计到的变化。为了保证洽商交易的顺利进行，参加商务谈判的人员需要具备商务、技术、法律和财务等多方面的基础知识，并应具有较高心理素质和综合素质，要善于应战，善于应变。

（2）确定谈判目标。在合同磋商前，必须从调查研究入手，通过各种途径广泛收集市场资料，加强对国外市场供销状况、价格动态、政策法令措施和贸易习惯等方面情况的调查研究，以便择优选择适当的目标市场和合理地确定市场布局。要明确自己的最高目标、实际目标、可接受目标和最低目标。

（3）了解对手。在合同磋商之前，必须通过各种途径对客户的政治、文化背景、资信情况、经营范围、经营能力和经营作风等方面的情况进行了解和分析。为了正确地了解对手，需要建立和健全客户档案，以便对各种不同类型的客户进行分类排队，做到心中有数，并实行区别对待的政策。

（4）制定磋商方案。谈判前，必须基于己方经营意图、合同需要达到的最高或最低目标，制订谈判的策略、步骤和做法，它是对外洽谈人员遵循的依据。

(二) 谈判环节

交易磋商可以通过当面洽谈或往来函电进行，也可以两种方式交叉进行。交易磋商的整个过程一般可概括为询盘、发盘、还盘和接受四个环节，其中发盘和接受是达成交易的决定性环节。买卖合同是经过发盘和接受而订立的。

1. 询盘

询盘（inquiry）指交易的一方准备购买或出售某种商品，向对方询问买卖该商品的有关交易条件。询盘的内容可涉及价格、规格、品质、数量、包装、装运以及索取样品等，而多数只是询问价格。所以，业务上常把询盘称作询价。

在国际贸易业务中，有时一方发出的询盘表达了与对方进行交易的愿望，希望对方接到询盘后及时发出有效的发盘，以便考虑接受与否。有的询盘只是想探询一下市价，询问的对象也不限于一人。

询盘是交易的起点，但不是每笔交易磋商所必经的步骤，有时可未经对方询盘而直接向对方发盘。

2. 发盘

发盘（offer）又称发价，是买卖双方中的一方即发盘人（offeror 或 offerer）向对方即受盘人（offeree）提出各项交易条件，并且愿意按这些条件与受盘人达成交易，成立合同的一种肯定的表示。发盘人可以是卖方，也可以是买方，前者称为售货发盘（selling offer），后者称为购货发盘（buying offer），又称递盘（bid），发盘时必须列明商品品名和数量。发盘在其有效时限内，发盘人不得任意撤销或修改其内容。发盘一经对方在有效时限内表示无条件接受，发盘人将受其约束，并承担按发盘条件与对方订立合同的法律责任。

一项发盘的构成必须具备以下 3 个条件：（1）向一个或一个以上特定的人提出；（2）表明订立合同的意思；（3）内容必须列明商品品名、数量和价格等，而且要十分确定，即所列的交易条件是完整的、明确的和终局的。一项交易条件完整的发盘通常应包括货物的品质、数量、包装、价格、交货和支付六项主要交易条件；交易条件的明确即不是含糊的、模棱两可的；所谓终局的，是指没有任何保留条件或限制性条件，对发盘人具有法律约束力。

在我国外贸实践中，存在两个"发盘"，即所谓"实盘"（firm offer）和"虚盘"（non-firm offer）。虚盘实际上是一种"邀请发盘"。至于对"实盘"的理解，一般与《联合国国际货物销售合同公约》对发盘的规定相一致；而邀请发盘由于业务上和交易磋商策略上需要，经常被使用。

3. 还盘

还盘（counter-offer）又称还价，是受盘人对发盘内容不完全同意而提出修改或变更的表示。还盘既是受盘人对发盘的拒绝，也是受盘人以发盘人的地位所提出的新发盘。一方的发盘经对方还盘以后即失去效力。一方的还盘，另一方如对其内容不同意，也可以再进行还盘。一笔交易有时不经过还盘即可达成，有时要经过还盘，甚至往返多次的还盘才能达成。在还盘中仅就某个问题进行磋商，一般不重复列出双方同意的其他交易条件。

4. 接受

接受（acceptance）是受盘人对发盘人在发盘中提出的各项交易条件所表示无条件的同意或承诺。发盘人和受盘人双方都受约束，不得任意修改或撤销。构成一项法律上有效接受的条件是：（1）必须由发盘中指定的受益人明确表示，未经发盘人同意，任何第三者对发盘表示接受，均属无效；（2）必须在发盘的有效期内；（3）接受内容必须与发盘内容严格一致。

（三）谈判技巧与策略

磋商不仅是一门很重要的学问，谈判更是一门艺术。每一次协商既是一次新的挑战，也是一次新的机会，唯有高度的技巧、圆融的智能以及无数次实战的经验，才能化险为夷，创造双赢的结果。

（1）坚持平等与公平。磋商应建立在平等互利的基础上，但是世上又没有绝对的公平。过程的公平比结果的公平更重要。机会的平等是今天能做到的最大的公平。因此在一个公平的机制下进行的谈判，才能使双方信服和共同遵守。

（2）重立场更重利益。许多的磋商会因为僵持于双方过于重视的立场而结束。然而在坚持立场的背后往往存在着许多的利益，不要十分坚持自己的立场。在商务活动中无时无刻不充满矛盾和冲突，而关键是如何运用有效的手段来化解这些矛盾和冲突，从而获得利益。

（3）灵活机动和友好协商。在国际贸易合同磋商中，双方必然会因为合同条款发生争议。不管争议的内容和分歧如何，双方都应当以友好协商的原则来谋求解决。

（4）创造双赢的解决方案。磋商是谈判各方当事人在追求共同商业目标，实现双方商业利益整个过程中一个不断化解冲突、实现谈判者最大利益的手段。谈判的结果并不一定是"你赢我输"或"我赢你输"。谈判双方首先要树立"双赢"的概念。

国际油气贸易往往涉及金额庞大,风险更高。如何在谈判中尽可能多地维护己方权益意义重大。

(1)价格是谈判最核心的问题和最敏感的因素。报价策略是非常关键的,善于抓住竞争对手的报价策略制定自己报价方案非常重要。

(2)不同的支付方式和时间带来的利益有所不同。支付方式分为现金、银行专款等;付款时间分为一次性付清、分批付款、保证金等。

(3)不同的技术标准和使用领域相应的成本是不同的。高技术标准就需要企业投入更大的成本。

(4)由于谈判双方所在的法律体系不同,税费项目的规定也有所不同。谈判过程中根据项目的实际情况争取更为优惠的税费标准非常重要。保证金会占用企业的现金。根据谈判状况,不缴纳或者尽可能少缴纳保证金能够给企业带来优惠,因此保证金的缴纳也是谈判的内容之一。

(5)综合运用法律、仲裁、索赔、不可抗力等软指标因素。

(6)明确包装、运输、保险等硬指标。国际商贸涉及的物流环节比国内物流复杂,从货物的包装、运输到保险和国内均有所不同。货物的运输方式不同相应的运输成本就不同,因此商务谈判中争取更低的包装、运输和国际运输保险条款就成为一项内容。

第三节 国际油气贸易合同的履行

重合同、守信用是我国对外油气贸易一贯遵循的重要原则。以海运FOB条件和即期信用证方式的进口合同为例,一般要经过"证"(开立信用证)、"船"(租船订舱、催装和投保)、"款"(审单和付汇)、"货"(报关、接货、验收和拨交)、进口索赔等环节。

一、开立信用证

进口合同签订后,按照合同规定填写开立信用证申请书向中国银行办理开证手续。信用证的内容就与合同条款一致,例如品质规格、数量、价格、交货期、装货期、装运条件及装运单据等，应以合同为依据，并在信用证中一一作出规定。

信用证的开证时间，应按合同规定办理。如合同规定在卖方确定交货期后开证，应在接到卖方上述通知后开证；如合同规定在卖方领到出口许可证支付履约保证金后开证，应在收到对方已领到许可证的通知，或银行转知保证金已照收后开证。对方收到信用证后，如提出修改信用证的请求，经我方同意后，即可向银行办理改证手续。最常见的修改内容有展延装运期和信用证有效期、变更装运港口等。

二、租船订舱、催装和投保

最常见的海洋运输销售合同贸易条款有FOB、CIF、CFR等。FOB价格条件下的进口合同，租船订舱应由买方负责。目前，我国进口货物的租订舱工作统一委托外运公司办理。一般而言，卖方在交货前一定时期内应将预计装船日期通知我方；我方在接到装船日期通知后，应及时向外运公司办理租船订舱手续；在办妥租船订舱手续后，应按规定的期限通知对方船名及船期，以便对方备货装船。同时，还应随时了解和掌握卖方备货和装前的准备工作情况，注意催促对方按时装运。对数量大的物资进口，如有必要也可请我方驻外机构就地了解或派员前往出口地点检验监督。货物装船后，卖方应按合同规定的内容，用电报通知我方以便我方办理保险和接货等项手续。

FOB或CFR价格条件下的进口合同，保险由我方办理。我方进口企业委托中国对外贸易运输公司办理，并由外运公司同中国人民保险公司签订预约保险合同，其中对货物应保的险别作出具体规定。按照预约保险合同的规定，所有按FOB及CFR条件进口货物的保险，都由中国人民保险公司承保。因此，在收到国外装船通知后，应将船名、提单号、开船日期、商品名称、数量、装运港、目的港等项内容通知保险公司，即作为已办妥保险手续。

三、审单和付汇

中国银行收到国外寄来的汇票及单据后，对照信用证的规定，核对单据的份数和内容。如内容无误，由中国银行对国外付款。同时进口企业用人民币按照外汇牌价向中国银行买汇赎单。进口企业凭中国银行出具的"付款通知书"向购货部门进行结算。如审核国外单据发现证、单不符时，要立即处理，要求国外改正，或停止对外付款。

四、报关、接货、验收和拨交

（1）进口货物到货后，由进口企业或委托外运公司根据进口单据填写"进口货物报关单"向海关申报，并随附发票、提单及保险单。如属法定检验的进口商品，还须随附商品检验证书。货、证经海关查验无误，才能放行。

（2）进口货物运达港口卸货时，港务局要进行核对。如发现短缺，应及时填制"短卸报告"交由船方签认，并根据短缺情况向船方留索赔权的书面声明。卸货时如发现残损，货物应存放于海关指定仓库，待保险公司会同商检局检验后做出处理。

（3）进口货物须经商检局进行检验。如有残损短缺，凭商检局出具的证书对外索赔。对于合同规定在卸货港检验的货物，或已发现残损短缺有异状的货物，或合同规定的索赔期即将期满的货物等，都需要在港口进行检验。

（4）在办完上述手续后，进口企业委托中国对外贸易运输公司提取货物并拨交给订货部门，外运公司以"进口物资代运发货通知书"通知订货部门在目的地办理收货手续。同时通知进口企业代运手续已办理完毕。如订货部门不在港口，所有关税及运往内地费用由外运公司向进出口公司结算后，进出口公司再向订货部门结算货款。

五、进口索赔

进口企业常因品质、数量、包装等不符合合同的规定，而需向有关方提出索赔。根据造成损失原因的不同，进口索赔的对象主要有三个方面：

（1）向卖方索赔。如出现货物数量、品质、规格与合同规定不符；包装不良致使货物受损；未按期交货或拒不交货等情形，买方均可向卖方索赔。

（2）向船公司索赔。如出现原装数量少于提单所载数量、提单是清洁提单而货物有残缺情况且属于船方过失所致、租船合约规定的应由船方负责的货物损失等情形，买方均可向船公司索赔。

(3)向保险公司索赔。如出现属于承保险别范围以内的自然灾害、意外事故或运输中其他事故致使货物受损;船公司赔偿金额不足抵补损失的部分,并且属于承保范围内的等情形,买方均可向保险公司索赔。

第四节　国际油气贸易合同欺诈风险及防范

任何交易都是风险和收益并存的。在国际油气贸易中,有的风险无法通过人为因素放大或缩小,比如政策因素、汇率变动和供求关系变化等,但有的风险却可以通过个人和企业某些有意识的行为来进行规避,比如合同欺诈风险。

一、合同欺诈

(一)合同欺诈的概念

合同欺诈,是指当事人在协商订约的过程中,故意实施某种欺骗他人陷入错误而订立了合同的行为。各国的法律都规定,凡是因为欺诈而订立的合同,受害方可以撤销合同或者主张合同无效。

(二)常见的合同欺诈手段

(1)在签订买卖合同时,卖方展示真实的质量较高的样品,而在履行时却代以质量低劣的伪次品。

(2)当事人一方自订立合同起,就根本没有履行合同的诚意,而是想通过欺诈手段使对方履行合同。在骗取对方履行合同之后,非法占有对方履行的财物,给另一方造成重大损失。

(3)供方本无产品或产品质量不合格,而是通过伪造产品的质量鉴定证明或标志,引诱对方签订合同,骗取货款。

(4)一方当事人将自己的伪劣产品假冒为注册商标商品,诱使对方签订合同,骗取钱财。

(5)当事人一方(供方)利用买方信息不灵、交通闭塞、缺乏经验等,谎称自己的产品为专利产品或名优产品,诱使买方与其签订合同,以推销自己的伪劣产品。

（6）一方当事人通过非法途径盗取其他单位的公章或合同专用章或空白合同书，在对方当事人不知自己为无权订约人的情况下，为了获取非法利益，而与对方当事人签订买卖合同，获取对方当事人履行的钱或物。

（7）利用虚假单位（"皮包公司"）在没有注册资金、没有固定的场所，没有经营管理设施，甚至没有从业人员的情况下，通过私刻公章或合同专用章，骗取营业执照等手段，诱使另一方签订合同，骗取对方财物。

（8）通过所谓的"大削价""大甩卖""大清仓"等活动，诱使对方在陷入错误认识的情况下与之订立合同，实行价格欺诈。

（9）一方通过与另一方先签订履行了小额合同，付小额定金，且履约积极、顺利，制造本身履约能力强、重合同守信誉的假象，骗取对方信任。然后谎称因生产生活需要，签订大额买卖合同，骗取大量财物。

（10）买卖双重欺诈。欺诈方先以卖方身份出现，使受骗方产生有人出卖某种商品且价格较低的现象。然后欺诈方再以买方或求购方的身份出现，使被欺诈方又产生有多人要买这种商品且价格较高的假象，然后诱使与受欺诈方签订买卖合同，骗取对方财物。

二、油气合同欺诈及常见形式

（1）以水充油。由于原油贸易数量大，单笔价值高，决定了"以水充油"贸易欺诈行为必将有增无减，而进口原油中大量明水的存在不仅直接造成实际到货重量的短少，同时也增加了运输成本和污水处理成本。近年来，宁波、舟山等各口岸检验检疫机构相继从进口原油中检出大量明水。如2008年宁波检验检疫局从进口原油中检出明水超过100立方米的油轮高达37艘次；2008年舟山检验检疫局相继从25万吨和7.6万吨进口原油中分别检出2421立方米和2418立方米明水。

（2）签发不真实提单。如果原油价格趋势走高或国际市场原油供不应求，卖方就可能在最低履约前提下，尽量少发货，使买方利益受损。通常有以下三种情形：一是使用淘汰标准或船舶经验系数等技术手段，减少发货量。目前阿曼、马来西亚、印度尼西亚等国的部分产油区仍在使用已经淘汰的标准，该标准的使用会造成约2‰～3‰的重量短少。二是使用

"虚高"的装货港检测作为签发提单的依据。据统计，部分非洲、美洲产油区的检测结果均比实际检测结果大。如刚果杰诺原油、秘鲁拉塔姆原油和近年来大部分新油种因密度、水分和杂质检测结果的差异而造成最终短量的现象非常普遍。三是部分发货人伪造装货港检测数据，人为制作不真实提单，将短重数量控制在5‰免赔率范围内，导致收货人明知存在较大短重，却无法提起索赔。

（3）偷油串油。在原油贸易链条上，承运人等贸易相关方采取非法手段，故意卸货不净，谋取不正当利益的现象也时有发生。

三、油气合同欺诈防范主要措施

（1）加强油气立法，完善监管体系，规范进口贸易。原油贸易以交接计量数据为核心。完善从采购合同的签订到货物的运输、仓储、计量、检验等贸易过程的监管，规范进口原油贸易，防范欺诈，杜绝腐败。

（2）提高"国油国运"比例。为确保油气运输安全，国家应提高国内船队的承运能力，增加国内船队承运份额。这既可以降低进口原油成本，防范欺诈风险，又可以破除国际海运公司垄断海运价格风险，可谓一举多得。

（3）制定国家强制性标准和检验检疫标准，加强环保项目监管。进口中高含硫原油所面临的环保问题越来越突出，国家应尽早制订、修订相关标准，明确检验项目和限量要求，适度调控中高含硫原油的进口，加强进口原油硫含量等环保项目的检验，切实促进加工技术提高、防止欺诈、保护环境安全。

第五节　国际 LNG 进口贸易合同

LNG 作为天然气业务的重要组成部分，借助灵活的运输方式，能够有效连接供应端和需求端，增长速度高于管道天然气。随着 LNG 贸易日趋活跃，整体市场环境更加复杂多变，需要全面掌握对外贸易基本业务知识。

一、国际 LNG 进口交易前的准备

在 LNG 贸易实务中,要做好各项前期准备工作,主要包括 LNG 市场及客户调研、LNG 进口总成本核算、企业(贸易公司)进口 LNG 资质审批、LNG 进口经营方案等。

(一) LNG 市场及客户调研

同其他国际商品贸易一样,在对外洽谈 LNG 进口事宜之前,应对 LNG 市场做深入、细致、准确的调查研究,择优选定适当的目标市场。这些准备工作主要包括:对 LNG 市场的调查研究;寻找客户和建立业务关系;落实和掌握气源信息;根据客户要求按时到达卸货;安全收款并开展后续服务工作。客户调研主要是调查已经或有可能经营 LNG 的客户或潜在客户的资信情况、经营范围、经营能力,以便于企业根据自身特点有区别地选择和利用客户。

LNG 业务全链条各环节描述如图 9-1 所示。

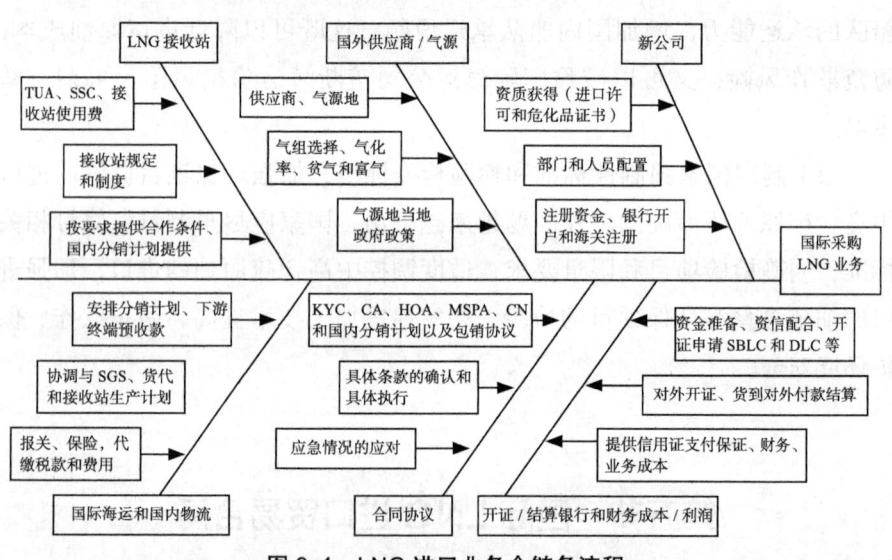

图 9-1 LNG 进口业务全链条流程

(二) LNG 进口总成本核算

(1) 通常的国际 LNG 贸易价格 FOB 和 DES (DAT) 条款内容差异如表 9-1 所示。

表 9-1　FOB 与 DES 条款权责差异

项目	FOB 离岸价	DES（DAT）到岸价
重点	卖方负责货物装船（装货港）	货到 LNG 接收站（卸货港）
货物交付地点	装运港、货过船舷	卸货港船上
风险和所有权转移点	装运港、货过船舷	卸货港船上
派船	买方	卖方
运费	买方	卖方
保险	买方	卖方

（2）业务成本主要包括：

货物成本（cost）：指的是 LNG 货物成本，分到岸价（DES）或离岸价（FOB），按百万英热值计算，每批货物一般为一个 CARGO 船计算（如主力船型的船可运输约 3.1 太英热单位热值）。

海运和保险成本（freight）：指的是如果采用离岸价（FOB）条款时，买方通过船务公司，或 shipping broker 租用 LNG 船（或买方自备的 LNG 项目用船）去装货港（loading port）提货支付的海运费。通常按照日租金付费。同时，到卸货港后，如若是 DES 条款，租船方（也是买方）还要支付如拖轮、带缆艇、消防船、领航员（引水员）和其他护航服务等（如进港费）的费用。而买方则支付港杂费、境内的银行开证手续费和资金使用成本。

进口增值税（VAT）：目前国家对进口 LNG 的货物在完税价格基础上征收 9%，由海关向进口报关单位（买方）开具《进口增值税专用缴款书》（进项增值税发票）。税款上缴国库。

LNG 接收站（卸货港）窗口使用费（tua fee）：接收站（卸货港）向接收站租用方使用接收站设施（包括船舶停靠、接卸、储存、装车、气化或液来气走、计量和保险等服务）支付的费用。

进口价格倒挂返税政策和享受：国内 LNG 接收站（跨境进口基干管网项目，如西三线、中俄东线和中缅线）由国家发改委和国家能源核准建设的，可以在进口价格高于国内市场价格时享受国家返税的政策。

(三)企业(贸易公司)进口 LNG 资质审批

和其他进口公司办理手续一样,新成立的公司需要办理营业执照(经营范围里面有从事液化天然气业务),LNG 进口公司需要办理如下资质:

(1)营业执照:拥有进出口权且经营范围里有经营进口液化天然气的业务描述;建议在自贸区、工业园区或经济技术开发区等能享受国家优惠政策的区块注册。

(2)危化品经营许可证:通过当地安监局办理,如果在国内进行自营分销业务的需要办理危化品运输许可证。

(3)中华人民共和国海关报关单位注册登记证书;中国电子口岸操作员卡;进出口收发人报关注册;自理报检企业备案登记证;出入境检验检疫报检企业备案表(通过当地海关、口岸和商检办理)。

(4)开户许可证:通过当地银行办理,建议通过"中"字开头的国有银行办理,如中国银行、农行、建行等;同时在当地税务部门办理可开具大额增值税发票资格。

(5)对外贸易经营者备案登记:通过当地的商务部门办理。

(四)LNG 进口经营方案

进口经营方案是为了实现进口任务而制定的经营思路和各项具体的措施。经营企业在制定月、季、年和中短长协议以及现货进口业务方案时需要把握以下四方面:

(1)订购的数量、品质和时间安排。要根据最终用户(长期合作和短期合作等)的需要,结合国内外 LNG 市场的情况(如淡旺季、气候的变化和政府对行业政策的变化,如"煤改气"、互联互通等政策)进行合理科学的安排,避免造成货物的过度集中采购或缺货的尴尬局面。

(2)在满足市场的需要下,要争取更好的成交价格和最佳的采购时机。

(3)交易合作方(国内外)的选择。交易对象的安排首先要考虑资信和经营能力,选择资信好、经营管理能力强、具备长期合作业务的客户,使得进口合同(包括内贸合同)订立在比较可靠的基础上。其次,对于不同类型的合作方和经营渠道应适当地加以利用。

(4)贸易方式和交易条件的掌握。采用什么贸易方式(到岸还是离岸价），运用什么交易条件，也是安排进口业务应需要注意的问题。应结合不同业务特点、交易地区和对象，根据进口计划的要求和经营意图做具体描述。

二、国际 LNG 进口贸易合同的订立

（一）LNG 进口贸易合同条款

（1）商品名称：LNG 液化天然气（甲烷、CH_4）。

（2）品质（气组成分要求）、LNG 组分（摩尔分数）：

①甲烷，不低于 84% 的摩尔分数；

②乙烷，不超过 15% 的摩尔分数；

③丙烷，不超过 4% 的摩尔分数；

④丁烷不超过 2.5% 的摩尔分数；

⑤戊烷和戊烷以上的重烃，不超过 0.45% 的摩尔分数；

⑥硫化氢（H_2S），不超过 5.0 毫克每标准立方米；

⑦总硫含量，不超过 30 毫克每标准立方米；

⑧硫醇，不超过 7 毫克每标准立方米；

⑨汞（Hg），不超过 50 纳克每标准立方米；

⑩氮气，不超过 1% 的摩尔分数。

（3）数量：液化天然气的采购一般为整船采购（单船采购）。目前市场在运营的远洋 LNG 主流运输船（LNG ship）大约有 600 艘，其装载量为 12.5 万～15.3 万立方米（液态），约 6 万吨、3.1 太英热单位热值。采购时，可以根据实际合同约定情况进行每周、每月、每季度、每半年和每年的采购（接卸）计划排产，在执行过程中根据当时的市场与卖方协商进行适当的调整。

（4）价格：LNG 采购价格根据双方签署的合同规定来执行。除了采购现货一般采用到岸（DES 或 DAT）的固定价格（每个百万英热值计算）或 JKM 挂钩外，短、中、长和串货（比如一年期每月一船）的计价方式均采用与一些指数（如 JCC、BRENT、WTI、HH、NBP、JKM、TTF）挂钩的数据，按照两个月或三个月的平均价格来计算，也可几个指数按一定比例的混合挂钩。亚洲进口一般大多采用挂钩 JCC 来进行计价，近年来也出现了

一些其他新方式，比如与煤炭指数挂钩等，具体挂钩方式取决于双方商谈。

（5）运输及保险：和其他大宗商品国际贸易一样，货物的交易方式分为离岸价和到岸价。不同的价格条款运输方式不同。离岸价一般由买方安排 LNG 船舶运输。买方需要在 LNG 船运市场找到合适的船东或 shipping broker 来租用所需的船，双方签订租船协议，并支付租金和提供租用计划。到岸价则由买方安排 LNG 船将货物送到目的港（卸货港、unloading port or discharging port），海运费和保险由卖方支付。

（6）货款的结算：LNG 国际贸易和其他大宗商品一样，可以采用比较广泛使用的 DLC（跟单信用证）和其他付款方式如电汇等方式。目前 LNG 贸易比较通用的是采用 SBLC（备用信用证）。本质上说这种信用证就是一个履约保函。在合同后执行计划时，买方按照采购数量（一般是单船采购）通过自己国内的银行（开证行、opening bank）根据卖方的指定向卖方开具有效的不可撤销的备用信用证。卖方收到证后装货、发货，到目的港（LNG 接收站），经过如 SGS（通标）第三方独立检测机构对到货的数量和质量进行检测后，向买卖双方出具正式有效的检验报告，如果双方无异议，卖方则根据报告的数量和质量按照双方合同计价公式计算出货物的总金额，向买方发出一个付款通知（statement），一般来讲，在开出后的 5 个工作日内，买方应向卖方电汇发票货款金额。

（7）争议的预防与处理：在签订合同中（SPA 或 MSPA，供应和销售主协议），双方已规定在出现争议时如何进行处理。通常来讲，双方首先进行协商，协商未果可以按照协议规定诉诸仲裁。一般均选择第三国，如英国或新加坡仲裁机构，采用的法律为英系和美系。

（二）LNG 进口交易磋商

在商务谈判（磋商）正式启动前，有意双方首先需要签署 CA（保密协议 confidential agreement）。之后，买方要向卖方填写 KYC（know your customer，了解买方资料问卷表），最后双方进入 HOA、SPA、MSPA 等合同文件起草的实质谈判。

三、国际 LNG 进口贸易合同的履行

（1）信用证的开立和修改：作为国际 LNG 贸易金融支付的手段，双方主要采用 SBLC（备用信用证）的方式。在业务实施中，买方通过自己开立账户的银行国际部按照受益人（供货方）的指定向其他国外的银行开具一定金额的（一般为 110%）不可撤销的、有效的信用证。卖方收到后结合 CN 的描述，经审核反馈给买方。货物到港（或在装货港装船后）经过第三方质检机构如 SGS（通标）服务机构检测后，一般在 5 个工作日内，买方收到卖方的通知后通知银行支付货款。

（2）托运和投保：LNG 国际贸易分为离岸价和到岸价格条款，和其他大宗商品一样，前者的海运费和保险费由买方承担；后者的由卖方支付。

（3）审单付汇：在卖方履行完成业务合同 CN 的内容无误后，买方通知开证行进行买汇，以美元的形式对外支付。在操作过程中，可以考虑先购汇的方式来规避汇率波动的风险。

（4）进口报关：卖方在装货港将货物发出后，再将货物的提单（B/L）、质检报告（assay report）、舱单（cargo manifest）、形式发票（provisional invoice）等文件及时提供给买方。之后买方向海关进行本次货物的预报关。

（5）进口检验：货物靠泊后，需要进行法检、CIQ 商品检疫检测。第三方检测机构如 SGS 对货物进行检测，并提供有效真实的检测报告，之后提供给买卖双方，作为结算的依据。检测费用买卖双方各承担一半。

四、违约与救济

（1）违约的形式：见 SPA（购销合同）、MSPA（现货采购合同）中的违约条款。

（2）违约的救济形式：见 SPA（购销合同）、MSPA（现货采购合同）中的救济条款。

复习思考题

1. 什么是国际油气合同？有哪些类型？
2. 天然气贸易合同的类型及特点是什么？
3. 油气进口合同的履行要经过哪些程序和环节？
4. 油气贸易合同常见的欺诈手段主要有哪些？

5. 如何防范国际油气贸易合同风险?

6. LNG 进口贸易流程是什么?

延伸阅读

原油买卖合同范本（详细版）

CONTRCT NO：MAZUT M93/GPEL/RA/XXXXXXXXXXX（合同编号：MAZUT M93/GPEL/RA/XXXXXXXXXXX）

SELLERS CODE：M93/5（卖方代码：M93/5）

BUYERS CODE：PMC/GPE（买方代码：PMC/GPE）

SALE AND PURCHASE AGREEMENT OF RUSSIAN MAZUT M93, GOST 10585-75

（俄罗斯产 MAZUT M93，GOST 10585-75 销售采购协议书）

This agreement is made on this day of August xxth, 2012 and entered into by and between：

（本合同于 2012 年 08 月 xx 日买卖双方签署如下：）

THE SELLER（卖方）	THE BUYER（买方）
Registered Address（商业注册地址）	Registered Address（商业注册地址）
Phone No（电话 ）	Phone No（电话）
Fax（传真）	Fax（传真）
E-mail（电子邮件）	E-mail（电子邮件）
Represented by（代表人）	Represented by（代表人）

Clause 1 COMMODITY（第一条 商品）

RUSSIAN MAZUT M93, GOST 10585-75 Specifications, as per ANNEX-A and having the contractual minimum Guaranteed Specifications As per the Russian "GOST" official Standard herewith attached as an Integral Part of this Contract. (俄罗斯 MAZUT M93, GOST 10585 75, 其技术指标见附件 A。按照俄罗斯 GOST 官方标准, 附件 A 是约定商品的最低指标并是本合同不可分割的一部分。)

Clause 2 QUANTITY (第二条 数量)

The Total contractual quantity of The Commodity sold and purchased under this Contract is 2,400,000 (Two Million Four Hundred Thousand) metric tons delivered during the twelve (12) consecutive calendar months following the effective date of this Contract. (本合同约定下的买卖商品数量为 2,400,000 <两百四十万> 吨, 合同生效后的连续 12 个月内发货。第一单每月五万吨一船; 第一船货物到港经 CIQ 商检合格后签订第二单, 第二单每月五万吨一船; 第二单第一船到港经 CIQ 商检合格后签订第三单, 第三单每月十万吨, 分两船装运, 每船五万吨。)

The actual quantity of each shipment of the Commodity shall be assessed by the Surveyor at the loading terminal on completion of each loading and at the discharging terminal on completion of each unloading operations, on the basis of shore and ship figures, or as otherwise stipulated by Clause 9.1 of this Contract. This assessed quantity shall be used for computing the amount to be paid by the Buyer to the Seller. (每批发货的实际数量由国际认可独立检测机构在装货港装货后, 在卸货港商检, 或者依据本合同第九条第一款确定。实际交货数量决定买方向卖方交付货款数量。)

Clause 3 DELIVERY (第三条 交货)

All deliveries of the Commodity shall be CIF Discharge Port. Title to and risk of loss of the Commodity shall pass from Seller to the Buyer upon discharge of the Commodity at the Discharge Port. (商品交付应以卸货港的到岸价格为基准。于卸货港卸货时, 商品的处置和损失风险, 即由卖方转移至买方承担。)

The first shipment of Commodity shall be loaded on the vessel at the Loading terminal nominated by the Seller within forty five (45) days from the date of Positive Verification, Authentication, and Validation of the Payment

Instrument（Blocked Funds Letter）as per Clause 8.5 below.（当买方依本合同第八条第五款付款文件（资金锁定书）经卖方审核无误、鉴定为真且仍在有效期内时，第一批商品，应在45天内送到卖买方所指定的卸货目的港装货港。）

The Seller shall ensure timely arrival of the ships at the Discharge terminal in conformity with Clauses 3 & 4 of this Contract. At least thirty（30）days prior to arrival, Seller shall notify Buyer of the date of arrival at the Discharge Port of each shipment of Commodity, within a three（3）day range.（卖方应及时确认船舶能按照合同条款三、四规定准时抵达卸货码头。在货船抵达前至少三十（30）天起，卖方应每三（3）天通知买方一次各批货抵达卸货港的日期。）

Transshipment is not allowed and partial shipment is allowed.（允许分运，不允许转运。）

Clause 4 QUALITY（第四条 质量）

For the full duration of this Contract the Seller guarantees that the quality of the product sold and purchased will conform to the guaranteed MAZUT M93, GOST 10585-75 Specifications, as per ANNEX-A.（在本合同执行期内，卖方保证所卖产品规格与附件A标明的MAZUT M93, GOST 10585-75的技术指标一致。）

Clause 5 PRICE（第五条 价格）

The agreed price between Seller and Buyer is Fixed Price USDxxx.00 per Metric Tons（United States Dollars $xxx.00 Only）C.I.F. Discharge Port. If the port is changed, the Buyer must inform the Seller at least twenty-one（21）calendar day's prior to loading.（买卖双方同意的价格为CIF中国港口每吨固定价美元X百X拾X元整（USDxxx.00/吨）。如发生目的港变更，买方将至少提前21天通知卖方。）

If price in the world over-drops or over-rises, both side of Buyer and Seller will need to negotiate and adjust the price every three months.（如果国际油价变化起伏太大，每三个月双方协商调整价格。）

Clause 6 PAYMENT（第六条　付款）

Payment–By way of Telegraphic Transfer（T/T）. T/T payment will be made within five（5）Banking Days from date of discharge of shipment at Discharge Port. This T/T payment shall be Guaranteed by an IRREVOCABLE, CONFIRMED, ASSIGNABLE, NON TRANSFERABLE, DIVISIBLE, NEGOTIABLE, CALLABLE, and UNCONDITIONAL BANK GUARANTEE（BG）as in ANNEX-H.Buyer's Bank Guarantee must be confirmed through a prime 25 World Rated Bank.（付款方式：以电汇（T/T）方式进行。在货物于卸货港卸货后，要求买方在五（5）个银行日内完成T/T 付款。这个 T/T 付款，须由一个如附件 H 所示不可撤销的、保兑的、可分配的、不可转让的、可分割的、可押汇的、可赎回的且无条件的银行保函（BG）有条件循环的跟单信用证加以担保。买方的银行保函，必须经由世界排名前 25 大银行保兑。）

If payment due date falls on a day that is not a Banking Day, then payment shall be made on the next Banking Day.（如果付款截止日期适逢银行假日，其付款应于银行恢复营业后第一个营业日缴付。）

Clause 7　INSPECTION–QUANTITY / QUALITY DETERMINATION（第七条　商检——数量/质量的确定）

Seller and Buyer shall mutually appoint an internationally recognized first class independent international survey company at both the loading port and unloading port to assess and certify the quality and quantity of the cargo according to the provisions herein stated. Costs of the inspection will be shared equally by the Parties, as per Surveyor's Invoice.（买卖双方应共同在装货港 CCIC 及卸货港 CIQ 或指定国际公认一流的独立国际检测公司根据本合同商定的技术条款对货物的数量和质量进行评估和确认。根据检测公司的发票，由买卖双方平分检测的费用。）

Results of the Surveyor company's assessment at the loading terminal and/or unloading terminal, absent of fraud or manifest error, shall be final and binding on Parties incurred.（检测公司在装货港及卸货港所做的评估结果，

如无欺诈和明显错误,将是最终的并对双方具有约束力。)

Clause 8 INSURANCE(第八条 保险)

The Seller, at his own expense, shall procure a policy with a first class Marine Insurance Institute to cover the 110%(One Hundred and Ten Percent) of the value of the cargo.The Insurance Policy will cover all risks of loss or damage to said cargo, including war, hijacking, explosion etc.from the time the cargo has passed the ship's manifold at the loading port until arrival at port of destination.(卖方必须自费制定一个涵盖货物总值110%的甲级海运保险公司保险单。保险单将涵盖自货物通过装货港,轮船的操作直到其抵达目的港时上述产品损失或损坏的所有风险,包括战争、绑架、抢劫、爆炸等。)

Clause 9 CLAIMS(第九条 索赔)

Any claims that either party may have against the other Party must be submitted to the other Party within thirty(30)calendar days from the date of the event giving rise to such claim, along with supporting documentation reasonably requested by the other Party.(任何一方向另一方提出索赔时,在引起索赔之日起30日之内向对方提出申请,并检具对方合理要求的佐证文件。)

Clause 10 LIABILITY EXEMPTIONS DUE TO FORCE MAJEURE(第十条 不可抗力的责任豁免)

The rules of the International Chamber of Commerce for force majeure circumstance shall apply to this contract.To the extent such rules are inconsistent with this Contract, this Contract shall prevail.(国际商会的所有关于不可抗力环境的准则将被应用于本合同中。在条例的援引上,若与本合同有所抵触时,则以本合同所载为准。)

Clause 11 ARBITRATION(第十一条 仲裁)

In the event of any dispute arising in connection with the present contract, the Parties shall negotiate in good faith to reach an agreement. Should the parties fail to reach an agreement, then such dispute shall be settled under the

Rules of Arbitration of the International Chamber of Commerce before a single neutral arbitrator appointed in accordance with the said Rules.The place of arbitration shall be London，England.（假如发生任何与本合同有关联的争议时，缔约双方应本着诚意先进行谈判以达成协议。若两者无法达成协议时，则由根据国际商会的仲裁原则指定的仲裁人出面解决该争议。仲裁地点应在英国、伦敦、中国北京。）

IN WITNESS WHEREOF the parties hereto have set their hands & sealon the day and the year set out in this Agreement.（于此日期及年份，双方在合同中签字和盖章，以兹凭证。）

SIGNED and delivered by and on behalf of SELLER _____

（代表卖方签署并呈递）

_____: CEO（首席执行官）

Name（姓名）：

Appointment（职务）：Chairman（董事长）

Passport No（护照号码）：

Country（发照地）：

Date（日期）：August xxth, 2008

In the presence of（卖方见证人）：_____

SIGNED for and on behalf of BUYER _____

（代表买方签署）

_____: CEO（首席执行官）

Name（姓名）：

Appointment（职务）：Chairman（董事长）

Passport No（护照号码）：

Country（发照地）：

Date（日期）：August xxth, 2008

In the presence of（买方见证人）：_____

第十章

中国对外油气贸易的发展和管理体制

　　1949年以前,我国的石油消费主要依靠进口。中华人民共和国成立初期,石油产量很低,需要进口一定数量的石油,以满足国内经济发展对石油最低要求。随着大庆油田的建成,我国的原油产量稳步上升。1965年,中国结束了对进口石油的依赖,实现了自给。从此以后,中国的石油工业进入了飞速发展阶段,跨入了世界产油大国的行列,实现了自给有余,部分出口。进入20世纪80年代末期,由于我国经济的快速增长和国内石油产量上升缓慢,石油出口逐年减少,石油进口明显增加,到1993年进口量大于出口量,中国成为石油净进口国。

　　在全球一次性能源消费占比中,天然气的占比稳定增长,由1967年的不足15%增长至2019年的24.2%。我国自2006年起进口液化天然气(简称LNG),2010年起进口管道天然气。近年来,在"煤改气"政策作用下,我国天然气消费需求逐步上升,天然气进口量也大幅增长。据统计,2015—2019年间我国天然气进口量稳步增长,并在2018年历史上首次超越日本成为世界最大的天然气进口国。

第十章 中国对外油气贸易的发展和管理体制

第一节 中国1949年之前对外油气贸易的发展

虽然中国是世界最早开发和利用石油、天然气的国家之一,但现代石油、天然气工业并没有起源于中国。

由于种种原因,从清末到民国到1948年间的石油需求量,无法作精确的统计。但可以肯定地讲,除很小一部分自产外,绝大部分仰赖进口。从1904年到1948年的40多年间,中国共进口石油2800万吨。这就是所谓的"洋油"时代。可以说,洋油称霸我国石油市场的历史,是当时我国工业落后、经济上严重依赖外国的缩影。

一、民国初年至抗战前中国的对外油气贸易(1912—1930)

民国成立到1930年抗战开始的19年间,中国共输入各种油品总计约1504万吨,其中煤油约1240万吨,汽油约46万吨,柴油约176万吨,润滑油约42万吨(表10-1)。

表10-1 1912—1930年中国石油进口状况

单位:万吨

年份	煤油	汽油	柴油	润滑油	合计
1912	65.6	0.1	1.3	—	67.0
1913	61.0	0.1	2.0	—	63.1
1914	74.8	0.1	1.5	—	76.4
1915	61.4	0.2	2.1	1.5	65.2
1916	48.9	0.2	1.3	1.6	52.0
1917	52.4	0.4	3.0	1.2	57.0
1918	36.6	0.4	3.3	1.9	42.2
1919	66.1	0.7	6.7	2.6	76.1
1920	62.9	0.8	11.7	2.0	77.4

续表

年份	煤油	汽油	柴油	润滑油	合计
1921	59.5	1.5	6.9	1.5	69.4
1922	69.4	1.5	9.3	2.2	82.4
1923	71.2	2.0	8.5	2.5	84.2
1924	74.0	2.0	14.1	3.0	93.1
1925	85.7	3.0	11.1	2.4	102.2
1926	77.3	4.0	13.8	3.1	98.2
1927	54.4	4.0	17.1	2.8	78.3
1928	87.1	6.4	23.9	4.3	121.7
1929	79.4	9.2	21.1	4.7	114.4
1930	52.1	9.6	17.6	4.4	83.7
合计	1239.8	46.2	176.3	41.7	1504

资料来源：胡国松，李允．国际石油贸易．北京：中国财政经济出版社，2006．

这一时期，中国油气进口有以下几个特点：

（1）煤油进口占绝对重要地位。早在清朝晚期，我国已经开始了石油进口。进口的油品主要是煤油，当时几乎所有的煤油都用于照明。民国时期，大中城市开始逐步使用电灯，煤油灯逐渐被取代。然而小城镇和广大农村仍然主要使用煤油灯来照明，其进口数量仍然很大。1912—1930年间，煤油平均进口量约为65.3万吨，其中1922—1930年间为进口高峰期，除1927年与1930年外，每年进口量均超过平均量。

（2）民国时期的石油进口品种多，用途也发生了很大的变化。汽油的输入量随着小汽车、客车、运输卡车及民航、军用飞机数量的增加而呈直线上升趋势，由1912年的约1200吨上升到1930年的9万多吨。中国进口柴油是从1912年开始的，当年进口量约1.34万吨，输入量波动上涨，1930年达到17万多吨。润滑油是从1915年开始进口的，当年的输入量约1.45万吨，基本保持上升趋势，1930年的输入量达到4.4万吨。

（3）该时期内，我国尚未开始现代天然气工业，天然气进出口贸易尚未开启。

二、抗日战争至中华人民共和国成立前的对外油气贸易

（一）抗日战争期间对外油气贸易（1931—1945年）

抗战期间，中国共输入各种油品总计约881万吨，其中煤油约393万吨，汽油约129万吨，柴油约321万吨，润滑油约38万吨，参见表10-2。抗日战争期间，由于日本侵略军先后侵占沿海地区，输入的港口通道被封锁，石油输入量逐步减少，几乎断绝。1938年至1941年煤油、汽油、润滑油的输入量比1937年分别减少了50%～60%。1942—1944年，各种石油产品的输入量与战前相比有天渊之别，三年平均的年输入量，煤油为约1060吨，汽油约1700吨，柴油约3095吨，润滑油约1665吨。

表10-2　1931—1945年中国石油进口状况

单位：万吨

年份	煤油	汽油	柴油	润滑油	合计
1931	55.8	9.5	22.2	3.5	91
1932	48.4	7.7	23	2.9	82
1933	62.1	10	27.7	3.7	103.5
1934	39.7	12.7	33.1	3.8	89.3
1935	33.9	13.1	29.1	3.5	79.6
1936	34.6	14.5	25.4	4.4	78.9
1937	39.2	17.5	24.7	5.3	86.7
1938	22.1	10.2	31.4	2.3	66.0
1939	20.5	11.5	31.9	2.8	66.7
1940	22.8	10.9	39.2	2.9	75.8
1941	13.7	9.9	32.2	2.5	58.3
1942	0.3	0.3	0.9	0.2	1.7
1943	< 0.05	< 0.05	< 0.05	< 0.05	—
1944	< 0.05	0.2	< 0.05	0.2	0.4
1945	0.2	0.6	0.3	< 0.05	1.1
合计	393.3	128.6	321.1	38	881

资料来源：胡国松，李允．国际石油贸易．北京：中国财政经济出版社，2006．

1937年四川省石油沟发现天然气气田,标志我国开始了现代天然气工业。因为工业化程度不高,无法运输天然气,导致天然气只有在天然气井附近才能使用,如有多余的,通常都是将它烧掉。因此在该时期内,我国没有天然气对外贸易。

(二)三年内战期间对外油气贸易(1946—1948年)

1945年,中国人民抗日战争取得了最后胜利,但随后进入了三年国共内战。1946—1948年三年内战期间,中国共输入各种油品总计约345万吨,其中煤油约70万吨,汽油约104万吨,柴油约123万吨,润滑油约11万吨,参见表10-3。

表10-3 1946—1948年中国石油进口状况

单位:万吨

年份	煤油	汽油	柴油	润滑油	原油	合计
1946	25.6	30.0	31.6	0.6	7.6	95.4
1947	33.3	45.8	19.8	5.6	7.5	112.0
1948	11.1	28.6	71.4	4.1	22.0	137.2
合计	70.0	104.4	122.8	10.5	37.1	344.6

资料来源:胡国松,李允.国际石油贸易.北京:中国财政经济出版社,2006.

抗战胜利后,石油产品开始大量输入,以适应各方面的需要。国民政府为加强进口油料的管理,一度将行政院液体燃料管理委员会的业务划给中国石油有限公司。中国石油有限公司成立油料分配委员会,对各外国在华石油公司输入油料实行限额管理,规定进口数量、交货地点、价格及自行销售数量。从此石油进口由战前的自由输入开始转变为限额指定输入,一反以往各在华经营的外国油公司竞争销售的状况。此项职能于1947年4月划归输出入管理委员会行使。

值得一提的是,从1946年开始,中国开始进口原油。1946—1948年三年原油进口量分别达7.6万吨、7.5万吨和22万吨,三年共进口原油37万吨。

中华人民共和国成立以前,中国仅发现了 7 个天然气小气田,其中四川盆地发现了自流井、石油沟和圣灯山 3 个气田,在台湾省发现锦水、竹东、牛山和六重溪 4 个气田。

第二节　中国 1949 年之后对外油气贸易的发展

1949 年,中华人民共和国成立,从此,中国对外石油贸易掀起了崭新篇章。70 余年来,中国对外石油贸易大体上可以分为四个阶段:第一阶段即油气净进口阶段,主要通过进口石油、天然气满足国内需求,此阶段从中华人民共和国成立到 1965 年结束;第二阶段即从油气净进口转向油气基本自给到少量出口,国内油气需求主要通过国内生产满足,油气进口只是品种调节;第三阶段即大规模出口石油阶段,石油特别是原油出口为我国国民经济的发展作出了突出贡献;第四阶段即我国重新成为石油净进口国,此阶段起自 1993 年。

一、从主要依赖进口到逐步实现油气自给(1949—1965 年)

1949 年中华人民共和国诞生,揭开了中国石油工业新的历史篇章。在这一时期,我国处于经济飞跃发展的阶段,同时,我国的石油工业从基础薄弱的落后产业发展成了初具规模的能源产业。

(一)1949—1957 年主要靠进口石油满足需要

1949 年,全国原油产量只有 12 万吨,其中 7 万吨是天然油,其余 5 万吨是人造油。1950 年全国的石油产量只能满足需求量的 10%。经过三年恢复,到 1952 年底,全国原油产量达到 43.5 万吨,为 1949 年的 3.6 倍。其中天然油 19.54 万吨,占原油总产量的 45%,人造油 24 万吨,占 55%。生产汽、煤、柴、润四大类油品 25.9 万吨,比 1949 年提高 6 倍多。

1953 年,中国开始了第一个五年计划,人造石油成为当时增加原油生产的重要途径。1955 年 7 月,国家决定成立石油工业部,全面加强石油工业建设工作。从此中国开始了较大规模的石油工业发展,石油被放在首要地位。从 1953 年到 1960 年，天然石油的勘探和开发都取得了重要的进展。1960 年石油工业集中主要人力物力，开展大庆石油勘探开发会战，三年多探明了一个大油田。与此同时，青海油田、四川天然气区相继发现。到 20 世纪 50 年代末，全国已初步形成玉门、新疆、青海和四川 4 个石油天然气基地。在人造油方面，经过扩建和改造，东北各人造油厂的产量有了大幅度的增长。同时，还在广东茂名兴建了一座大型页岩油厂。炼油工业在十分薄弱的基础上，先后扩建，新建了上海、克拉玛依、冷湖、兰州、大连等 8 个年加工能力为 10～100 万吨的炼油厂。

尽管中华人民共和国成立之初的石油工业取得了如此辉煌的成绩，但是国内的石油生产仍满足不了经济发展的要求。1952 年，石油产品的产量大体上只能满足需要的四分之一左右，而且石油资源情况还不很清楚。所以，中华人民共和国成立初期，进口石油以维持国民经济最低限度的需求仍是我们的"逼"然选择。可是，帝国主义对我国实行了事实上的原油和油品禁运，我国只能从苏联及其他"社会主义阵营市场体系"国家获得原油和油品供应。1950—1957 年原油及油品自给率最高也仅达 38.9%（表 10-4）。但随着中苏关系的恶化，这一来源也被人为地大量减少了。

表 10-4 1950—1957 年我国石油生产与消费

单位：万吨标准煤

年份	生产		消费	
	原油	天然气	原油	天然气
1950	29	—	—	—
1951	43	—	—	—
1952	63	—	—	—
1953	88	—	206	—
1954	113	—	268	—
1955	139	—	341	—
1956	165	—	422	—
1957	207	10	444	10

资料来源：胡国松，李允. 国际石油贸易. 北京：中国财政经济出版社，2006.

(二) 1958—1965 年逐步实现石油自给

我国的原油出口始于 1962 年。当时我国刚刚摘掉"贫油国"的帽子，出口的规模还很小，占全国总出口的比重不到 0.02%。

到 1963 年，大庆油田建成年产 600 万吨原油的生产能力，当年生产 439.3 万吨，占全国原油产量（648 万吨）的 67.8%，实现了中国石油工业发展史上的一次飞跃，对实现石油基本自给起了决定性作用。同年 12 月，周恩来总理在第二次全国人民代表大会第四次会议上庄严宣布，中国需要的石油，现在已经可以基本自给，中国人民使用"洋油"的时代，即将一去不复返了。

1964 年，经中央批准在天津以南、山东东营以北的沿海地带，开展了华北石油会战。到 1965 年，在山东探明了胜利油田，拿下了 83.8 万吨的原油年产量。

大庆、胜利等油田的开发，使我国的原油产量急剧增长，炼油工业也得到了同步发展。到 1965 年止，共新建加氢裂化等装置 13 套，大大缩小了同当时国外炼油技术水平的差距。1965 年生产汽、煤、柴、润四大类油品 617 万吨，石油产品品种达 494 种，自给率达 97.6%，提前实现了我国油品自给，中国结束了对进口石油的依赖，参见表 10-5。

表 10-5　1958—1965 年中国石油生产与消费

单位：万吨标准煤

年份	生产		消费	
	原油	天然气	原油	天然气
1958	318	20	686	18
1959	543	27	981	24
1960	741	148	1238	151
1961	764	191	1121	184
1962	825	155	1092	149
1963	919	136	1121	125
1964	1306	138	1331	116
1965	1619	151	1947	170

资料来源：胡国松，李允. 国际石油贸易. 北京：中国财政经济出版社，2006.

二、从基本自给到少量出口（1966—1974年）

随着胜利、辽河、长庆、华北等油气田的相继发现和开发，全国原油产量迅速增长（表10-6）。

表10-6 1966—1974年中国石油生产与消费

单位：万吨标准煤

年份	生产		消费	
	原油	天然气	原油	天然气
1966	2083	167	2067	142
1967	1978	192	1998	147
1968	2283	187	2227	147
1969	3119	254	3137	182
1970	4370	372	4306	264
1971	5464	494	5519	483
1972	6537	642	6411	634
1973	7683	800	7274	782
1974	9283	999	8149	1004

资料来源：胡国松，李允. 国际石油贸易. 北京：中国财政经济出版社，2006.

进入20世纪70年代以后，在周恩来总理的亲自关怀下，原油的出口有了较大的发展。1973年3月，根据中日两国贸易协定，我国开始向日本出口原油。为了做好出口准备工作，当时由外交部、外贸部、燃料化学工业部、交通部、铁道部和国家商检局等部门组成原油出口领导小组，赴大连现场协调安排大庆原油首次对日本出口的有关事宜并组织装船。由于当时从铁岭至大连的输油管线还没有建成，原油只能由大庆油田用火车运到大连寺儿沟油港，然后再装运油轮外运。1974年10月，又成功地组织了胜利原油经黄岛油港装船出口菲律宾。

石油出口是石油生产中利润最大的一部分，对当时处于崩溃边缘的国民经济体系是一个难得的支撑点。为了平衡外贸关系，调节外贸需求，充分利用国外资源更好地满足国民经济发展的需要，我国每年仍要进口一定数量的原油和石油产品，作为国内资源的有效补充。因此，石油进口贸易也是我国对外贸易的一个重要组成部分。

三、大规模出口石油（1975—1992年）

此阶段又可具体细分为两个阶段：第一阶段为1975—1987年，中国石油出口急剧增长阶段；第二个阶段是1988—1992年，石油出口值不减少，而进口逐渐增多。

从1966年到1978年的13年中，原油产量以每年递增18.6%的速度增长，原油加工能力增长5倍多，保证了国家的需要，缓和了能源供应的紧张局面。

1975年，大庆油田原油产量突破了5000万吨，跻身于世界特大型油田的行列。而随着辽河油田、中原油田、华北油田等油田相继开发建设，我国石油产量出现了大幅度的提高。到1978年，大港油田原油年产量达到315万吨。胜利油田原油产量提高到近2000万吨，成为我国仅次于大庆的第二大油田。辽河油田原油产量达到355万吨。全国原油产量突破1亿吨大关，从此我国跨入了世界产油大国的行列。原油产量的增加，促进了炼油工业大发展，到1978年，全国原油年加工能力已达9291万吨，基本上与我国原油生产规模相适应。

基于我国石油工业的快速发展和石油产量的大幅增加，石油生产不仅能够满足我国经济发展的需要，而且随着油价的攀涨，中国的石油出口迅速增长。整个70年代，中国石油工业保持着稳定发展的态势，除保证国内供应外，有限的石油贸易则保持了出大于进的格局。

1975—1992年这十几年间我国成为石油的净出口国。而且在20世纪80年代初中期，石油贸易出口额在中国贸易出口额中所占比重较大。主要原因是我国国内的原油情况是供大于求。加之当时外汇紧缺和国际油价尚处于一个相对较高的水平，所以当时有"以石油换外汇"的说法。80年代我国每年有1/4原油用于出口。从某种意义上讲，1993年以前外汇的主要来源是靠输出石油换来的。

据海关统计，1980年我国原油出口额为约27亿美元，占当年我国初级产品出口额的28%，占外贸出口额的约15%。如果加上当年成品油的出口额，油品占外贸出口额的比重为18.38%。1985年我国油品出口额达到了历史高点，为约67亿美元，占当年外贸出口额的24.48%。其中原油出口额为52.36亿美元，成品油出口额为14.6亿美元（表10-7）。油品占外贸出口额如此高的比例，由此不难看出当时油品在我国对外贸易出口中的重要地位，同时也反映了我国外贸严重依靠资源性产品出口的局面。"六五"计划期间共出口原油9670万吨，出口创汇192.2亿美元，价值人民币465.2亿元，占全国出口的比重上升到16.68%，年出口能力达到3000万吨以上。

表10-7　1980—1992年石油出口在中国贸易额中的比例

年份	出口额（亿美元）			外贸占比（%）		
	原油	成品油	合计	原油	成品油	合计
1980	26.91	6.39	33.30	14.85	3.53	18.38
1985	52.36	14.60	66.96	19.14	5.34	24.48
1990	33.90	8.77	42.67	5.46	1.41	6.88
1991	25.57	8.23	33.80	3.56	1.15	4.7
1992	27.74	8.65	36.39	3.27	1.02	4.28

资料来源：胡国松，李允.国际石油贸易.北京：中国财政经济出版社，2006.

在石油生产迅速发展的同时，随着经济的高速发展，我国也跨入了石油消费大国的行列。1978—1990年是中国经济平稳增长时期，石油消费量从1978年的9130万吨增长到1990年的11030万吨，年均增长158万吨，年均增长率为1.6%。加之外贸出口结构的变化以及由于国际油价太低，中国减少了石油的出口数量，1986年降为2850万吨，1987年为2700万吨。1980—1985年期间，中国原油和成品油基本上不进口，少量的进口只是为了平衡贸易关系。

在国内石油消费量急剧增加，石油出口额逐年减少的同时，石油进口则逐渐上升。从1988年起，我国以石油进口来弥补国内石油供给不足，1988—1992年，原油进口量由1988年的约85万吨增加到1992年的约1136万吨。石油出口额逐年减少和石油进口逐渐上升，使石油净出口逐年下降。终于在1993年成为石油净进口国，参见表10-8。

表10-8　1988—1992年中国原油及成品油贸易

单位：万吨

年份	进口		出口		净出口		
	原油	成品油	原油	成品油	原油	成品油	合计
1988	85.45	331.10	2604.53	528.67	2519.08	197.57	2716.65
1989	326.30	550.45	2438.00	544.90	2111.70	−5.55	2106.15
1990	292.27	315.69	2398.60	581.30	2106.33	265.61	2371.94
1991	597.25	460.36	2223.75	481.23	1626.50	20.87	1647.37
1992	1135.79	768.03	2150.72	538.97	104.93	−229.06	785.87

资料来源：胡国松，李允.国际石油贸易.北京：中国财政经济出版社，2006.

在该阶段，中国天然气勘探全面铺开，四川盆地不断取得新突破，塔里木盆地、鄂尔多斯盆地、柴达木盆地、南海琼东南盆地、东海盆地逐渐发现气田，其中四川盆地探明天然气地质储量达到3036.19亿立方米。

四、成为石油天然气净进口国（1993年以来）

1993年我国成为石油净进口国以来，我国石油进出口量逐年上升。1996年，原油出口量小于原油进口量，首次出现原油净进口，从1995年原油的净出口176万吨上升至1996年原油的净进口222万吨。这是原油出口贸易发生的重大转折，标志着原油贸易在中国进出口贸易中的战略地位发生了根本性转变，即从为国家换取大量外汇转变为需要支付外汇进口的主要商品，参见表10-9。

表 10-9 1993—2002 年中国原油及成品油进出口

单位：万吨

年份	进口		出口		净进口		
	原油	成品油	原油	成品油	原油	成品油	合计
1993	1567	1657	1943	372	−376	1285	909
1994	1235	1289	1855	407	−620	882	262
1995	1709	1386	1885	415	−176	971	795
1996	2262	1583	2040	417	222	1166	1388
1997	3547	2379	1983	559	1564	1820	3384
1998	2732	2164	1560	424	1172	1740	2912
1999	3661	2082	717	654	2944	1428	4372
2000	7030	1805	1044	827	5986	978	6964
2001	6025	2145	755	924	5270	1221	6491
2002	6941	2034	813	1071	6128	963	7091

资料来源：基础数据来源于《中国经济统计年鉴》和《中华人民共和国海关统计年鉴》，通过整理计算得出。

1993—2002 年，中国原油进口从 1567 万吨增加到 6941 万吨，10 年时间进口量增加到近 7000 万吨。但在进入新世纪后，随着中国国民经济快速发展，石油进口也进入了快车道。2003 年原油进口突破 9000 万吨，2004 年原油进口突破 1 亿吨，2009 年原油进口突破 2 亿吨，2014 年原油进口突破 3 亿吨。从 1993 年较大规模进口原油算起，用 10 年时间原油进口才突破 1 亿吨，可是连破 2 亿～3 亿吨大关则只用了 5 年（表 10-10）。

表 10-10 2003—2019 年中国原油及成品油进出口

单位：万吨

年份	进口		出口		净进口		
	原油	成品油	原油	成品油	原油	成品油	合计
2003	9113	2824	727	1385	8386	1439	9825

续表

年份	进口		出口		净进口		
	原油	成品油	原油	成品油	原油	成品油	合计
2004	12280	3788	549	1146	11731	2642	14373
2005	12682	3143	807	1401	11875	1742	13617
2006	14517	3637	634	1235	13883	2402	15285
2007	16317	3380	389	1551	15928	1829	17757
2008	17888	3885	416	1703	17472	2182	19654
2009	20379	3696	507	2504	19872	1192	21064
2010	23931	3688	303	2688	23628	1000	24628
2011	25378	4060	253	2580	25125	1480	26605
2012	27103	3982	243	2427	26860	1555	28415
2013	28174	3959	162	2851	28012	1108	29120
2014	30836	2998	60	2928	30776	70	30846
2015	33549	2994	287	3616	33262	−622	32640
2016	38260	7450	290	4600	37970	2850	40820
2017	42210	8440	470	4800	41740	3640	45380
2018	46450	8190	270	5570	46180	2620	48800
2019	50720	7840	40	6690	50680	1150	51830

资料来源：基础数据来源于《中国经济统计年鉴》和《中华人民共和国海关统计年鉴》，通过整理计算得出。

石油的大量进口，对我国的对外贸易平衡和国际收支均产生了较大影响。1976 年前的原油出口换取的宝贵外汇，支撑了摇摇欲坠的中国国民经济；20 世纪 80 年代的原油出口换取的外汇极大支持了中国的对外开放。进入 21 世纪后，由于国际石油价格逐年上涨，我国石油进口额越来越大，我国对外石油贸易逆差也越来越大。

2003 年的石油进口贸易额高达 256.99 亿美元，比 2002 年的 165.61 亿美元增长了 91.38 亿美元，石油贸易逆差首次超过 200 亿美元，达到

203.21亿美元。此后的十年间,随着我国经济的飞速发展,原油进口量与日俱增,导致我国对外石油贸易逆差越来越巨大,2008年贸易逆差达到1427.35亿元。2009年因为全球金融危机对外石油贸易逆差比上年有所下降,其余每年都在递增,到2013年我国的对外石油贸易差额已经高达2257.25亿美元,参见表10-11。

表10-11 1993—2014年我国对外石油贸易额

单位:亿美元

年份	进口额			出口额			净进口额
	原油	成品油	合计	原油	成品油	合计	
1993	23.23	29.85	53.08	24.09	6.29	30.38	22.70
1994	15.72	19.56	35.28	20.00	6.21	26.21	9.07
1995	23.56	20.65	44.21	22.39	7.92	30.31	13.90
1996	34.07	23.85	57.92	27.77	8.69	36.46	21.46
1997	54.56	36.82	91.38	27.34	12.01	39.35	52.03
1998	32.75	24.05	56.80	15.27	7.39	22.66	34.14
1999	46.41	26.98	73.39	7.52	10.95	18.47	54.92
2000	148.60	36.57	185.10	12.10	21.07	42.20	142.90
2001	116.72	37.69	154.41	13.85	21.34	35.19	119.22
2002	127.60	38.01	165.61	12.32	23.86	36.18	129.43
2003	198.24	58.75	256.99	16.61	37.17	53.78	203.21
2004	339.12	92.48	431.6	13.25	39.60	52.85	378.75
2005	477.23	104.35	581.58	26.96	64.11	91.07	490.51
2006	664.11	104.26	768.37	27.37	70.48	97.85	670.52
2007	797.71	164.37	962.08	16.87	91.49	108.36	853.72
2008	1293.35	300.44	1593.79	29.79	136.65	166.44	1427.35
2009	892.56	169.84	1062.40	21.56	125.50	147.06	915.34
2010	1351.51	223.43	1574.94	16.51	170.44	186.95	1387.99
2011	1966.64	326.99	2293.63	19.07	207.66	226.73	2066.90

续表

年份	进口额			出口额			净进口额
	原油	成品油	合计	原油	成品油	合计	
2012	2207.99	330.72	2538.71	22.26	213.10	235.36	2303.35
2013	2196.60	320.26	2516.86	14.56	245.05	259.61	2257.25
2014	2281.38	233.71	2515.09	4.90	254.02	258.92	2256.17

资料来源：中国经济统计年鉴。

2014年，由于国际原油价格下降，在我国原油进口较2013年增长9.54%的情况下，进口额只增加了3.86%；与此同时，成品油价格也有所下降，成品油进口较2013年减少961万吨，降幅为32.05%，而进口额则下降37.03%，参见表10-12。

表10-12　2014—2015年我国对外石油贸易额

	贸易额		2014	2015	增长幅度（%）
原油	贸易量	进口量（万吨）	30836	33549	8.70
		出口量（万吨）	60	287	378.33
		净进口（万吨）	30776	33262	8.08
	贸易差额	进口额（亿美元）	2281.38	1341.52	-41.20
		占总进口（%）	11.64	1.28	—
		出口额（亿美元）	4.90	15.46	215.20
		占总出口（%）	0.03	0.01	—
成品油	贸易量	进口量（万吨）	2998	2994	持平
		出口量（万吨）	2928	3616	23.50
		净进口（万吨）	70	-622	—
	贸易差额	进口额（亿美元）	233.71	143.47	-38.60
		占总进口（%）	1.00	0.14	—
		出口额（亿美元）	254.02	190.98	-24.8
		占总出口（%）	1.08	0.14	—

资料来源：田春荣.2015年中国石油进出口状况分析.国际石油经济,2016,（3）：44-53.

表 10-13 2006—2019 年我国天然气进口量

单位：亿立方米

年份	管道天然气	液化天然气	总进口量
2006	—	10	10
2007	—	40	40
2008	—	46	46
2009	—	80	80
2010	34	130	164
2011	136	169	305
2012	208	201	408
2013	264	251	515
2014	303	273	575
2015	324	270	594
2016	368	368	735
2017	399	529	928
2018	479	735	1213
2019	477	848	1325

资料来源：BP世界能源统计年鉴（2020年版）。

中国自 2006 年开始进口液化天然气（简称 LNG），2010 年起进口管道天然气。在政策利好导向下，我国天然气产业自 2017 年开始呈现爆发式增长，消费需求急剧攀升。2019 年天然气进口总量迅速达到 1325 亿立方米，其中管道天然气进口量达到 477 亿立方米，液化天然气进口量达到 848 亿立方米，占天然气总进口量的 64%（表 10-13）。

在天然气进口结构方面，我国液化天然气进口量呈现快速上升态势，进口量由 2006 年的 10 亿立方米增长到 2019 年的 848 亿立方米，占天然气进口总量的一半以上。

第三节　中国油气期货市场的发展

油气期货贸易是国际油气贸易的重要组成部分，并且正在成为最主要的油气贸易方式之一。国际油气期货贸易为石油、天然气价格发现和套期保值提供了工具。随着我国对外石油、天然气需求的增加，我国油气期货贸易也进入了一个快速发展时期。

一、中国油气期货市场的产生

（一）中国油气期货市场的早期尝试

伴随着20世纪80年代中期价格体制、企业体制和流通体制的改革，我国石油期货市场建立的理论基础得到了进一步夯实，更多学者对国外石油期货市场进行研究，并开始着眼于我国石油期货市场建设的理论研究。1993年，我国曾相继开办了上海石油期货交易所、北京石油期货交易所，并在广州联交所挂牌交易石油期货（表10-14）。当时，国家允许中国石油天然气总公司自销5%的原油（约2000万吨），允许中国石油化工总公司自销9%的成品油（约1000万吨），在完成计划任务后自行定价，形成一定规模的石油现货市场，为石油期货的推出奠定了基础。

当时上海石油交易所推出的标准期货合约有4个品种。到1994年，日平均交易量已超过世界第三大能源期货市场——新加坡国际金融交易所，其套期保值和价格发现功能受到广泛关注。但是由于当时国内石油价格的双轨制和上下游、产供销、内外贸的严重脱节，导致了国内石油市场流通秩序的混乱局面。为此，1994年国务院下发了《关于改革原油、成品油流通体制意见的通知》，实行"统一政策、统一价格、统一调拨、统一质量标准"的石油流通政策，失去现货市场依托的石油期货交易逐渐萎缩直至停止。

表 10-14 我国早期石油交易所

地区	交易所名称	交易品种	成立时间
北京	北京石油交易所	石油	1993.11
北京	北京商品交易所	农产品、能源等	1993.11
上海	上海石油交易所	石油、成品油	1993.5
哈尔滨	哈尔滨石油交易所	粮食、石油、国债	1993
南京	南京石油交易所	石油	1993.3
广州	华南商品交易所	石油、橡胶	1992

（二）我国早期石油期货市场发展特征

1. 监管权力分散

在我国期货市场建立之初，期货交易所是由国务院有关部门会同地方政府以及行业内大型骨干企业共同组建的，因此，各地石油期货交易所管理委员会都带有行政色彩，有些负责人甚至未与原行政机构脱钩，过多依赖行政权力，而过多的行政手段加于市场必然使得交易成本上升，交易效率降低。

2. 市场缺乏统一的政策、法规规范

在建立期货交易所时，我国并没有制定统一的期货法规来规范期货交易市场的发展。且对期货市场各种主体，包括期货经纪公司的设立也没有明确的法律规定。

3. 交易所组织形式多样化

在初创阶段，交易所都不是会员制，并不拥有交易所产权。当时，我国主要有两种类型的期货交易所：一是股份制交易所，如北京商品交易所；二是事业法人型交易所，大部分的交易所都采用这种形式。

我国在石油期货市场建设的过程中，逐步总结了一些经验启示。首先，石油市场机制的形成和石油管理体制的改革是互为前提、相辅相成、交替发展的过程。作为市场经济的产物，石油期货市场的建立与石油生产、流通、消费和管理体制等市场环境密切相关。我国应根据油气市场化的进程，特别是垄断行业的改革来发展期货市场,为现代石油市场体系建设寻找解决途径。其次,期货市场的套期保值和价格发现功能是石油供求企业的共同需要。石油期货是现代石油市场体系的重要组成部分,可以为石油市场的体制建设和国际化进程提供全面的支持。能源相关管理部门应根据我国油气体制改革开放进程,认真学习国外石油期货交易中心的成功经验,积极培育规范的石油现货市场。我国作为世界第二大原油消费国,经济发展与油价息息相关,推进原油期货上市,争夺能源定价权,对我国经济、能源以及金融市场的稳定发展意义重大。

我国加入WTO后面临新形势和市场经济体制建设的客观需要,以及国际石油价格持续波动和走高,使我国参与国际石油期货市场交易和建立国内石油期货市场问题,再次引起普遍关注。

经国务院同意,中国证监会于2004年4月上旬批准上海期货交易所上市燃料油期货品种,在完成各项准备工作后燃料油期货终于在2004年8月25日开始在上海期货交易所上市交易。

二、上海期货交易所

上海期货交易所(以下简称上期所)是受中国证券监督管理委员会(以下简称证监会)集中统一监管的期货交易所,宗旨是服务实体经济。根据公开、公平、公正和诚实信用的原则,上期所组织经证监会批准的期货交易,目前已上市铜、铝、锌、铅、镍、锡、黄金、白银、螺纹钢、线材、热轧卷板、原油、燃料油、石油沥青、天然橡胶、纸浆、20号胶、不锈钢、低硫燃料油、国际铜20个期货品种以及铜、天然橡胶、黄金、铝、锌、原油6个期权合约。2018年3月26日,上海原油期货在上海期货交易所子公司上海国际能源交易中心正式上市交易,开启了中国期货市场国际化的元年。上期所挂牌交易的产品中,原油期货是我国首个国际化期货品种,对我国期货市场对外开放具有标志性意义。按照《上海期货交易所章程》,会员大会是上期所的权力机构,由全体会员组成。理事会是会员大会的常设机构,下设战略规划、风险控制、监察、交易、结算、交割、会员资格审查、法律与调解、财务、技术、金属产品、能源化工产品专门委员会,并可以根据需要设立其他专门委员会。监事会是上期所的监督机构,对会员大会负责。上期所现有会员198家（其中期货公司会员占近75%）。

（一）上海期货交易所石油期货合约文本

上海期货交易所石油期货合约文本主要包括以下几个方面：

（1）交易品种。目前，上海期货交易所石油期货交易的品种主要是燃料油。

（2）交易单位。上海期货交易所石油期货的交易单位是10吨/手。

（3）报价单位。上海期货交易所石油期货交易以元（人民币）/吨作为报价单位。

（4）最小变动价位。上海期货交易所石油期货交易的最小变动价位是1元/吨。

（5）每日价格最大波动限制。上海期货交易所石油期货交易的每日价格最大波动限制为上一交易日结算价±5%。

（6）合约交割月份。上海期货交易所石油期货合约交割月份为1～12月（春节月份除外）。

（7）交易时间。上海期货交易所石油期货的交易时间为上午9:00至11:30，下午1:30至3:00。

（8）最后交易日。上海期货交易所石油期货的最后交易日为合约交割月份前一月份的最后一个交易日。

（9）交割日期。上海期货交易所石油期货的交割日期为最后交易日后连续五个工作日。

（10）交割品级。上海期货交易所石油期货的交割品级为180CST燃料油或质量优于该标准的其他燃料油。

（11）交割地点。交割地点由交易所指定。

（12）最低交易保证金。最低交易保证金为合约价值的8%。

（13）交易手续费。交易手续费不高于成交金额的万分之二（含风险准备金）。

（14）交割方式。上海期货交易所石油期货交易实行实物交割方式。

（15）交易代码为FU。

（16）燃料油期货合约交易手续费为2元/手。

（二）上海期货交易所石油期货合约附件

上海期货交易所石油期货合约附件主要是对交割单位、交割地点和其他事项的说明。

（1）合约的交割单位：燃料油标准合约的交割单位为10手（100吨），交割数量必须是交割单位的整倍数。

（2）交割地点：指定交割油库。

（3）其他事项由交易所指定并另行公告。

（三）上海期货交易所燃料油质量标准

为避免采购商与供货商在购销燃料油过程中产生的意见和分歧，上海期货交易所燃料油期货交易采用ASTM（美国材料实验协会，American Society of Testing Materials）检验方法和标准。ASTM标准用标准代号+字母分类代码+标准序号+制定年份+标准英文名称来表示。如ASTM A是指黑色金属，ASTM B是指有色金属，ASTM C是指水泥、陶瓷、混凝土与砖石材料，ASTM D是指其他各种材料（石油产品、燃料、低强塑料等），ASTM E是指杂类（金属化学分析、耐火试验、无损试验、统计方法等），ASTM F是指特殊用途材料（电子材料、防震材料、医用外科用材料等），ASTM G是指材料的腐蚀、变质与降级，参见表10-15。

表10-15 上海期货交易所燃料油质量标准

项目	限度	检验方法
密度（15℃，千克/升）	≤ 0.985	ASTM D1298
运动黏度（50℃，厘斯）	≤ 180	ASTM D445
灰分（%）	≤ 0.10	ASTM D482
残碳（%）	≤ 14	ASTM D189
倾点（℃）	≤ 24	ASTM D97
水分（%）	≤ 0.5	ASTM D95
闪点（℃）	≤ 66	ASTM D93
含硫（%）	≤ 3.5	ASTM D4294/D1552

续表

项目	限度	检验方法
总机械杂质含量（％）	≤ 0.10	ASTM D4870
钒含量（毫克/升）	≤ 150	ICP

资料来源：胡国松，李允．国际石油贸易．北京：中国财政经济出版社，2006．

第四节　中国现货运营与交易枢纽

一、上海石油天然气交易中心

我国第一家具有市场化特征的天然气电子交易平台是上海石油交易所。自2010年12月起，液化天然气（LNG）和液化石油气（LPG）可以通过该平台进行现货竞买交易，该平台一定时期内对满足LNG市场的季节性需求、实现天然气市场的调峰目的起到了积极作用，但随着中国已成为全球最大的能源进口国和消费国，石油和天然气的对外依存度分别超过70%和45%，上海石油交易所已经不能满足我国供需双方的实际需求。上海石油天然气交易中心是在国家发改委、国家能源局直接指导下，由上海市人民政府批准设立的国家级能源交易平台。2015年3月4日在上海自贸区注册成立，2015年7月1日试运行，2016年11月26日正式运行。上海石油天然气交易中心成立的意义主要体现在：

（1）天然气交易中心建设有助于创造公平公开的交易环境，同时有利于充分发现和增加市场供需主体，增强天然气市场的灵活性和流动性。

（2）通过交易中心的平台推广热值计价方式，有利于解决国内管道气与LNG的气体异质性问题。这既与即将推出的天然气管道独立相适应，又能为未来对接国际天然气市场做准备。

（3）通过交易中心的现代化交易系统和交易模式设计，有利于实现用市场化方式来保障上下游企业的平稳运营和用气需求。

（4）加强天然气交易中心建设也有利于提高我国天然气市场的国际影

响力和未来的话语权（此举能够切实降低国内用气成本）。

上海石油天然气交易中心由 10 家股东单位组成：新华社、中国石油、中国石化、中国海油、申能集团、北京燃气、新奥能源、中国燃气、港华燃气、中国华能，注册资本金 10 亿元。上海石油天然气交易中心致力于打造能源交易平台、信息交互平台、金融服务平台、改革助推平台、交流合作平台。经过多年运营，中心 2019 年年内交易量达 800.71 亿立方米（双边），较 2018 年全年增长 32.45%，继续保持亚太天然气第一现货交易中心地位。上海石油天然气发展研究中心肩负国家能源安全重任，在"管住两头、放开中间"的国家油气体制改革背景下，需要不断创新，助推市场化改革，打造成为具有国际视野和全球影响力的石油天然气交易及定价中心。

二、重庆石油天然气交易中心

重庆石油天然气交易中心是国家发展改革委、国家能源局和重庆市人民政府为深化油气体制改革、充分发挥市场在资源配置中的决定性作用，按照"高起点、高标准、国际化"要求，推动建设的国家级能源交易中心，于 2017 年 7 月 25 日完成工商注册，2018 年 4 月 26 日实现上线交易，主要为石油、天然气等能源产品以及石油天然气化工产品提供交易平台。

重庆石油天然气交易中心是继上海石油天然气交易中心后成立的我国第二家石油天然气交易中心，具有三大作用：一是资源配置做到市场化，二是促进天然气基础设施向社会开放，三是价格形成机制市场化。从天然气供需格局和管网分布看，我国西部地区天然气资源丰富、管网密集、消费潜力大，鉴于重庆石油天然气资源丰富，特别是页岩气开发全国领先，工业大用户集中，管网运输发达，金融市场较为成熟，国家决定在重庆建设我国第二家石油天然气交易中心，与上海石油天然气交易中心形成东西互补之势，形成"一东一西，相互支撑，错位发展"的整体格局。重庆石油天然气交易中心由国家发改委、国家能源局和重庆市政府共同推动建设，股东由国家大型能源企业及金融和高新技术企业组成。截至 2019 年 7 月，重庆石油天然气交易中心已经拥有 1600 家会员单位。

目前，天然气交易中心形式的主体数量和规模仍处于上升期，继上海、重庆两家油气交易中心落地后，各地方也在相继筹备油气交易机构。与上海、重庆等国家级能源交易平台辅助国内天然气市场化改革的目的不同，地方政府主导的交易中心主要为了协调本省资源，形成区域价格。

第五节　中国对外油气贸易管理体制

一、进出口经营权

根据《中华人民共和国货物进出口管理条例》和我国加入世贸组织的有关承诺，在石油进口贸易政策方面，我国石油进口实行国营贸易管理，同时允许一定数量的非国营贸易进口。

《原油、成品油、化肥国营贸易进口经营管理试行办法》的第四条规定国营贸易企业是经由国家许可，获得从事某类国营贸易管理货物进口经营权的企业或者机构。国营贸易进口实行进口自动许可管理，没有数量限制，由具有国营贸易进口经营权的企业申领自动许可证后组织进口。因此，国营贸易并非由企业的性质简单划分，而是依据是否获得国家许可的专营权利。依照入世承诺，那些达到标准的国外企业也能进入中国石油市场的批发和零售等行业。

根据《中华人民共和国货物进出口管理条例》的规定，商务部在每年的第三季度公布下一年的原油、成品油非国营贸易进口允许量、分配依据和申请程序，并根据企业申请，在年底完成分配。我国实行国营贸易和出口配额管理。目前拥有国营贸易出口经营权的公司有中国国际石油化工联合公司、中国联合石油责任有限公司、中国化工进出口总公司等。

2019年12月4日，中国政府网发布《中共中央国务院关于营造更好发展环境支持民营企业改革发展的意见》，其中第三条即进一步放开民营企业市场准入，明确提出"支持符合条件的企业参与原油进口、成品油出口"。2020年3月31日，国务院官网批复的《关于支持中国（浙江）自由贸易试验区油气全产业链开放发展若干措施》称，支持浙江自贸试验区适度开展成品油出口业务，允许试验区内现有符合条件的炼化一体化企业，开展成品油非国营贸易出口先行先试，酌情按年度安排出口数量。

由于我国成品油领域完全市场化仍需时日，所以短期内成品油出口完全放开的可能性甚微。未来随着我国炼油行业炼化一体化产业模式的加快转型，以及原油进口双权放开等一系列改革红利刺激下，中国油企在国际市场的整体竞争力将进一步提升，加之流通领域市场化改革持续深入，后期对于成品油出口的限制条件有望适度减除，新兴炼化一体化企业有望再次获得政策红利者。

二、进出口管理措施

（一）关税措施

根据2012年《海关税则》，从WTO成员国进口的货物适用最惠国税率，适用最惠国、特惠、协定税率国家或地区之外的，是适用普通税率的国家。为贯彻落实党的十九届五中全会精神，坚持新发展理念，支持构建以国内大循环为主体、国内国际双循环相互促进的新发展格局，经国务院批准，国务院关税税则委员会印发通知，2021年调整了部分进口商品的最惠国税率、协定税率和暂定税率。目前原油进口免征关税，但要征收增值税，税率为17%。

（二）非关税措施

1. 配额管理

进口配额，指的是在一段时间内（比如说，一年时间）对进入一国的某种进口品在总量上的限制。非国营贸易资质的企业执行我国加入世界贸易组织承诺的允许量，在允许量的范围内实行配额管理。

1）原油配额管理

申请原油的非国营贸易的企业须向所在地省级商务主管部门提出申请，其中，中央企业的子公司须通过集团总部统一申请。省级商务主管部门进行初审后，将本地区符合条件的企业名单、申请材料及书面初审意见上报商务部。中央企业直接将申请及有关材料报送商务部。商务部对企业的申请材料进行复核后，对符合条件的企业分配进口允许量，并将分配结果下达给省级商务主管部门及中央企业。

根据每年商务部发布的《原油非国营贸易进口允许量总量、申请条件和申请程序》，申请条件大多要求：注册资本不低于5000万元人民币、银行授信不低于2000万美元（或1.2亿元）的对外贸易经营者；拥有不低于5万吨的原油水运码头（或每年200万吨换装能力的铁路口岸）的使用权，以及库容不低于5万立方米原油储罐的使用权；近两年具有原油进口业绩；拥有从事石油国际贸易专业人员（至少2人）；企业无走私、偷逃税、逃汇、套汇记录；其他需要考虑的因素。

原油非国营贸易进口允许量的分配依据主要有三大原则：（1）分批下达。依据符合条件的企业据上一年度1～10月原油进口允许量的实际执行情况下达本年第一批进口允许量。（2）追加调整。根据企业实际进口情况、经营需求和新增符合条件的加工企业申请，适时追加和调整允许量。（3）严格考核。上一年度无进口业绩的企业不再安排允许量，同时，根据《中华人民共和国货物进出口管理条例》，不能完成持有进口允许量的企业，应在当年9月1日前，通过所在地商务主管部门或中央企业集团公司将当年无法完成的允许量交还商务部。

2）成品油配额管理

根据商务部《2020年成品油（燃料油）非国营贸易进口允许量申领条件、分配原则和相关程序》，符合燃料油非国营贸易进口企业申领条件并获得2019年燃料油进口允许量的企业，可继续按规定申领2020年燃料油进口允许量。其他一般新申请企业可根据与申领条件和报送材料的有关规定向所在地商务主管部门提交2020年燃料油非国营贸易进口企业申请，省级商务主管部门再将初审符合条件的企业名单及有关材料汇总报商务部。中央管理企业则直接将申请及有关材料报商务部。之后，商务部对企业申请进行审核，并在网站公示经审核符合条件的企业名单，公示期5个工作日。公示期间，对公示名单有异议的，可向商务部提请复核。材料不齐全的企业可以继续补充申报材料。商务部依公示情况公布符合条件的企业名单。最后，符合燃料油非国营贸易资质条件的企业可按公告规定申领2020年燃料油进口允许量。

2020年燃料油进口允许量实行"先来先领"的分配方式。符合非国营贸易进口资质条件的企业根据实际进口需求申领燃料油进口允许量，其可申领的起始数量根据 2019 年燃料油进口允许量完成情况、许可证核销率设定。在起始申领数量内企业可分次申领燃料油自动进口许可证。企业报关进口或将未使用完毕的自动进口许可证退回后，可在不超过起始数量的范围内再次申领自动进口许可证，直至燃料油进口允许量总量申领完毕。

起始进口允许量：2019 年燃料油许可证核销率 80% 且起始允许量完成率 80% 以上的企业，2020 年起始进口允许量上调 8 万吨；2019 年燃料油许可证核销率 50%~79% 且起始允许量完成率 50% 以上的企业，2020 年起始进口允许量上调 5 万吨；2019 年燃料油许可证核销率 25%~49% 且起始允许量完成率 25% 以上的企业，2020 年起始进口允许量上调 3 万吨；2019 年燃料油许可证核销率 25% 以下的企业，2020 年扣减 50% 的起始进口允许量；符合燃料油非国营贸易资格条件的新企业，2020 年起始进口允许量为 5 万吨；2020 年燃料油起始允许量最高不超过 30 万吨，最低不低于 5 万吨。

2. 许可证管理

国营贸易进口实行进口自动许可管理，没有数量限制，由具有国营贸易进口经营权的企业申领自动许可证后组织进口。根据《自动进口许可管理货物目录（2020年）》，2012 年石油原油、成品油中的车用汽油及航空汽油、石脑油、航空煤油、灯用煤油、柴油、蜡油、5~7 号燃料油（不含生物柴油）等实行自动许可管理。进口经营者应当在向海关申报前，向商务部授权的自动进口许可证发证机构申请办理自动进口许可证。

商务部授权配额许可证事务局，商务部驻各地特派员办事处，各省、自治区、直辖市、计划单列市商务（外经贸）主管部门，以及部门和地方机电产品进出口机构负责自动进口许可货物管理和《自动进口许可证》的签发工作。商务部对《自动进口许可证》项下货物原则上实行"一批一证"管理，对部分货物也可实行"非一批一证"管理。《自动进口许可证》在公历年度内有效，有效期为 6 个月。

商务部、海关总署发布公告（2013 年第 60 号），在自动进口许可管理货物目录调整中，取消了包括液化天然气及气态天然气的自动进口许可管理,自 2013 年 9 月 1 日起执行。

3. 进口程序管理

根据《国家发展改革委关于进口原油使用管理有关问题的通知》,我国原油进口程序包括以下步骤:

(1) 符合条件的原油加工企业向所在地省级发展改革委(经信委)提交下列材料(中央企业向我委提交):

①载明企业基本情况的申请文件,包括企业性质、加工能力、装置构成及主要产品等;

②《企业法人营业执照》及《组织机构代码证》;

③省级主管部门依法出具或认定的核准或备案建设文件;

④土地主管部门依法出具的国有土地使用权证;

⑤省级安全生产监管部门依法出具的安全审查批复文件;

⑥有审批权的省级环保部门依法出具的环境影响评价批复及验收合格文件、污染物排放达到排放标准和总量控制要求情况,地方环保部门出具的突发环境事件应急预案备案登记文件;

⑦省级质检部门依法出具的产品质量检验报告;

⑧属地公安消防部门依法出具的建设工程消防设计审核、消防验收合格文件;

⑨具有炼油工程设计专业甲级资质,或工程设计综合甲级资质且按规定满足炼油工程专业设计人员配置要求的工程设计单位出具的,装置加工能力(包括拟淘汰装置和符合条件的装置)、原油储罐容量、炼油(单位)综合能耗、单位因数能耗、加工损失率及新鲜水耗量等评估报告;

⑩拟淘汰自有落后生产装置的原始材料(包括基本情况、加工能力等)、影像资料等;拟淘汰兼并重组落后生产装置的承诺书(1年内完成淘汰)及原始材料(包括基本情况、加工能力等)、影像资料等,或拟建设储气设施的承诺书(2年内建成)及投资计划、可行性研究报告及土地使用权证或土地预审意见等。

(2) 省级发展改革委(经信委)负责接收地方企业提交的材料并报我委汇总。

（3）我委、能源局委托有关行业协会组织生产、质量、安全、环保及能耗等方面专家进行核查和评估。核查评估时，申请企业自有落后生产装置须全部完成淘汰，并由有关部门出具验收报告；承诺淘汰兼并重组落后装置或建设储气设施的，须已取得实质性进展，包括但不限于依法签订兼并重组协议、停产落后装置，或完成储气设施建设可行性研究报告、取得土地使用权证或土地预审意见等。

（4）符合条件的企业在确定用油限额内向商务部申请原油进口。

4. 税收管理

经国务院批准，根据《关于对 2011—2020 年期间进口天然气及 2010 年底前"中亚气"项目进口天然气按比例返还进口环节增值税有关问题的通知》，对进口天然气（包括液化天然气）按一定比例返还进口环节增值税。具体如下：

2011 年 1 月 1 日至 2020 年 12 月 31 日期间，在经国家准许的进口天然气项目进口天然气价格高于国家天然气销售定价的情况下，将相关项目进口天然气（包括液化天然气）的进口环节增值税按该项目进口天然气价格和国家天然气销售定价的倒挂比例予以返还。对 2010 年底前"中亚—中国天然气管道"项目进口的天然气，也按上述政策返还进口环节增值税。税收返还的具体规定按《天然气进口环节增值税税收返还暂行规定》执行。

根据《天然气进口环节增值税税收返还暂行规定》，经国务院批准，在 2011 年 1 月 1 日至 2020 年 12 月 31 日期间，在经国家准许的进口天然气项目进口天然气价格高于国家天然气销售定价的情况下，将相关项目进口天然气（包括液化天然气）的进口环节增值税按该项目进口天然气价格和国家天然气销售定价的倒挂比例予以返还。

根据《关于调整进口天然气税收优惠政策有关问题的通知》，新增加中缅天然气管道项目享受优惠政策，该项目进口规模为每年 100 亿立方米，进口企业为中国联合石油有限责任公司和云南中石油国际事业有限公司。享受政策起始时间为 2013 年 7 月 1 日。新增加浙江 LNG 项目享受优惠政策，该项目进口规模为 300 万吨/年，进口企业为中海石油气电集团有限责任公司和中海浙江宁波液化天然气有限公司。享受政策起始时间为2012年9月1日。新增加广东珠海LNG项目享受优惠政策,该项目进口规模为350万吨/年,进口企业为中海石油气电集团有限责任公司和广东珠海金湾液化天然气有限公司。享受政策起始时间为2013年8月1日。

5. 使用管理

为规范有序确定新增进口原油使用企业及用油数量,促进炼油行业淘汰落后、结构调整及产业升级,根据2015年《国家发展改革委关于进口原油使用管理有关问题的通知》,针对已经建成投产、尚未使用进口原油的原油加工企业,经确认符合条件并履行相应义务的前提下,可使用进口原油。《通知》从基本条件、用油数量、确认程序、有关要求等方面提出了有关原油加工企业使用进口原油的条件和要求。

6. 环境管理

国务院印发了《"十三五"控制温室气体排放工作方案》,明确到2020年我国单位内GDP的二氧化碳排放量会比2015年减少18个百分点,有效控制碳排放总量,以实现控制二氧化碳排放和峰值承诺的目标。该方案也明确中国要力争在2020年能源体系、产业体系和消费领域低碳转型取得积极成效。同时国务院办公厅还印发了《中华人民共和国环境影响评价法》、《控制污染物排放许可制实施方案》和国家发改委发布的《关于培育环境治理和生态保护市场主体的意见》,从环境影响评价制度、碳排放权、排污许可证等方面提出更加严格环保管理要求。

 复习思考题

1. 我国对外石油贸易经过了哪几个发展阶段?各阶段有何特点?
2. 我国对外油气贸易体制包括哪些方面?
3. 我国油气期货交易市场有什么特点?
4. 上海石油天然气交易中心与重庆石油天然气交易中心有什么异同?

 **延伸阅读**

中国石油贸易政策应加快改革创新——新加坡、韩国石油贸易政策借鉴

刘初春　郎岩松

一、中国石油贸易政策的进步

随着数十年的改革开放,中国的石油外贸政策与时俱进,开展符合炼油行业特点的"进料加工""来料加工"贸易,形成了相关的监管政策。同时,在法规、行政审批、监管等各环节着眼于"放管服"(简政放权、放管结合、优化服务),不断取得新成绩。尤其是2013年以后,国家在上海、广东、天津、福建、辽宁陆续建立自由贸易实验区,努力提高通关效率,建立并不断提升国际贸易单一窗口平台服务功能。国际贸易单一窗口平台功能覆盖货物申报、运输工具申报、"三互"(信息互换、监管互认、执法互助)合作、贸易许可证申报、原产地证书申领、企业资质登记、税费管理、边检行政许可、监管执法、支付结算等功能,大大缩短了通关时间,有效降低了外贸企业的管理成本;有效推进"三互"建设,实现了不同监管部门的信息共享,强化了大通关协作机制。这些政策创新利用信息联通,改善了现有体制机制下政府行政监管流程冗长、效率低、管理成本高的问题。

尽管如此,应该看到,与日本、韩国、新加坡等贸易大国和强国相比,中国在石油贸易政策和监管方面还存在很大差距,束缚了石油企业参与国际竞争的手脚,抑制了企业竞争力的提升。过多且不必要、不合理的政府监管造成企业成本上升。保护政策不利于企业改革创新,不利于企业增强生存能力。

二、中国与韩国、新加坡石油贸易政策比较

中国已成为全球第二大石油消费国和第二大炼油产能国,由于原油资源缺乏,石油对外依存度高。国家基于能源安全、国际市场特点和炼油产业现状,逐渐调整石油外贸政策,对外开放度越来越高,一年来,已逐步放松对原油的检验监管,但仍不能适应炼油企业应对激烈市场竞争的需求。

韩国、新加坡都是能源缺乏的国家，原油对外依存度接近100%，且都具有较大的炼油规模，炼油能力均超过国内需求，它们的石油贸易政策基本接近，与中国的石油贸易政策差异，在企业资质许可、进出口配额许可、监管等方面均有所体现。

（一）企业资质许可

中国对原油和成品油的进出口业务资质实行严格限制，将原油、汽柴油和航空煤油的进出口业务列为国营贸易范畴，只允许有限的几家国营公司经营。近几年，情况有所改变，原油逐步放开非国营贸易，但也仅限于获得审批的独立炼油厂，成品油出口的非国营贸易仅执行了一年，之后又改为国营贸易，独立炼油厂再未取得出口权。

新加坡对从事油品进出口贸易的公司没有注册限制，只要提出注册申请，且符合新加坡企业注册要求即可。韩国对从事油品贸易的公司几乎没有限制条件，但是石油贸易通常所需资金巨大，不具有实力的公司难以长久立足。对于不曾涉足该行业的公司，由于缺乏储罐、营销网络等基础设施，风险较大，往往只能望而却步。

（二）进出口配额许可

中国的原油、成品油进出口受到严格管制，除要求炼厂具备相应规模和生产经营资质外，进出口数量由国家发改委、商务部、海关总署等联合确定，这种严格管控措施对成品油的宏观平衡、供应保障具有一定作用。取得相关资质的企业如果要开展原油进口和成品油进出口业务，首先需要取得相关部门联合下发的进出口配额，在进行海关申报之前还需要在商务部取得相应的进出口许可证，否则海关无法通关放行。

新加坡政府认为，油品进出口是企业的商业行为，在政策上不进行干涉，企业从事油品进出口不需要事先取得相应配额，也不用去商务部门领取进出口许可证，只需在进出口前通过电子系统向海关申请进出口许可，之后完成通关流程即可。韩国与新加坡的政策基本一致。

（三）进出口税收政策

对出口产品进入国际市场免于征税是绝大多数国家的惯例，这也是避免双重征税、促进自由贸易、提高出口产品竞争力的有力措施。中国为保证国内成品油的稳定供应、抑制实际炼油能力增长以及由此造成的环境污染压力,曾对出口成品油采取征税措施,有效限制了出口。但是,这一政策的针对性不强,尤其是在市场经济环境下,应该通过价格政策和环保政策加以引导。在各方的推动下,我国于2017年出台了汽柴油、航空煤油出口全额退税政策,对于实行出口退税的商品可以免征消费税。燃料油出口退税政策也于2020年年初推出,但退税范围仅限于进入保税罐、用于国外航线船舶加油的产品。

新加坡对出口货物不征收消费税和关税,国内征收的其他税收会予以返还。韩国和新加坡一样,由于出口产品不进入国内市场,对其免征所有税费。

(四)产品质量和数量监管

出口产品的品种、品质、数量是由贸易双方决定的,以贸易合同约束。贸易双方都以诚信、依法经营为基础并接受相关政府和国际机构监管,出现数量、品质纠纷以合同为依据解决。

长期以来,中国把原油和成品油的品质、数量列入法定检验范围。商检部门对进口原油数量、品质进行检测。对出口产品品质,通常根据合同规格约定,企业先进行自检,然后再申请商检,商检品质合格后才能通关放行,相关证书由商检部门出具。一些地区的商检部门创新监管模式,在对监管企业进行综合评价、实验室认证合格后,实行采信企业自检结果、不定期抽检的办法,有效提高了通关效率,缩小了与国际水平的差距。2018年4月,国家出入境检验检疫系统和海关合并,其检验、检疫、进出口监管统一归口海关管理,但是监管内容几乎没有实质性变化。从2020年开始,海关取消了原油的质检、量检等法定检验项目,这是政府贯彻"放管服"理念的重大政策创新,为炼油业释放了政策红利。

新加坡进出口油品的品质和数量均由独立商检机构确定,海关并不进行监管,相关证书也是由独立商检机构出具。在向海关申报时,只需要提供货物装船的相关单据和发票等就可以,不需要提供品质报告。韩国对成品油及石油制品的出口监管与新加坡类似。

（五）进出口监管场所规定

按照中国《海关法》，海关对进出口货物设置监管区，其目的是防止违法违规行为，防止"挂羊头卖狗肉"。对于安全风险等级高的石油制成品，海关规定对"油气液体化工品"设置监管场所，要求在出口产品申报前先把产品运至海关监管场所（储罐）内，内外贸必须严格分离，经海关查验后才能装船。这种监管机制造成炼厂需要建设更多的储罐，储罐利用效率低、投资大，浪费更多的土地，增加了企业成本。随着中国原油质检、量检等法定检验项目取消，原油进口监管场所也随之取消，原油入境后进口商可随时自由转输，加快了物流移动，减少了库存积压。

新加坡在货物进出口环节没有海关监管区域的规定，该国码头储罐均为保税储罐。码头、炼厂储罐、海关信息系统联通，海关可即时查看罐区数据，但实际执行中很少调取数据。韩国海关也没有监管区的规定，为企业提供了灵活、高效的经营环境。

（六）港口和泊位监管

在中国，泊位有内外贸之分，只有取得外贸资质的泊位才能自由靠泊外贸船舶，外轮靠泊外贸泊位需接受移民管理局（原边防管理局）监管。不具备外贸资质的泊位，事先需要向各联检部门申报，采取"一船一议"审批制度，审批流程长，监管部门多。

新加坡的码头泊位没有内外贸区分，只要船舶规范符合泊位设计要求即可靠泊，不存在办理非监管手续的问题，也不需要向边防机构申报取得审批。韩国对外航、外轮靠泊作业监管宽松，没有专门的边防监管，只需向海关申报备案。

（七）保税监管区规定

在中国，如果利用保税仓库调和船用燃料油，采购原料时先要向海关办理进口申报手续，调和环节也要受海关监管，不同税号产品调和还有相关规定。对外航线船舶加注燃料油需提前办理海关出口申报。

在新加坡，如果利用保税储罐进行油品调和，调和商只需按照调和方案采购原料入罐调和，调和后安排产品销售即可。在原料入罐和产品出罐时，将船舶和进出产品信息报送到码头，由码头向海关申请进出许可，进出口手续十分简便。政府认为，油品调和业务主要是商业行为，海关不宜进行太多监管和干涉。在燃料油的加注方面，很多加注企业利用浮舱进行油品调和，手续更为灵活简便。

韩国对给外航保税供应燃料油也有保税监管区域的规定，但监管手续简单高效。在船舶燃料油方面，韩国与中国的市场条件接近，甚至更差一些，近几年，韩国给外航保税供应燃料油数量能够稳定在600万～800万吨/年。

三、对中国石油外贸政策改革的建议

中国炼油业的现状是大而不强，内外市场没有完全接轨，缺乏有序竞争的市场环境，炼油企业不能灵活、自由地参与国际市场竞争。因此，迫切需要对炼油业的内外贸政策创新，加强顶层设计，加快与国际市场接轨，消除各种政策壁垒，促进中国炼油业做大做强。当前，中国石油外贸政策改革的重点是打破原油、成品油国内外流通壁垒，减少不必要的政府监管。

（一）转变能源安全理念，进一步完善市场机制

中国须转变能源安全理念，保供应从以政策措施为主，向以完善市场机制为主转变。目前中国炼油能力严重过剩，个别炼厂利用税收和监管漏洞获得了发展机会，一些缺乏竞争力的炼厂依赖国家现有成品油定价机制的政策支持勉强生存，中国炼油产业的无序竞争和畸形发展现象依然存在。

目前，中国炼油业主要还是面对国内市场，炼油企业更多的是考虑如何开发国内市场，在提升自身竞争力上花费的精力较少。在国内炼油产能过剩的情况下，炼油企业需要大量出口成品油到国际市场。只有加快开放国内成品油市场，让资源自由流通，炼油企业高度参与国际竞争，促进炼油企业更多地开展升级改造，提升管理水平，培育出具有国际竞争优势的企业，才能真正保障国家的能源安全。

（二）继续深化中国成品油定价机制改革

目前，中国完善了成品油定价机制，但定价模式与国际成品油定价模式相比存在很大差异。中国汽柴油价格与国际原油价格联动，随着原油价格的波动而调整，与国际价格接轨的程度虽有所提高，但并不能及时反映成品油供求关系所推动的价格变化，导致成品油在国内和国际市场没有根

据供需情况流通的基础。只有做到国内成品油价格和国际价格同频共振，才有可能实现成品油在国内外的双向流通。

（三）推进成品油消费税征收体制改革

长期以来，中国成品油消费税从生产厂征收，优点是简单方便，缺点是给不法企业和走私带来了巨大的偷漏税机会。加快消费税转移到终端环节征收的步伐，减少税收成本传导导致的价格失真，使贸易流真实反映市场供需，堵塞不法企业和走私的消费税征收漏洞，已是社会各界的普遍呼声。与此同时，需要加强税收监管，打击非法成品油流通，合理制定现有流通品种的税种和税率，利用税收手段加强管控和调控。

（四）贸易便利化，提升监管效率

当前，中国石油贸易监管政策已经与中国经济发展和对外开放水平不相适应，需要结合石化行业的产业规模和企业运行特点，制定符合行业特点的监管政策，从国家层面进行实质性改革，使得企业对外贸易更加便利，同时提升监管效率，彻底为企业松绑。

第一，依托企业设施进行全过程监管，避免重复建设。对外贸企业来说，要树立依法经营的理念，遵守法律法规，维护国家和企业形象，主动接受监管部门的监管；在建设或者升级改造阶段要充分考虑政府监管需求，提高生产经营过程的信息化水平。对监管部门来说，对于必要的监管信息，可以依托企业设施进行全过程监管，提高监管效率和效果，避免造成企业重复建设；对违法违规企业和个人，监管部门要依法严惩，提高其违法成本。

第二，取消进出口配额和许可证制度。在中国炼油产能过剩的现实环境下，有条件推动炼油业完全市场化，让成品油自由进出流通。企业可以充分利用国际国内两个市场，通过优胜劣汰，淘汰落后企业，减少资源浪费和环境污染，让有竞争力的企业实现大负荷运行，全面提升行业参与国际竞争的能力，提升国家能源安全保障。为实现炼油产品自由流动，避免以行政手段干预市场，要逐步改变实行进出口配额的监管模式，直至取消配额，同时减少不必要的审批，将出口审批制改为出口备案制。

第三，取消产品出口征税。按照国际惯例，出口国产品进入国际市场通常免税。中国企业要进入国际市场与对手同台竞争，政府必须提供国际上认可的政策支持，取消对出口或供中国边境外航保税成品油的统一征税。

第四，彻底取消加工贸易。石油加工贸易是中国改革开放过程中的权宜之计，为炼油产业发展做出了历史性贡献，但存在政策弊端，例如造成效益流失。在中国已经高度开放的今天，应该停止石油加工贸易政策，同时允许石油产品自由出口并免税。

第五，取消海关监管区及油气监管场所。产品的物流输转和储存都属于生产经营过程，海关没有必要进行监管，海关应该管的是终端和结果。设置出口产品监管场所无疑会造成炼厂储罐设施投资大幅上升，既损害企业竞争力，也带来监管难度，有百害而无一利。

第六，取消海关法定检验，实行第三方检测。产品出口数量和品质涉及贸易双方的实际利益，通常需要一个双方认可的第三方机构来进行公平公正的检测。目前，中国海关仍在实施强制法定检验，但中国海关的法定检验并不被外方认为是公平公正的，强制法定检验实际上只能监管中国企业。基于企业诚信进行的普通外贸完全可以取消法定检验，由贸易双方指定第三方专业机构检测，以保证双方利益，这样既能够降低检验成本，又可以缩短工作流程。

第七，给企业提供更加高效便利的边防环境。中国一直坚持对边防严格管理，保证了国家安全，营造了良好的边防环境。现在，国家的出入境政策已十分宽松，海岸（尤其是港口）安全更加和谐稳定，完全可以适当放松监管。例如，取消泊位外贸资质限制，港口可自由安排内外轮靠泊适航的泊位，对上下船舶人员的监管可与船代、船长、港口挂钩，给企业提供更加高效便利的边防环境，同时节省人力、物力和财力，提升国家形象。

在全球一体化的背景下，迫切需要我们进一步改革石油贸易和监管政策，彻底消除产业政策和监管体制上的壁垒，实现有效监管、高效监管，充分激发企业活力，为国家能源安全提供更为可靠的保障。

（本文原载于《国际石油经济》2020年第8期）

第十一章

中国对外油气贸易格局与能源安全

中国自 1993 年始成为石油净进口国，于 2006 年成为天然气净进口国，随着经济的发展，油气对外依存度不断加大。2017 年，中国超过美国成为全球最大的原油进口国，2020 年，原油进口依存度升至 70.24%，天然气进口依存度升至 43%，远高于国际能源署对原油进口依存度设置的警戒线。因此，通过开展对外石油天然气贸易与合作，推行利用"两种资源，两个市场"政策，实施"走出去"开展对外油气合作战略，是保证中国石油供给、维护中国石油天然气安全的必然选择和重要战略举措。

第一节　原油进口贸易格局

一、进口规模

改革开放以来，伴随着我国经济快速发展和油气消费需求的迅猛增加，油气国际贸易的规模也日益扩大，2019 年中国已成为最大的原油和天然气进口国，是国际油气市场的重要参与者。受新建炼化企业投产等因素拉动，2019 年我国原油进口持续增加，全年进口量突破 5 亿吨，同比增长 9.5%，原油对外依存度提升至 72.68%，具体情况见图 11-1。2019 年我国天然气进口量突破 1300 亿立方米，对外依存度达 43%。

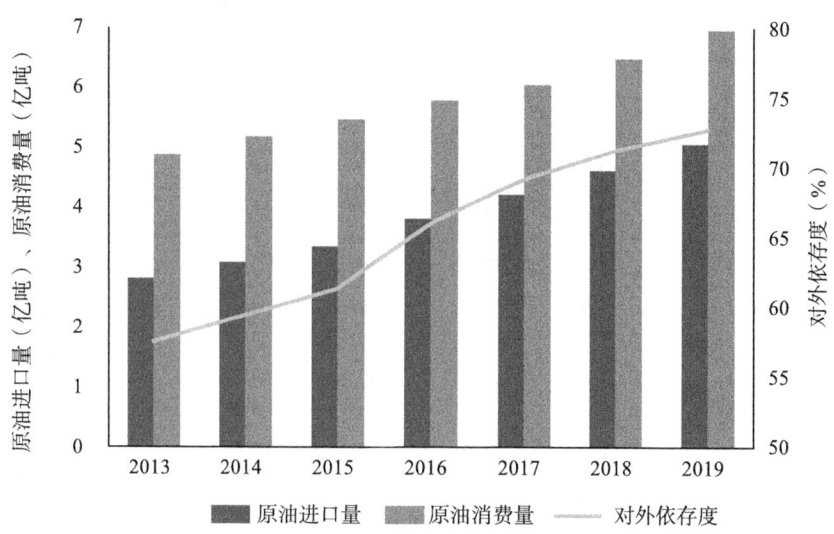

图 11-1 2013—2019 年中国原油进口量、消费量及对外依存度变化趋势

二、地区格局

我国 2014—2019 年的原油进口总量不断增加，于 2019 年达到了 50720 万吨。同时，我国的原油对外依赖度也在不断增加。其中，我国在亚太地区、东南非地区以及澳大利亚的原油进口量呈下降趋势，在中东、中美洲地区、前苏联地区、北非和西非地区的进口量逐年增加。不难发现，我国的原油进口仍然主要来自中东地区。从 2019 年数据来看，我国原油进口排名前十的国家分别为沙特阿拉伯、俄罗斯、伊拉克、安哥拉、巴西、阿曼、科威特、阿联酋、伊朗、刚果，其中沙特阿拉伯超越俄罗斯成为中国第一大原油供应国，全年进口合计达 8330 万吨，占比 16.4%。近几年我国主要原油进口量见表 11-1。

表 11-1 2014—2019 年我国前 10 位原油进口国家

单位：万吨

年份 国家及地区	2014	2015	2016	2017	2018	2019
美国	570	10	50	770	1230	630

续表

年份 国家及地区	2014	2015	2016	2017	2018	2019
加拿大	80	10	20	60	120	220
墨西哥	70	80	100	130	70	50
中南美洲	3720	4170	5100	5720	6200	6720
欧洲	360	210	580	990	860	1360
前苏联地区	4580	4770	5670	6360	7440	8190
中东国家	17170	17040	18410	18400	20310	22530
北非	320	390	170	560	1130	1070
西非	5740	5230	5950	7230	7190	7780
东南非	820	830	670	470	440	390
澳大利亚	300	240	320	210	130	230
印度	30	—	—	—	—	—
日本	180	—	—	—	—	—
新加坡	670	—	—	—	10	—
亚太地区其他国家	2680	590	1230	1330	1310	1560
合计	37280	33580	38260	42210	46450	50720

资料：BP世界能源统计年鉴。

第二节 成品油贸易格局

一、成品油出口及地区分布

从全球贸易结构来看，原油在石油贸易中的比重逐渐下降，增长幅度并不明显，而随着人们对汽车、航运等消费需求的增加，成品油贸易量大幅提升，在石油贸易中的比重明显上升；2019年，中国成品油出口量为

6685万吨,与去年同期相比增长15.8%。周边国家如新加坡、越南、缅甸、韩国、朝鲜和日本是我国出口成品油的主要市场。多年来,虽然出口量有了变化,但出口去向没有明显改变。此外,我国也向西半球和欧洲出口成品油。

(一)汽油出口

从出口量方面来看,2012—2019年我国汽油出口量逐渐上升,2019年中国汽油出口量达1637万吨,相比2012年中国汽油出口量增长461%,相较于2018年同比增长27.1%。

从金额方面来看,2014—2015年中国汽油出口金额有所下降,2015年中国汽油出口金额为3510.2百万美元,同比下降30%。2016—2019年中国汽油出口金额逐步增长,2019年中国汽油出口金额为9410.71百万美元,同比增长10.9%(表11-2)。

表11-2 2012—2019年汽油出口情况

年份	出口数量(万吨)	数量增长率(%)	出口金额(百万美元)	金额增长率(%)
2012	291.8	—	3674.84	-
2013	469	60.7	4650.88	53.5
2014	508	8.3	5043.30	8.4
2015	589	16.1	3510.20	-30.4
2016	969	64.5	4181.48	19.1
2017	1051	8.5	5669.70	35.6
2018	1288	22.5	8481.97	49.6
2019	1637	27.1	9410.71	10.9

资料:BP世界能源统计年鉴。

新加坡、印度尼西亚和越南一直是我国汽油出口的传统市场。2019年,中国汽油主要出口目的地依旧是新加坡,占比为60%,随后是马来西亚、墨西哥、印度尼西亚、韩国等地，它们的占比依次为9%、7%、6%、4%。随着我国成品油出口贸易的发展，亚太地区的澳大利亚、马来西亚、朝鲜、哈萨克斯坦也成为我国汽油出口的重要市场。

（二）柴油出口

从我国柴油净出口量来看，2012年我国柴油出口量为185万吨，进口量为93万吨，净出口量92万吨。随着中国一次炼油能力的不断增加，近几年来我国柴油的出口量不断增加，柴油进口量相对减少。在2015年，由于经济增长放缓，加之制造业和原材料运输不景气以及替代燃料的影响，导致2015年柴油需求增长不到1%，远低于2009—2013年年均4.8%的水平。与此同时，在创纪录的汽车销量和较低油价的推动下，汽油需求量增长达11%。这都导致2015年柴油净出口量自1985年以来首次超过汽油，达到673.57万吨。直到2019年，我国柴油净出口总量为2019.9万吨，其中出口量达到2139.1万吨，而进口量仅为119.2万吨。由此可见，我国属于柴油净出口国，出口量明显大于进口量。

从柴油主要出口国来看，我国柴油出口市场较为分散，主要在亚太国家和地区，其中新加坡、中国香港等地是我国柴油出口传统市场。2019年，我国向菲律宾、香港、新加坡出口的柴油量占比分别为20%、18%、15%，三者总占比达到了53%。此外，我国也向周边的越南、韩国及亚太的其他国家和地区出口柴油。

（三）燃料油出口

我国燃料油出口市场分散，亚太和世界其他地区约各占一半。在逐步放宽原油进口权限后，地方炼厂进料以进口原油取代进口燃料油，使得燃料油进口量减少而出口相对增加，但总体而言，中国燃料油出口量还是小于进口量。2019年我国出口燃料油1118万吨，同比减少9.4%。

2019年第一批加工贸易出口配额下发，共计314万吨，按品种来看，航煤为此贸易方式出口绝对主力，占总量的92%；按企业获得数量划分，中石化以73%的份额占据首位，其次分别为中石油、中化及中海油（表11-3）。

表 11-3　2019 年第一批成品油出口配额（一般贸易及加工贸易合计）

单位：万吨

企业	汽油	煤油	柴油	合计
中石油	300	160	219	679
中石化	70	500	490	1060
中海油	63	53	74	190
中化	92	22	107	221
总计	525	735	890	2150

资料：BP 世界能源统计年鉴。

二、成品油进口及地区分布

我国成品油从 2008 年以后，产量增速逐渐下滑，进口量逐渐增加，进口量占国内成品油产量 10%，按新增需求 2% 计算，年成品油需求增量约 650 万吨。2013—2016 年，我国成品油进口量逐年递减。2016—2018 年，我国成品油进口量分别是 2784 万吨、2964 万吨、3348.1 万吨，呈现上升趋势，而在 2019 年我国成品油进口量为 3056 万吨，较 2018 年进口量减少了 292.1 万吨。总体来说，中国成品油进口量仍然维持在一个较高的水平（表 11-4）。

表 11-4　2012—2019 年我国成品油进口情况

年份	进口数量（万吨）	数量增长率（%）	进口金额（百万美元）	金额增长率（%）
2012	3983	—	33088.9	—
2013	3959	-0.6	31930.8	-3.5
2014	3000	-24.2	23434.9	-26.8
2015	2990	-0.3	14303.4	-39.0
2016	2784	-6.5	11141.2	-21.8

续表

年份	进口数量（万吨）	数量增长率（%）	进口金额（百万美元）	金额增长率（%）
2017	2964	6.4	14485.6	29.8
2018	3348.1	13	20067.4	38.5
2019	3056	-8.7	17076	-15.2

资料：BP世界能源统计年鉴。

从全球能源市场来看，全球能源需求增速提升，能源强度下降的速度放缓，许多能源转型的结构性因素将继续发挥作用，特别是可再生能源和天然气强劲增长。就成品油产品而言，车辆的使用效率有所提高、电动车增长等因素仍在抑制对成品油产品的需求。

（一）汽油进口

汽车工业的发展和汽车保有量的增加已成为推动国内成品油消费的主要因素之一。从国民经济发展的角度看，中国居民收入的稳定增长大大提高了其购买力，对生活品质的追求也日益加强，城乡居民对汽车的需求度持续攀高。汽车在农村的推广、以旧换新和其他国家政策增加了私家车的使用。在汽车保有量方面，10年来机动车数量增加了1亿多辆，其中汽车数量接近2亿辆。汽车保有量的增加直接导致了对成品油需求的增加。

汽油进口绝大部分来自亚太地区，从俄罗斯也有少量进口。亚太地区中，韩国和新加坡是中国车用汽油进口的最大供应国。但总体而言，我国汽油供给仅有小部分来自进口，汽油出口量远大于进口量。2019年，中国汽油进口数量为33.3万吨，同比下降25.2%，汽油出口数量为1637万吨，同比增长27.1%。

（二）柴油进口

随着国民经济的快速发展，工业生产的速度不断提高，交通运输总量逐年增加。交通运输包括公路、铁路、水路和航空运输，其中柴油消耗占总消费量的一半以上，直接影响成品油消费总量的趋势。公路客运周转率和公路货物周转率平均每年增长8%和25%，水路货运年营业额增长11.8%。同时，互联网时代带动的物流业也逐渐发展起来，从而带动交通运输业的柴油保持较高的增速，未来柴油进口将继续保持稳定增长。

柴油进口绝大部分来自亚太地区，从俄罗斯也有少量进口。亚太地区中，韩国和新加坡是中国轻柴油进口的最大供应国，中国台湾、日本、泰国也向中国出口轻柴油。2015年至2018年，我国柴油进口量始终低于100万吨。2019年，我国柴油进口量达到新高119.2万吨，但远远低于2139.1万吨的柴油出口量。总体而言，我国属于典型的柴油净出口国，出口量远远大于进口量。

（三）燃料油进口

我国燃料油主要的消费领域是船用燃料油市场。我国船用燃料油市场可分为内贸市场和保税市场，内贸市场的资源供应主要来自我国本土的炼厂及调油商，而保税市场的资源供应则基本源于进口。燃料油作为最大的成品油进口品种，我国燃料油进口的主要来源为东南亚、中东地区国家，马来西亚、新加坡是我国最主要的进口来源国。2019年，我国燃料油进口量为1479万吨，从新加坡、马来西亚和阿联酋进口的燃料油分别占比25%、38%、9%，三国总占比为72%。

第三节　天然气贸易格局

近年来，我国天然气需求回暖，2017年及2018年表观消费量分别为2420亿立方米、2828亿立方米，同比增速达16.9%。同期国内天然气产量分别为1492亿立方米、1615亿立方米，同比增速达到8.24%。天然气的产量和增速均低于表观消费量，意味着未来我国天然气市场对外依存度会比较高。目前我国的天然气只存在进口不存在出口，所以只针对天然气进口方面进行介绍。而我国的天然气进口存在着管道天然气进口和液化天然进口两部分,二者的情况有所不同。

一、管道天然气进口及地区分布

我国管道天然气进口来源国主要有土库曼斯坦、乌兹别克斯坦、缅甸和哈萨克斯坦,进口海关主要是乌鲁木齐海关和昆明海关。

2006年4月3日,中国与土库曼斯坦签署了关于输气管道建设与长期天然气供应的框架协议。中亚天然气管道途经乌兹别克斯坦、哈萨克斯坦两国,单线里程1837千米,AB线于2009年12月投产,C线于2014年6月投产,三线目前输气能力为每年550亿立方米。2009年12月,中国石油天然气集团公司与缅甸能源部签署了中缅原油管道权利与义务协议。中缅天然气管道首站位于缅甸西海岸皎漂港,从云南瑞丽入境,于2013年7月建成投产,输气能力为每年52亿立方米。我国的管道天然气进口始于2009年底,首先是来自土库曼斯坦的天然气进入中国。2011年11月,中亚天然气干线管道全线通气,中亚天然气抵达广州。2011年全年管道气进口达到136亿立方米,占当年进口总量的46%。根据"增供协议",土库曼斯坦向中国出口的天然气总量650亿立方米;加上已经与哈萨克斯坦、乌兹别克斯坦签署协议,我国从中亚三国进口的天然气每年达到800亿立方米。同时,中缅天然气管道在2013年建成投产,年输气能力为120亿立方米。另外,中俄东线天然气管道已经于2019年全面投产通气,计划年输气量达到380亿立方米。中俄东线天然气管道的建成,补齐了中国西北、东北、西南以及海上四大油气战略通道中一直缺少一条东北管道天然气进口通道的状况,使中国四大油气战略通道实现原油和天然气都能输送。天然气进口的多元化,更加有利于保障国家能源安全。我国的管道天然气进口量参见表11-5。

表11-5 2014—2019年我国天然气进口情况

单位:十亿立方米

分类	2014	2015	2016	2017	2018	2019
管道天然气进口	31.3	33.6	38.0	39.4	47.9	47.7

续表

分类	2014	2015	2016	2017	2018	2019
液化天然气进口	26.5	26.2	34.3	52.6	73.5	84.8
总计	57.8	59.8	72.3	92.0	121.3	132.5

资料：BP 世界能源统计年鉴。

我国管道天然气进口来源国主要有土库曼斯坦、乌兹别克斯坦、缅甸和哈萨克斯坦，每年也会从其他国家进口一些管道天然气，但数量较少，几乎可以忽略不计，所以我们主要从这四个国家分析我国的管道天然气进口情况，从表 11-6 可以看出，2015 至 2019 年，我国的管道天然气主要进口来源是土库曼斯坦，其他国家的进口量略有起伏，但是总体来看波动不大。值得注意的是，中俄东线天然气管道的建成，使得 2020 年中国从俄罗斯进口的管道天然气达 39 亿立方米，占比 8.6%。

表 11-6　2015—2019 年我国管道天然气主要进口来源

单位：十亿立方米

年份	哈萨克斯坦	土库曼斯坦	乌兹别克斯坦	缅甸	总计
2015	0.4	27.7	1.5	3.9	33.6
2016	0.4	29.4	4.3	3.9	38
2017	1.1	31.7	3.4	3.3	39.4
2018	5.4	33.3	6.3	2.9	47.9
2019	6.5	31.6	4.9	4.4	47.4

资料：BP 世界能源统计年鉴。

二、液化天然气进口及地区分布

近年来我国 LNG 贸易快速发展，呈现与管道气全面竞争的态势。2016—2019 年我国进口管道气年平均增幅不足 10%，而 LNG 进口量年平均增幅达 33.2%，同期我国天然气表观消费量年平均增幅则接近 15%，进口 LNG 是弥补我国天然气供应缺口的重要因素。

我国液化天然气进口国主要有澳大利亚、卡塔尔、马来西亚、印度尼西亚、巴布亚新几内亚、美国、文莱、尼日利亚、赤道几内亚和埃及，进口海关主要有福州海关、青岛海关、南京海关、九龙海关、上海海关、大连海关、天津海关、宁波海关、黄埔海关、秦皇岛海关、南宁海关、汕头海关和拱北海关。

近年来，我国 LNG 进口来源和主体日趋多元。尽管如此，我国液化天然气进口的主要国家没有发生变化，澳大利亚仍是我国液化天然气的主要进口国，其向我国出口的 LNG 始终占据我国 LNG 总进口量的一半左右。2019 年，我国向澳大利亚进口 LNG 数量为 398 亿立方米，占据我国 LNG 总进口量 47%。数据见表 11-7。

LNG 进口量稳步增长，在中国天然气进口总量中的占比也逐年增加。2017 年，我国 LNG 进口量首次超过管道天然气进口量，自此以后，我国 LNG 进口量始终大于管道天然气进口量。2019 年，我国 LNG 进口量为 848 亿立方米，占天然气进口总量的 64%。

表 11-7　2015—2019 年我国液化天然气主要进口来源

单位：十亿立方米

年份	澳大利亚	卡塔尔	马来西亚	印度尼西亚	巴布亚新几内亚	总计
2015	7.2	6.5	4.4	3.9	—	22
2016	15.7	6.5	3.4	3.7	2.9	32.2
2017	23.7	10.3	5.8	4.2	3.0	47
2018	32.1	12.7	7.9	6.7	3.3	62.7
2019	39.8	11.4	10.0	6.2	3.9	71.3

资料来源：BP 世界能源统计年鉴。

除中石油、中石化和中海油与澳大利亚、卡塔尔、马来西亚、印度尼西亚等国签订了长期协议确保执行之外，中国贸易商在 LNG 现货市场的采购也比较积极。我国在沿海先后建成深圳、福建、上海、江苏、大连和宁波 LNG 接收终端，目前已经形成了 1880 万吨的年接收能力；随着青岛、河北、海南和粤东等在建项目将陆续投产，预计 LNG 所有项目一期的接收能力不久将扩大到 3380 万吨（合 470 亿立方米）。

第四节　能源安全与油气安全

一、国家安全体系

国家是人和社会发展的产物，它是阶级利益的载体和表现，在人类社会向前发展的过程中，国家要生存要发展，最需要的就是"安全"的保障。国家安全是国家全部社会活动和经济活动的基础和前提，是一个国家生存和发展的必要条件。

国家安全是国家的基本利益，是一个国家处于没有危险的客观状态，也就是国家没有外部的威胁和侵害也没有内部的混乱和疾患的客观状态。当代国家安全包括 11 个方面的基本内容，即国民安全、领土安全、主权安全、政治安全、军事安全、经济安全、文化安全、科技安全、生态安全、信息安全和核安全。

对于处在世界范围内的国家而言，国家安全所涉及的范围是广泛的，其包含的内容是多方面的。传统安全主要指军事安全、政治安全和国土安全；非传统安全则主要包括文化安全、经济安全（包括金融安全）、信息安全、资源安全、环境安全、生态安全、食物安全等。国家安全是一种"综合安全"。在"综合国力"越来越重要的今天，国家安全的内涵也不断发展，仅仅靠军事、政治方面来维护国家远远不够，只有在各方面都保证安全才能取得真正意义上的国家安全，才有利于国家更好的发展。

和平与发展是当今世界发展的两大主题，但世界并不太平。虽然中国向来是以和平共处五项原则作为同他国交往的基础，但是我国的国家安全依然受到很多因素的影响，因此安全问题一直受到国家的重视。习近平总书记早在2014年十八届中央国家安全委员会第一次会议上就强调了国家安全的问题，在2018年的十九届中央国家安全委员会第一次会议上，习总书记也再次强调国家安全问题，他指出要加强党对国家安全工作的集中统一领导，正确把握当前国家安全形势，全面贯彻落实总体国家安全观，努力开创新时代国家安全工作新局面，为实现"两个一百年"奋斗目标、实现中华民族伟大复兴的中国梦提供牢靠安全保障。

二、能源安全

能源是经济发展的命脉，是国民经济发展和人民美好生活的重要保障，所以能源安全也是我国目前非常关注的一个问题。能源安全问题从1973年第一次石油危机开始为人们认识，20世纪70年代初爆发的第四次中东战争，导致世界石油短缺和油价暴涨，引发了第二次世界大战后最严重的全球经济危机。国际能源署1974年成立，第一次正式提出了以稳定原油供应和价格为中心的能源安全概念，西方国家据此制定了以能源供应安全为核心的能源政策。20世纪80年代中期以后，随着全球化进程加快、能源需求和价格快速增长以及对环境问题的担忧，国家能源安全还包括了对生态环境、可持续发展战略等问题的关注。

当今，能源安全的概念和内涵也发生了重大变化。传统上，能源安全是指以可支付得起的价格获得充足的能源供应。考虑到能源安全形势的新变化，当今的能源安全包括以下六个方面含义。

第一，能源物质安全。能源资产、基础设施、供应链和贸易路线的安全以及紧急情况下必要和迅速的能源资产、基础设施、供应链和贸易路线的替代。

第二，能源获取安全。不论是物质上的，还是合同上的，或是商业上的开发和获取能源供应的能力。

第三，能源体系安全。能源安全体系由国家政策和国际机制构成，旨在对供应中断、油价暴涨等紧急情况，以合作和协调的方式迅速做出反应，以维持能源供应的稳定性。

第四，能源投资安全。需要足够的政策支持和安全的商业环境，需要鼓励投资，确保充足和及时的能源供应。

第五，能源环境安全。当今气候变化和环境约束的困境要求能源的生产和消费方式趋于低碳化。

第六，能源安全不仅仅局限于供应和价格安全。能源供应暂时中断、严重不足或价格暴涨对一个国家经济的损害，主要取决于经济对能源的依赖程度、能源价格、国际能源市场以及应变能力（包括战略储备、备用产能、替代能源、能源效率、技术力量等）。

能源是国民经济和社会发展的重要基础，是习近平总书记一直关心、关注的重要领域。党的十八大后，面对能源供需格局新变化、国际能源发展新趋势，习近平总书记从保障国家能源安全的全局高度，提出"四个革命、一个合作"能源安全新战略，这是习近平新时代中国特色社会主义思想的重要组成部分。

党的十八大以来，习近平总书记多次强调坚持节约资源的基本国策，全面推进节能减排和低碳发展，迈向生态文明新时代。2014年，习近平总书记在中央财经领导小组第六次会议上发表讲话，提出推动能源消费革命、能源供给革命、能源技术革命、能源体制革命，并全方位加强国际合作，实现开放条件下的能源安全。"四个革命、一个合作"能源安全新战略成为我国能源改革发展的根本遵循，中国特色能源发展理论实现了重大飞跃。

当前我国能源发展的主要矛盾已经转变为人民日益增长的美好生活用能需要和能源不平衡不充分的发展之间的矛盾。能源安全新战略正是破解能源发展矛盾问题的路径指引。能源系统要坚决扭转粗放型的发展模式，深化能源体制机制创新，提升能源统筹协调发展水平，推动市场发挥配置资源的决定性作用，优化能源资源配置，全面提升能源利用效率，提升能源全要素生产率。

三、油气安全

在经济飞速发展的今天，能源在各国发展中发挥着越来越大的作用。从世界各国的发展趋势来看，工业化国家无一例外均采用了以油气燃料为主的能源路线。随着世界能源格局从"煤炭时代"向"石油天然气时代"的转换，石油和天然气以其特有的优势，成为各国发展国民经济的重要支撑。

油气安全虽然没有直接对国家安全造成影响,它们却最终制约和影响着经济安全和国家安全。石油天然气已不仅仅是能源,它对一国发展更具有战略价值。"油气安全"将成为经济全球化时代国家安全的新观念,如一个国家不关注"油气安全",并制定相应的对策来保护、储备、合理开发和配置油气资源,那就可能在未来全球经济竞争中陷入被动。

世界油气资源分布极不平衡。从石油方面来讲,2018年世界石油的探明储量为2441亿吨,石油储量居前10位的国家,合占世界石油储量的85%以上,其中中东石油储量约占全世界总量的一半,石油资源丰富的国家主要有委内瑞拉、沙特阿拉伯、加拿大、伊朗、伊拉克、俄罗斯、科威特、阿联酋等。从天然气方面来看,2019年世界天然气的探明储量为1988000亿立方米,天然气储量居前10位的国家分别为俄罗斯、伊朗、卡塔尔、土库曼斯坦、美国、中国、委内瑞拉、沙特阿拉伯、阿联酋、尼日利亚,合占世界天然气储量约80%,主要分布在中东地区和一些独联体国家。

石油和天然气与国家的经济安全关系重大。在当代,油气消费占世界各国全部能源消费中的比例达到40%以上。油气产业以及与油气产业直接关联的上游产业和下游产业,涵盖了社会生产、流通、分配和消费的各个方面,在整个国民经济构成中占有相当大的比重。如果减少或失去了油气供应,这些部门、产业、行业和企业就会受到严重冲击,甚至导致极大的混乱和动荡,从而给整个国民经济带来严重损失。石油对国家经济安全的影响,主要是通过石油的供求、石油价格的波动这两个途径来实现的,而石油的供求与价格二者之间又是紧密相连的。石油对国家经济安全的影响会波及一个国家的政治、军事、外交诸多方面,从而影响一个国家的社会稳定、军事安全以及外交安全。

油气安全问题与一国国际关系格局关系重大,归纳起来大体有以下三个主要原因:一是国际关系格局与油气安全关系极为密切,越来越多的国家外交围绕着油气问题展开。哪个国家能控制世界的能源资源,就在国家关系中掌握绝对话语权。二是经营油气业务是各国能源公司最有利可图的活动,作为垄断性企业,部分油气公司的经营状况足以影响国家安全。三是油气能源作为巨大的惯性势力对国际关系的变动足以产生深刻的影响。

我国油气安全问题非常突出,特别是在石油方面,2019年,我国石油探明储量为36亿吨,天然气探明储量为84000亿立方米。比较大的油田有大庆、胜利、延长、南疆等,现有油田大都已过高峰生产阶段,继续增产的压力较大。2019年,我国天然气的产量为1776亿立方米,比上一年增长了9.9%,同年我国天然气消费量为3073亿立方米,增长率8.6%,对外依存度已经超过40%,天然气安全也存在一定风险。在油气资源丰富的海域,我国面临着与邻国的领土纠纷。因此,我国必须实行开源节流政策,一方面加大油气资源的勘探力度;另一方面从严控制油气消费,尤其是高耗油装备、大排量汽车等。

第五节　中国对外油气贸易安全困境

一、进口规模巨大,进口依存度高

2019年国内主要油田稳产增产态势良好,原油产量为1.91亿吨,同比增长1%,扭转了2016年以来连续下滑的态势。但是,面临不断增加的能源需求,依然需要通过增加原油进口满足国内消费,从而导致中国原油的对外依存度不断提高。2015年原油对外依存度为61.31%,2017年为69.21%,两年上升约10个百分点,2020年进口原油对外依存度攀升到73%,为历史最高水平。

从进口来源国看,中国从35个国家进口原油,其中居于前列的主要是中东的沙特阿拉伯,欧亚的俄罗斯以及西非的安哥拉等国。进口来源较为集中,主要是从波斯湾港口运至华南、华东和环渤海地区,大型油轮经过一个月左右的时间运输。如果从中南美和西非等地则时间较长一些,大概需要一个半月时间。除了海运之外,从俄罗斯至东北地区以及中亚地区至新疆等地区采用管道运输方式。此外,部分原油经航运至缅甸之后通过中缅管线直接运输至云南进行炼化。运输方式、运输渠道多元化,可有效保障中国原油进口安全。

近年来,受国内天然气消费和"煤改气"政策等因素的影响,我国天然气产业发展起伏较大。2017—2018年,天然气消费快速增加,年消费量分别为2404亿立方米和2830亿立方米,同比分别大幅增加14.8%与17.7%;天然气进口量为920亿立方米和1213亿立方米,分别大幅增加27.2%与31.8%,对外依存度分别为38.9%与44.2%。2019年,我国天然气产量为1776亿立方米,同比增长10%;天然气进口量为1325亿立方米,同比增长9.2%。其中,LNG进口量为848亿立方米,同比增长15.4%,管道天然气进口量为477亿立方米,同比减少0.4%;进口LNG与管道天然气分别占天然气总进口量的64%与36%。由于"煤改气"政策的管制力度变弱,补贴减少,天然气增量出现下降,2019年对外依存度首次出现下降,为43%。

从天然气进口来源国看,中亚仍然是最主要的管道天然气进口来源,尤其是中亚的土库曼斯坦,2019年土库曼斯坦就提供了66.2%的管道天然气。值得一提的是,中俄东线天然气管道于2019年年底正式开通,使得2020年中国从俄罗斯进口的管道天然气达39亿立方米。LNG方面,澳大利亚是中国最主要的LNG来源国,2019年中国从澳大利亚进口的LNG量为398亿立方米,占比47%;其次是卡特尔和马来西亚等国。

可以发现,无论从石油还是天然气方面来说,我国能源的对外依存度都是很高的。提高国内原油、天然气产量,降低我国能源对外依存度,确保能源安全将会是我国油气发展的重要方向。

二、进口源地相对集中

世界油气资源具有鲜明的地域和空间分布特征,同时,全球油气的地缘格局也是不断变化的。从地理分布来看,从马格里布以东到波斯湾、里海、西伯利亚,直至俄罗斯的远东地区,是当今世界最主要的油气资源蕴藏带与供应带,中国石油进口也依赖于此,尤其是中东地区。虽然中国早已意识到了这一问题,并在拉美、非洲等地区积极寻求合作,但据相关统计数据显示,2018年占中国原油进口总量的一半以上、十大原油进口国中的6个依然来自中东国家。需要注意的是,这些中东国家的国力都相对较弱,即使有的国家较为富庶,在欧佩克中举足轻重甚至在 G20 机制中都占据一席之地,但其国内政治派系、宗教派别、种族部落等势力之间的角力一直此起彼伏、复杂莫测。我国进口原油在稳定中东,开拓非洲,加快发展俄罗斯、哈萨克斯坦等国的能源合作关系的同时,正逐步拓宽进口渠道,关注其他新兴产油国和地区。整体看,原油进口来源以中东、非洲为主,其中从非洲进口的比重持续增加。与此同时,美欧等外部力量出于地缘政治的考量和对石油这一重要战略资源的觊觎,长期以来也通过外交、军事、经济、文化等方式在该地区发挥影响。近年来,伊拉克、苏丹、埃及、也门、叙利亚等产油国都在国内外因素的作用下出现了政局动荡甚至战乱,已对中国的原油供给稳定和安全造成了不小的冲击。

三、进口运输方式单一,运输路线风险高

当前,中国的油气进口运输通道包括海上和陆上两种,其中陆上油气通道虽已初具规模,但运量有限,60% 以上还要依靠海运。而海运油气中又有 80% 左右需经过霍尔木兹海峡—马六甲海峡—南海通道,这使得中国的油气安全依然面临着"马六甲困境"且日益严峻。第一,马六甲海峡航道狭窄,水流平缓,近年来通过海峡的船只急剧增加,易造成航道拥堵甚至发生海上交通事故。第二,马六甲海峡是全球海盗袭击事件发生最频繁的区域之一,这将威胁来往船只安全,增加通行成本。第三,马六甲海峡目前由新加坡、马来西亚和印度尼西亚三国共管,但三国的海上力量不足且立场不一,如海盗和海事安全被新加坡视为安全问题,被马来西亚视为政治问题,但是在印度尼西亚却不受重视,这严重影响了对海峡的保护能力和管理力度。第四,鉴于马六甲海峡的重要战略位置。美国早在 1986 年就把其列为必须控制的世界 16 大咽喉水道之一,而日本、印度也想分一杯羹。在美国施行"亚太再平衡"战略的背景下,如果美国及其盟国找借口临检中国出入海峡的船只甚至针对中国关闭海峡,后果将不堪设想。

目前,我国原油进口 85% 是通过海上运输,只有少量原油通过满洲里、二连、阿拉山口等铁路运输,而管道运输基本较少。同时由于目前中国还没有自己的现代化油轮船队,仍无法有效应对海上运输存在的安全隐患,石油运输的安全性较低。在当今国际局势不确定性增加的情况下,石油进口来源相对集中、运输方式单一的状况将成为影响中国石油安全的主要因素之一。

四、对贸易价格影响力小

国际价格机制不能客观、合理地反映我国石油的供需变化，我国石油进口只能被动接受以美国和欧洲为主导的石油供需形成的价格。虽然我国石油贸易量增长迅速并逐渐成为国际石油贸易中的重要部分，但这一因素在基准原油价格中并没有得到完全的体现。中国需求因素常常被错误的预期所夸大，国外石油市场提供的价格信号并不能真实地反映中国市场的供需情况，石油企业只能被动地接受国外价格，常常冒着巨大的风险参加国际贸易。

五、进口基础设施不健全

目前国内具有权威性的信息发布和研究机构还没有建立起来，能够适应复杂多变石油市场的能源金融复合型人才严重不足。硬基础设施不足以保障国家应对突发事件而导致供应中断所面临的风险，也不能满足企业充分利用国际市场环境的变化而及时调整经营策略的需要。另外，石油贸易过多地依赖海上运输和"马六甲"通道也是制约中国石油贸易安全的一个重要方面。

从天然气储气库建设方面来看，我国储气库建设严重滞后，储备规模明显不足。截至2016年，中国地下储气库工作气量仅仅占天然气消费量的4%左右，相对于天然气地下储气库工作气量占消费量10%~15%的国际水平，中国天然气储备规模存在较大差距。其原因之一，是中国储气库的建设条件较差，如我国东部地区是天然气主要消费区，但东部地区复杂破碎的断块构造以及复杂多变的陆相河流相沉积，使地下浅层难以找到合适的储层；加上东部地区气藏少，没有足够的气田用于建库，如果利用复杂的储层油藏改建储气库，其建设经验尚不成熟，因此储气库建设存在较大难度。原因之二，储气库建设耗资巨大，由于储气、调峰价格机制缺失，储气库建设成本无法通过价格传导得到较好补偿，运营者缺乏储气库建设的经济动力，导致储气调峰设施建设滞后，储气能力较弱。

从管网建设方面分析，我国管网互联互通不足。中国每万平方千米陆地面积对应的管道里程约 70 千米，仅相当于美国的 12%，长输干线管网尚未覆盖全国，海南、西藏等省份长输管网仍是空白，且不同区域管网之间以及不同所有权管网之间互联互通较差，从而阻碍了天然气的生产供应。尽管如此，由于行业进入门槛问题，民营企业仍难以进入管输领域。我国天然气管网大型干线和支干线工程主要由三大石油公司投资建设，区域内支线主要由三大石油公司和地方资本投资建设，仅中石油建设投资就占天然气管网总投资的 70%。天然气管网投资建设潜力难以释放，管网建设规模、速度满足不了客观现实需求，管网投资建设的效率和效益也有待提高。至于管输的定价机制，由于输配环节层级过多，管输成本不透明，价格相对较高，且结算复杂，导致价格调节机制缺失。

六、贸易体制待加强，行业法规待完善

适应多元化贸易方式的体制和机制还未完全建立起来，风险管理远远不能适应复杂多变的国际石油交易机制。一方面，在目前形势下对企业从事国际石油交易难以进行有效的监管，只能对企业参与国际石油衍生品交易实施限制；另一方面参与石油贸易活动的石油公司灵活运用衍生产品进行交易的机制也没有建立起来。这两方面的原因导致企业只能被动地接受价格风险而无法主动、有效管理风险。

天然气行业政策法规不健全，表现之一就是 LNG 发展缺乏行业法规。LNG 行业法规缺乏、技术标准滞后。天然气行业中，LNG 是一个新兴的能源利用方式，近年来获得了高速发展，尤其在交通、工业应用方面展现了诱人的前景。但目前天然气行业已有的法规标准大多属于管道气或瓶装气的范畴，作为液态的 LNG 由于物理特性不同，很难适用原有法规标准。同时，由于 LNG 行业的应用技术标准缺失或滞后，一定程度上也影响了 LNG 贸易行业的发展。

第六节　实现中国对外油气贸易健康发展措施

一、扩大国内供给，降低对外依存度

2018—2020年，我国原油对外依存度均已超70%，因而保障石油安全供应的责任越来越大。一方面，国际原油市场受地缘政治、供求关系等因素影响的程度较深，且不受控、可预见性不强，造成波动性较大，对于原油进口国来说，进口风险较大。另一方面，中国原油进口主要来自中东地区（沙特、伊拉克等）等国家，这些国家一直以来战争不断，外部政治斗争严重影响着出口国的原油出口，进而影响我国原油安全稳定进口。因此，随着我国进口规模越来越大，这种对外依赖程度不断加深带来的石油安全风险也会随之增大。

面对我国原油对外依存度较高的严峻现实，为控制石油安全风险，应做好这两方面的工作：首先，要加大国产原油勘探开发力度，提高在总供应量中的占比，推进降低进口量。2019年，国产原油为1.91亿吨，仅占总供应量的27.4%。为了保障国家能源供应安全，迫切需要提高国内原油产量，因而国内石油公司尤其是"三桶油"应贯彻落实国家要求，加大国内油气勘探开发力度，在确保原油年产量稳产2亿吨以上的基础上，努力增产。其次，要持续扩大战略原油储备，提高应对原油断供、突发战争等风险的能力。中国作为世界上最大的原油进口国，国际原油市场变化莫测，持续扩大战略原油储备，能够保持国家经济稳定，免受石油产品短缺供应冲击的影响。目前，中国已经建成舟山、舟山扩建、镇海、大连、黄岛、独山子、兰州、天津及黄岛国家石油储备洞库共9个国家石油储备基地，约能储备原油3325万吨。在未来，中国还可以趁国际原油低价时持续购入，争取原油库存达到90天乃至以上的用量。

鉴于天然气供应安全的保障难度和影响均比石油大，为了建立独立自主的能源安全体系，我国的能源开发应该首先立足本国，天然气的对外依存度要控制在 50% 以内，天然气在一次能源消费的占比应在 15% 左右。只有持续推进国内石油天然气勘探开发，优化和提高利用效益，才有可能降低进口依存度，降低外部风险。

加大国内勘探开发力度，在安全平稳供气上国内资源要给国外资源做后盾。我国天然气资源相对丰富，据第三轮全国油气资源评价结果，仅常规天然气可采资源量就达 22 万亿立方米，此外煤层气可采资源量 10.9 万亿立方米，以及大量的页岩气等资源正在评价。我国的天然气总体勘探开发程度低，增储上产潜力大。资源品质差、技术要求高、成本控制难度大是主要面临的问题。因此，要在国家层面上设立天然气技术攻关重大专项，制定相应的政策鼓励勘探开发投入，进一步夯实国内天然气供应基础。

鼓励企业对基础性、前沿性技术问题开展研究，对颠覆性技术进行创新，提高自主勘探开发的核心竞争力。依托大型油气田及煤层气开发国家科技重大专项，推动油气重大理论突破、重大技术创新和重大装备本地化。鼓励天然气企业加强核心技术研发，加强与国外公司合作，建立科学合理的技术开发体系，加强对天然气设备装备的研发力度，加快关键设备国产化步伐，有效降低企业运营成本。推进天然气储气库的设计优化、施工管理以及储气库加注、抽取等工艺流程合理化工作，学习国外先进的建库经验，消化吸收新技术和新工艺、提高国内天然气储气库建设水平。

深化油气勘查开采管理体制改革，尽快出台相关细则。各油气企业全面增加国内勘探开发资金和工作量投入，确保完成国家规划部署的各项目标任务，力争 2021 年国内天然气产量达到 2025 亿立方米左右。严格执行油气勘查区块退出机制，全面实行区块竞争性出让，鼓励以市场化方式转让矿业权，完善矿业权转让、储量及价值评估等规则。建立完善油气地质资料公开和共享机制。建立已探明未动用储量加快动用机制，综合利用区块企业内部流转、参照产品分成等模式与各类主体合资合作开发、矿业权企业间流转和竞争性出让等手段，多措并举盘活储量存量。统筹国家战略和经济效益，强化国有油气企业能源安全保障考核，引导企业加大勘探开发投入，确保增储上产见实效。统筹平衡天然气勘探开发与生态环境保护，积极有序推进油气资源合理开发利用，服务国家能源战略、保障天然气供应安全。

二、积极推进油气进口多元化

抓住"一带一路"机遇，发展与石油资源国的合作，持续推进原油进口来源多元化和方式多样化。随着美国页岩油气革命的推进，近年来国际原油贸易流向发生了一系列变化，为维护国家石油供应安全，我国原油贸易应坚持进口来源的多元化。石油进口多元化包括石油进口来源的多元化、贸易方式的多元化、运输方式和运输路线的多元化。

我国目前石油进口的一半左右来自中东，这对我国的能源供给是相当危险的，应控制并减少对中东地区的依赖。因此，今后我国石油外交的重点应以中东石油为主要长期进口资源，保持合理的份额，巩固传统石油资源，同时我国应积极开拓与周边国家的石油贸易，在利用中东石油资源的同时，还应充分利用中亚、非洲、拉丁美洲的石油，增加从这些地区获取的石油资源。一是抓紧国家发展丝绸之路经济带的机遇，巩固与中亚俄罗斯地区各国的地缘政治关系，以适当的价格和条件签订长期合约，获取长期稳定的资源。二是依托国家建设海上丝绸之路的有利契机，继续保持中东地区的贸易份额，落实海上进口通道的主要资源，同时继续开拓非洲资源，推广互利共赢的"安哥拉模式"。三是利用上中下游一体化、融油融资等合作方式，提高获取南美资源的能力，确保海上通道的贸易流向的多样化。四是积极参与海外资源国的油气开发，通过投资参与海外油田建设等方式，获取份额油，或者竞标成为作业方，承担石油钻探大型项目，签订产品分成合同，落实资源。

进口的贸易方式主要以长期的合同形式签订，尽量控制长期合同的总量在60%以上，从而使我国国内对石油的需求和获得保持足够的稳定性，并将采购作为重要的一项辅助手段。未来可增加多国参与的石油贸易形式，并将船运作为进口石油的主要运输方式，充分利用大油港的优势，此外还可以更多的建立一些大型的油港，使25万吨级以上的油轮可以在此停靠，从而更好地利用优越的地理位置和优势。

中东特别是海湾地区是世界上石油资源最为富集的地区，在相当长的时期内仍将是世界市场上石油的主要供应者，但是石油进口来源过度集中在中东有很大的风险。实施石油进口地域多元化，首先要从以进口中东石油为主转向逐步扩大进口非洲、拉美、中亚、俄罗斯及其他周边国家和地区的石油，以分散进口风险。

在天然气方面，以西北、东北、西南和海上四大战略通道布局建设为契机，加快进口气源多元化体系建设，形成南北互补、海陆互补的多元、灵活的进口天然气资源体系。

加快推进进口国别（地区）、运输方式、进口通道、合同模式以及参与主体多元化。天然气进口贸易坚持长约、现货两手抓，在保障长期供应稳定的同时，充分发挥现货资源的市场调节作用。加强与重点天然气出口国多双边合作，加快推进国际合作重点项目。在坚持市场化原则的前提下，在应急保供等特殊时段加强对天然气进口的统筹协调，规范市场主体竞争行为。

进口管道天然气资源近期以邻近的中亚三国和俄罗斯为主，辅以缅甸天然气；远期还可考虑经印度进口伊朗等中东地区的天然气。在 LNG 进口方面，2019 年中国的进口量为 848 亿立方米，气源国已涉及澳大利亚、马来西亚、印度尼西亚等众多国家，进口地多元。但从进口量构成看，主要以澳大利亚为主，历年来从澳大利亚进口的 LNG 量占进口总量的一半左右，直到现在仍然是一枝独大的局面。因此，随进口规模越来越大，不仅要进一步扩大进口的区域，而且要注重进口量上的相对均衡发展，逐渐形成以澳大利亚、印度尼西亚、马来西亚、卡塔尔、伊朗为主要 LNG 进口来源，其他国家为补充的多元化 LNG 进口。另外，在天然气方面还可以通过一些改革，引入多元化市场主体，促进天然气发展。深化天然气市场改革，应鼓励各类市场主体有序进入天然气行业，形成多元化主体公平竞争局面。

三、综合运用多重手段保障运输安全

（一）增加多式联运等运输方式

天然气运输方式主要包括传统陆地管输、槽车运输和海上 LNG 船运。而这些运输方式或多或少都存在着造价高、维修费高等的问题，进一步提高了天然气的成本。在此情况下，我国积极探索对于天然气运输的新方式。

2019 年 1 月 13 日，搭载着 65 个 LNG 罐式集装箱（下称罐箱）的"乐

从号"在辽宁锦州港完成卸载,此举标志着我国第一次大规模 LNG 罐箱多式联运试点工作圆满成功。LNG 罐箱经过专业机构的多次测试,整体结构牢固、安全可靠。本次试点中,中国海油联合交通运输部通信信息中心为每个罐箱安装了北斗定位器及罐内液位感应器,确保罐箱在陆地堆场、码头装卸、海上运输等任何场所都能被实时监控,大幅提高整个运输环节的安全性。同时,这种新型 LNG 罐箱运输方式适用范围广、调配适应能力强,可以扩展到铁路、公路、水路等多个运输领域,实现接收站与用户"门到门"供应。这为我国创新 LNG 运输方式、解决南方地区 LNG 接收站冬季富裕产能提供了有益的尝试,对我国构建全方位、多渠道的天然气输配送体系具有重要意义。

(二)开辟新运输路线

2013 年 5 月、7 月,中国国务院总理李克强与巴基斯坦总理谢里夫在互访期间,提出共同建设"中巴经济走廊"的蓝图,并制定了修建新疆喀什市到巴基斯坦西南港口瓜达尔港的公路、铁路、油气管道及光缆覆盖"四位一体"通道的"远景"规划。

当前中国石油进口的 3 条航线(东南亚航线、非洲航线、中东航线)都来源于海上。从中东出发,经过霍尔木兹海峡,走印度洋,通过马六甲海峡进入太平洋,然后运至南海、东海,都需要经过马六甲海峡。这条海上能源运输渠道有个咽喉,也就是马六甲海峡。随着亚太地区战略地位的提高,不仅是美国一直对马六甲海峡进行监视与控制,印度也开始加强在海峡西口安达曼—尼科巴群岛的军事建设。如果海运航线在该地区被阻断,就会影响到中国约 80% 的能源进口,严重危及中国的能源安全和经济安全。同时,中国的海上航线大多经过南海海域,南海局势的不稳定也会降低航线的安全性。所以,在这种情形下,中国的石油战略通道并不顺畅,潜在风险极高。开辟新运输路线对我国石油进口安全是必不可少的。

中巴能源走廊运输线路的开辟,对于我国来说,能有效增加中国能源的进口路径,一方面,从巴基斯坦瓜达尔港到新疆喀什的中巴经济走廊正是从欧洲到中国的一条石油运输捷径,避免了绕至更东边的马六甲海峡和存在主权纠纷的中国南海,把中东石油直接运抵中国西南腹地;另一方面也能降低对正在建设中的中缅油气管道的依赖。从中巴能源需求看,"中巴经济走廊"从陆路开辟了通向中东的门户,以此为枢纽可把中国、波斯湾和阿拉伯海连接起来,开辟一条绕过马六甲海峡的内陆能源通道。

(三)在重要运输节点增大力量投入

随着我国经济的快速发展,人们生活水平的逐步提高和大气环境治理日益迫切,天然气资源的需求量逐年增加,对外依存度也在节节攀升。我国已建、在建和规划新建中亚天然气管道 A 线、中亚天然气管道 B 线、中亚天然气管道 C 线、中亚天然气管道 D 线、中缅天然气管道、中俄东线天然气管道、中俄西线天然气管道等 7 条陆路进口天然气管道,每年进口能力达 1650 亿立方米。

除了 2009 年、2010 年、2014 年分别建成投产的中亚天然气管道 A、B、C 线之外,中亚 D 线天然气管道项目也在"十三五"期间建成投产。该管道是继中亚 A 线、B 线、C 线之后又一条引进中亚天然气的能源大动脉,是我国西北能源战略通道的重要组成部分,可从战略上规避进口中亚天然气单一通道的风险。

中俄东线天然气管道起自俄罗斯境内科维克金气田和恰杨金气田,经别洛戈尔斯克,终于符拉迪沃斯托克,管道全长约 4000 千米,每年总输气能力达 610 亿立方米,途中在别洛戈尔斯克附近向中国分输,年输量 380 亿立方米。中俄东线天然气管道起于黑河入境点,途经黑龙江、吉林、内蒙古、辽宁、河北、天津、山东、江苏、上海 9 个省市,止于上海市,将进口天然气输往环境治理迫切的京津冀、市场承受能力较高的长三角和管道沿线东北地区。干线管道长约 3000 千米,管径 1422/1219 毫米,设计压力 12/10 兆帕斯卡,设计输量为每年 380 亿立方米。该管道建成后有望成为国内管径最粗、输量最大、压力最高、管壁最厚、钢材等级最强、系统最复杂、管理单位最多的天然气管道。

中缅天然气管道建设。中缅天然气管道起于缅甸若开邦皎漂,从云南瑞丽 58 号界碑处进入中国境内,自西向东经过云南、贵州、广西 3 省区 41 个县市,干线全长 2520 千米,缅甸境内 793 千米,中国境内 1727 千米,管径 1016 毫米,设计压力 10 兆帕斯卡,设计输气能力为每年 120 亿立方米,与中缅原油管道主体并行敷设。

管道建成之后,在贵阳分输压气站与中贵联络线相连,在贵港末站与西气东输系统相连,实现国内主要气源灵活调气,进一步提高了向下游用户供应保障能力。

四、提升国际油气贸易价格话语权

油气现货、期货市场的建设和发展是提高国际油气定价权的重要途径,在中国已经推出原油期货的基础上,应当不断完善石油期货交易机制,积极推出其他石油期货品种,以满足市场需要,比如柴油期货和汽油期货等,通过大量交易主动影响价格。

未来应有步骤地推进纸货市场建设,形成现货、远期、期货为重点的多层次、开放性的市场体系和多元化的交易方式,允许国际大石油公司、金融机构和机构投资者等参与国内石油期货市场的交易,提高国内石油市场在国际石油市场中的地位,争取成为全球性石油定价中心之一。

加快建立自身的油气价格指数体系,主动参与国际油价的形成,或者最低限度地影响到亚洲原油市场价格的走势,建立规范有序的石油流通体制,优化社会资源配置,提高我国石油市场的核心竞争力,使我国在竞争中处于更为有利的地位,进一步扩大中国在国际石油政治经济中的影响力。

从国家层面来说,建议从以下四个方面入手提升国际原油定价话语权:一是在外交方面,继续加大外交力度,同时加大与消费国的协调;二是在货币政策方面,加大力度稳步推进人民币国际化;三是在进口经营权方面,继续坚持有效管理,避免多头对外和中国企业之间恶性竞争;四是在战略石油储备方面,建议国家不仅仅发挥其应对石油供应中断风险的功能,在国际原油价格过高时也可通过释放储备原油发挥平抑国际油价的作用。

五、加强油气基础设施建设

(一)加强天然气基础设施建设

按照天然气资源开发、管网布局、市场一体化协调发展要求,加强天然气配套设施建设。充分利用国内国外两种资源,以市场为导向,合理规划、分期建设,构建跨区域性干线管道系统。统筹天然气进口管道、液化天然气接收站、跨区域骨干输气网和配气管网建设,根据天然气生产与消费的地理分布建设支线管道和干线联络线，逐渐形成与主干线相连的区域管网，实现主要资源地和各市场区域间输气畅通。推进管道互联互通，打破企业垄断与区域垄断，提高资源协同调配能力，加快推进城市周边、城乡接合部和农村地区天然气利用"最后一公里"基础设施建设。当前要尽量将管网延伸至非常规天然气资源开发区，降低非常规天然气开发末端成本，提高天然气商品化率。天然气储气库是管道输送系统的重要组成部分，对城市用气季节调峰和国家战略储备起到至关重要作用。我国天然气储气库设施发展起步较晚，为确保长输管道的安全平稳供气，优化天然气供气系统，应加快中国东北、环渤海、长三角、中南、西南等地区地下储气库建设步伐，加大建设规模。政府可设立能源基础设施的引导基金，给予投资主体财税、金融、信贷方面的政策性优惠，吸引民营企业和社会资本加入储气库建设中。

加快 CNG/LNG 加注站建设。目前我国 CNG/LNG 加注站建设滞后，数量有限，分布不合理，成为制约交通用气的主要因素，因此必须加快 CNG/LNG 加注站建设的步伐，支持 CNG 加注站扩建成 CNG/LNG 两用站，鼓励油气合建站、油气电合建站发展，依托城市天然气主干管网，合理布局，使其站点尽快形成网络，彻底解决 CNG/LNG 汽车"加气难"问题。鼓励建设船舶 LNG 加注站，支持船运、拖轮、港口等气化工程。

强化天然气基础设施建设与互联互通。加快天然气管道、LNG 接收站等项目建设，集中开展管道互联互通重大工程，加快推动纳入环渤海地区 LNG 储运体系实施方案的各项目落地实施。注重与国土空间规划相衔接，合理安排各类基础设施建设规模、结构、布局和时序，加强项目用地用海保障。抓紧出台油气管网体制改革方案，推动天然气管网等基础设施向第三方市场主体公平开放。深化"放管服"改革，简化优化前置要件审批，积极推行并联审批等方式，缩短项目建设手续办理和审批周期。根据市场发展需求，积极发展沿海、内河小型 LNG 船舶运输，出台 LNG 罐箱多式联运相关法规政策和标准规范。

（二）加强石油基础设施建设

随着我国经济的不断发展，我国石油使用量也在不断增加，这对我国石油储运设施也提出了更高的要求。石油储运设施的建设和发展对于促进我国石油的储存和运输起到了至关重要的作用。增加石油战略储备基地建设，提高我国石油抗风险能力，为国家的经济建设提供坚实的能源保障。加强对石油运输管道的一体化建设，将所有影响管道网整形的因素纳入一体化管理，从而保证我国石油管道的安全运输。近年来，智慧油田建设已经成为现今油田发展的一种必然趋势，其具有数字化、智能化以及智慧化等特点。新时代下，我国石油基础设施建设还应与新基建结合，利用5G等新技术对传统的部分石油基础建设进行改造升级。

六、进一步加强国际油气合作

（一）国际石油合作

石油安全问题不只是一个国家的问题，而是一个全球性的问题，几乎所有石油净进口国，不论是强国大国，如美国、日本、中国，还是中小国家如以色列、韩国等国，都面临着能否以合理的价格获得足够石油的问题。因此，石油安全是集体安全，而不是单个国家的安全。只不过，中国作为世界人口最多的国家和经济发展最快的国家，石油安全问题更为紧迫。当今世界，石油安全问题不可能游离于世界经济全球化的大势之外而单独成为一个封闭的市场，它只能通过双边或多边的合作或竞争下的合作，在彼此相容交融和整体平衡的利益中实现。

石油安全问题实质上并不是总量严重不足的问题，而是世界石油资源如何合理有效配置的问题。20世纪国际石油格局的变化和调整，以及大国能源政策演进的历史表明，"竞争下的合作"是21世纪国际石油领域发展的主要趋势。从这个意义上说，中国在海外能源竞争应该避免发生国际冲突，要与各国在石油领域共同合作或实现竞争下的合作。这样的合作乃是各方实现能源安全过程中"多赢"良策。

谋求建立一种稳定且具有相当透明度的国际间油气供应合作体制是当前国际趋势之一。建立双边、多边、区域性或国际性石油能源合作体制，达到石油开发输送合作稳定安全，并建立相互保障、相互制约和完善的仲裁机制，是大多数国家的愿望。欧洲的《能源宪章》已逐步扩大到世界许多国家，成为共同遵守的规章。

（1）发挥国家在争取国际石油供应中的作用，积极开展国际能源合作。在互利互惠的基础上，发挥中国经济崛起的优势，将石油合作纳入全方位的合作中，积极参与地区性、国际性的各种对话和交流。

（2）应加强与产油国的沟通与交流，在产油国开展先进技术展示，进行产业交流，深化原油资源合作，以市场换取稳定的石油供应，提高对资源的获取能力。

（3）要与国际上的原油消费大国，如美国、日本、印度和韩国增加沟通对话，在竞争同时加强合作，减少或避免摩擦。

（4）要加强与有关世界性的石油输出和消费组织，特别是与国际能源机构（IEA）和石油输出国组织的交流和合作。

（5）中国特别要加强与俄罗斯、中亚各国和东南亚国家和地区的合作，建立石油供应战略联盟；还应在上海五国合作组织的基础上，加强与俄罗斯和中亚各国的油气合作开发和能源经贸关系。在当今国际政治、经济和能源格局下，中俄间的石油贸易尤为重要。中俄两国油气合作本身就具有很强的互利性和互补性，而且，中国与中亚国家的油气合作也需得到俄罗斯的支持和配合，俄罗斯借道中亚国家扩大对华石油出口也需得到了中亚国家的支持。如哈萨克斯坦议会下院2014年6月11日批准关于俄罗斯通过哈萨克斯坦向中国出口石油的合作协议。该协议对俄罗斯指定企业通过哈萨克斯坦境内输油管道每年向中国出口700万吨石油的各种条件作出规定。

（二）国际天然气合作

在当今世界，能源安全不仅是一个经济问题，也是一个政治和军事问题，通过能源外交加强国际合作是确保能源安全的核心环节，也是天然气进口气源多元化和进口渠道、贸易方式多样化的关键。国家通过外交手段，建立政府间的合作框架，为获取海外资源奠定基础，中国—土库曼斯坦天然气管线在短期内能够成功投运，就是能源外交的重大成果。

在国际合作方面，不仅要重视与资源国的合作，积极进入产业链上游业务环节，以期获得可靠的资源；同时也要注重与主要消费国之间的合作，努力形成一个利益共同体，以期获得比较优惠的价格。在贸易方式上，目前有长期、中期合同及短期现货贸易等方式。进口管道天然气必须签订长期购销合同,以有效地控制资源供应量和供应时间上的风险,避免受价格频繁波动影响长输管道项目的盈利能力。进口 LNG 可以采用相对灵活的方式,对基本需求量采用长期照付不议合同形式,对于额外需求或季节调峰等需求可通过中、短期合同来满足。

延伸阅读 1

中国天然气需求 塑造 LNG 进口新格局

金浩　冯陈玥

一、我国 LNG 进口现状

(一)我国 LNG 进口量快速增长,进口来源持续多元

2017 年,我国天然气进口量达 928 亿立方米,同比增长 24.7%,较上一年增加 6 个百分点,对外依存度由 37.0% 升至 39.4%。自 2006 年我国开始进口 LNG 以来,随着我国天然气需求快速增长和 LNG 接收站基础设施的逐步建成投产,LNG 进口量迅速攀升,年平均增速 43.2%。特别是 2016 年受到北方地区清洁取暖、"煤改气"工程的政策驱动,2017 年,我国 LNG 进口大幅增长 39.9%,LNG 进口量首次超过管道气进口量,同时我国成为世界第二大天然气进口国和第二大 LNG 进口国。2018 年上半年,进口 LNG 已达 322 亿立方米,同比上涨 54%,预计全年 LNG 进口量保持较快增长。

我国 LNG 进口来自全球的 22 个国家。澳大利亚是中国最大的 LNG 进口来源国,2017 年进口 237 亿立方米,占总进口量的 45%,卡塔尔和马来西亚紧随其后,分别达到了 LNG 总进口量的 19% 和 12%。2017 年美国对中国的 LNG 出口量 21 亿立方米,占我国 LNG 进口总量的 4%,约占同年美国 LNG 出口量的 11.7%。

(二)我国 LNG 进口价格

我国 LNG 合同以中长期合约为主,与国际油价挂钩。2010—2014 年国际原油价格持续走高,导致亚洲市场溢价严重,我国LNG进口均价在该时期高达10美元/百万英热单位。2015年油价回落后,进口LNG市场宽松,买方市场特点凸显,我国进口价格回落。2017年均价为7.3美元/百万英热单位。2018年由于国际原油价格明显回升,进口LNG价格也将会同步大幅上涨。

二、我国LNG进口展望

(一)未来五年全球LNG液化能力将较快增长

截至2017年底,全球LNG液化能力3.6亿吨/年,同比增长7%,高于过去五年平均增速4.8%。卡塔尔是全球最大的LNG出口国,液化能力7700万吨/年;澳大利亚位居第二,总能力7045万吨/年;马来西亚3050万吨/年,居第三位。2023年前全球LNG出口能力将保持快速扩张趋势,预计2023年全球LNG出口能力相较于2017年将增加1400亿立方米,增幅达30%,主要集中在美国、澳大利亚和俄罗斯三个国家。而美国将会贡献超过800亿立方米的增长量,另有300亿立方米来自澳大利亚,150亿立方米来自俄罗斯,全球LNG市场短期内相对宽松。2023年开始,由于新兴市场需求增加、液化项目投资减少,国际LNG供需市场或将趋紧。

(二)美国将成为全球主要LNG出口国

目前美国已经是全球最大的产气国,2017年天然气产量7600亿立方米。随着油价回升,美国轻质油投资增加,预计未来美国天然气产量将随着致密油伴生气的开采迎来井喷,到2023年美国天然气产量将达到9220亿立方米,增长1620亿立方米,约占全球产量增长的43%。预计美国2/3的新增产量将通过管道出口到墨西哥或者以LNG形式出口到全球。到2023年美国LNG出口将达到1010亿立方米,增长840亿立方米,占全球LNG出口增量的74%。与传统的定点运输、以石油价格为基准计价的贸易模式不同,美国LNG出口目的地灵活、以天然气枢纽价格为基准计价,对传统LNG贸易合同要素造成冲击,增强了全球LNG市场的灵活性。

(三)中国LNG进口量将持续较快增长

受到稳健的经济增速和强力的大气污染治理政策的驱动,预计到2023年,中国天然气消费量将达到3760亿立方米,2018—2023年均增速8.0%,

增量1390亿立方米，占全球天然气消费增量的37%。我国天然气产量2023年预计达到2040亿立方米，年均增速5.5%。由于国内产量无法满足快速增长的天然气需求，中俄东线全面通气之前，大规模的工业及民用需求都需要通过进口LNG来保障供给。预计我国到2023年天然气进口量将达到1710亿立方米，其中进口LNG 930亿立方米，进口管道气780亿立方米。天然气对外依存度将上升到45%。

（四）中国LNG进口主体日趋多元

伴随着LNG进口成为国内能源焦点，国内市场竞争逐步升温。就进口商而言，2015年以来新的LNG进口合同均花落新奥、华电等新兴买家，就接收站所有者而言，截至2017年已经达到了31个，比2006年翻了2倍，预计2023年进一步增加到39个。短期来看，中石油、中石化、中海油的领军地位不会动摇，它们在合同体量、接收能力、运营经验上有着巨大的优势。此外，在和美国尼切尔公司签订新合约后，中石油成为国内尝试新型LNG进口贸易方式的先驱者。但是其他企业的实力同样不容小觑。华电已经规划了5座接收站，有望成为国内第四大进口LNG运营商。哈纳斯、新奥、申能等民企也都凭借多年的行业经验各自圈地，全力筹划接收站。

（五）国际形势动荡，LNG进口不确定性增强

2018年3月以来，美国挑起一系列贸易战，中美贸易摩擦成为国际焦点事件。这将影响世界经济的发展走向，也为中美油气贸易前景蒙上了一层阴影，对全球LNG贸易市场也会影响深远。与此同时，中国进口LNG需求正在快速增长，虽然进口来源主要以澳大利亚和卡塔尔为主，但地缘政治的风险有可能使来源国减少，中国对进口价格的话语权受到挑战。

（本文原载于《中国远洋海运》2018年第9期，略有删减）

> **延伸阅读 2**

中国与中亚地区油气贸易潜在风险与存在问题

杨宇　何则　刘毅

苏联解体后，中亚国家相继宣布独立，重要的地理位置和丰富的油气资源使得中亚地区迅速成为世界主要政治力量和国际资本激烈争夺的舞台。大国引领的能源多元竞合是塑造中亚地区能源格局的关键力量，中、俄、美三国在中亚地区开展的能源博弈是中亚地缘能源格局变化的主导力量，决定着中亚地区国际能源合作格局的战略走向。欧盟、伊朗、土耳其、日本、韩国和印度等国家和地区也以不同渠道和方式插手中亚地区事务，力图影响中亚地区的发展和走势，实现各自的能源战略目标。围绕中亚地区的能源资源开发和油气管道走向，各种政治力量展开了尖锐复杂的较量。据不完全统计，目前已有美国、英国、法国、德国、意大利、土耳其、加拿大、日本、印度、韩国、俄罗斯、中国、阿根廷、匈牙利、阿曼和阿联酋等国家的石油公司云集在中亚地区进行石油勘探开发和原油炼制、销售等活动。

全球金融危机之后，美国和俄罗斯加快调整了各自的中亚战略，竞逐中亚地区能源地缘政治的主导权。2011 年美国提出了"新丝绸之路"计划，意图打造以阿富汗为核心、贯通中亚到南亚的全球国际战略新通道。2011 年，俄罗斯发布了《欧亚大陆新一体化计划——未来诞生于今日》的报告，提出了建设"欧亚联盟"的战略目标。2014 年 5 月，俄罗斯、白俄罗斯和哈萨克斯坦三国共同签署《欧亚经济联盟条约》。2015 年 1 月，欧亚经济联盟（Eurasian Economic Union）正式启动。

2015 年 3 月国家发展改革委、外交部和商务部联合发布了《推动共建丝绸之路经济带和 21 世纪海上丝绸之路的愿景与行动》。相比美国和俄罗斯的中亚战略部署，中国的"一带一路"倡议在中亚地区具有较为明显的优势。与美、俄不同，中国在中亚地区的能源战略主要是通过经济贸易手段进行务实性的能源项目合作，并形成了以双边合作为基础、多边合作为支撑、合作利益共享的能源合作模式。但中国参与中亚地区能源合作的制度化建设程度与俄罗斯和美国相比,在能源秩序中的地位和作用与中国的国家实力还不相称。

一、中亚五国内部政治环境不稳定

尽管中亚各国都完成了从计划向市场的经济体制改革,但市场化实现程度不一。吉尔吉斯斯坦与俄罗斯相仿,采用了相对激进的改革方案;哈萨克斯坦和塔吉克斯坦选择了渐进式改革策略,保留大量的计划经济色彩;而土库曼斯坦和乌兹别克斯坦只进行"有限改革"。

基于对油气工业的高度依赖,中亚国家实行了高度垄断的油气资源开发政策,再加上中亚特殊的"总统集权制"的政治体制,中亚国家的对外能源政策更多的是基于政治考虑而非纯粹的商业行为,容易滋生严重的贪污腐败、权力寻租和经济犯罪,导致中亚各国的能源合作进程受政治体制影响严重。根据2018年2月"透明国际"发布的"世界清廉指数报告",哈萨克斯坦在全球180个国家和地区中位列第122位,在中亚五国中的清廉程度最高;而吉尔吉斯斯坦(第135位)、乌兹别克斯坦(第157位)、塔吉克斯坦(第161位)、土库曼斯坦(第167位)排名垫底。

此外,中亚地区经济环境和国际投资还受恐怖活动影响。2011年哈萨克斯坦更是发生了独立以来最严重的系列恐怖袭击和"石油城"扎纳奥津的骚乱。国际油气合作往往涉及的金额数量大、时间序列长,这种政治生态增大了国际油气投资项目的风险。中亚国家局势的不稳定,严重影响了中国投资者的信心与相关油气合作项目进程,对于中国与中亚地区的油气经贸合作十分不利。

二、国际能源合作制度呈现碎片化

中亚地区存在多层级、多领域的能源合作制度,制度的复杂性和碎片化明显。目前中亚地区的国际能源合作的制度包括:(1)国际组织协调下的能源合作制度。如上合组织框架下的多边能源合作机制和亚洲开发银行主导的"中亚区域经济合作"框架下的能源合作等。(2)地区外大国主导的双边能源合作制度。如中国"一带一路"倡议下的能源合作、美国"新丝绸之路"战略下的能源合作、俄罗斯"2035能源战略"下的能源合作等。(3)中亚国家之间能源合作的制度。中亚地区"制度密度"导致制度之间存在彼此联系甚至冲突的现象，众多能源合作制度中，并没有获得各方广泛支持的主导性的能源合作制度，为中亚地区未来能源合作前景带来许多不确定性。中亚五国之间，中亚国家与美国、俄罗斯和中国 3 个主导性大国，以及其与欧盟、日本、韩国、印度、伊朗、土耳其等其他国家或地区达成能源合作协议，形成了排他性的能源合作区块。同时，以国际石油公司为主要行为体进行的能源合作区块存在多个国家的合作与博弈，这在一定程度上令中亚各国家在与不同国家和国际石油公司合作中的立场和身份出现分裂，权力的多元化和制度的分散化必然导致中亚能源合作困局。

三、国际能源投资政策缺乏可持续性

中亚各国普遍存在资金不足、技术缺乏的问题，提供优惠合作条件，吸引外资成为发展能源经济的重要途径。中亚各国制定和颁布了一系列油气行业法律法规，以刺激能源产业的发展。哈萨克斯坦先后制定了《石油法》《投资法》《地下资源与地下资源利用法》《矿产资源法》，土库曼斯坦和乌兹别克斯坦也分别制定了《土库曼斯坦外国投资法》《乌兹别克斯坦共和国外国投资法》等法律，初步建立起了一套比较完整的能源投资法律体系。

但是，中亚国家的法律政策缺乏一致性，法律变动的风险较大，且受国家政体影响；中亚各国还通过签署总统令等政策文件对已有立法进行随意修改，降低了中亚各国法律的约束力和公信力，提升了外国油气资源投资被征收的法律风险。尤其是 21 世纪以来受世界范围内能源生产国有化的影响，中亚各国更加频繁地修改和补充油气行业法律法规，加强对油气行业的控制与监管，以往温和宽松的外资投资环境和财税政策被强制性的政策所取代。

以哈萨克斯坦为例，2009 年哈萨克斯坦出台新的税收政策，连续 3 年大幅度调整对石油、天然气的开采税征收办法，开征矿产资源开采税和油气出口收益税，并改变超额利润税计税方法等。2010 年哈萨克斯坦又对《地下资源与地下资源利用法》进行了多次修订，不断扩大对本国资源的控制力，同时还加强了对以前所签油气合同的监管。政府干预、法律变更、政策收紧等因素成为中亚五国国际能源投资的重要政策风险。

（本文原载于《中国科学学院院刊》2018 年第 6 期，略有删减）

附　录

附录1　原油计量单位换算表

单位	千克	吨	英吨	美吨	磅	立方米	桶	美加仑	吨/年
千克	1.0	0.001	0.000984	0.001102	2.2046	0.001165	0.00733	0.308	—
吨	1000	1.0	0.984	1.102	2204.6	1.165	7.33	308	—
英吨	1016	1.016	1.0	1.12	2239.9	1.18364	7.45	313	—
美吨	907.2	0.9072	0.893	1.0	2000	1.05689	6.65	279	—
磅	0.454	0.000454	0.00446	0.005	1.0	0.000529	0.00333	0.139832	—
立方米	858.4	0.858	0.844	0.945	1891.5	1.0	6.2898	264	—
桶	136.4	0.136	134.3	150.4	300.3	0.159	1.0	42	—
美加仑	3.25	0.00325	0.0032	0.00358	7.15	0.0038	0.0238	1.0	—
桶/日	—	—	—	—	—	58.03	365	15300	49.8

资料来源：BP Amoco statistical review of world energy，June 1999。

附录2 石油产品质量与体积系数换算表

石油产品	桶每吨	吨每桶	吨每立方米	立方米每吨
液化石油气（LPG）	11.60	0.086	0.542	1.844
汽油及石脑油	8.51	0.118	0.739	1.353
煤油	7.78	0.129	0.808	1.237
馏分燃料油	7.25	0.137	0.867	1.153
残渣燃料油	6.66	0.105	0.945	1.059
润滑油	7.00	0.143	0.899	1.113
润滑脂、石蜡脂及凡士林	7.35	0.136	0.865	1.169
石蜡	7.86	0.127	0.800	1.250
沥青	6.11	0.164	1.030	0.971
硬沥青	6.08	0.165	1.035	0.967
石油焦	5.50	0.182	1.143	0.874
轻柴油与柴油	7.50	0.133	0.839	1.192
燃料油	6.70	0.149	0.939	1.065

注：根据相关资料整理计算得出。

附录3 能量当量换算表

单位	10亿立方米天然气	10亿立方英尺天然气	百万吨油当量	百万吨液化石油气	百万吨液化天然气	万亿英热单位	百万桶油当量
10亿立方米天然气	1	35.5	0.89	0.80	0.73	36	6.29
10亿立方英尺天然气	0.028	1	0.026	0.023	0.021	1.03	0.18
百万吨油当量	1.12	39.7	1	0.90	0.81	40.4	7.33
百万吨液化石油气	1.25	44.1	1.11	1	0.91	47.0	7.86
百万吨液化天然气	1.38	48.7	1.23	1.10	1	52	8.68
万亿英热单位	0.028	0.98	0.025	0.022	0.02	1	0.17
百万桶油当量	0.16	5.61	0.14	0.13	0.12	5.80	1

资料来源：根据BP Review of World Gas 相关资料整理计算和编制。

附录4 重要工业品自动进口许可证明申请表

1.申请进口单位： 地区及企业法人代码： 申请进口单位地址：	2.申请单位经办人： 电话：　　　　　邮政编码： 　年　月　日（申请单位签章）						
3.进口使用单位： 地区及企业法人代码：	4.对外成交单位： 地区及企业法人代码：						
5.贸易方式：	6.贸易国（地区）：						
7.是否国营贸易：	8.外汇来源：						
9.原产地国（地区）：	10.报关口岸：						
11.商品用途：	12.预计到港时间：						
13.商品名称：	14.商品编码：						
15.规格型号	16.单位	17.数量	18.单价	19.总值	20.总值折美元		
21.总计							
22.领证人姓名： 申请日期： 联系电话：	23.签证机关审批： 经办初审： 负责人终审：						

附录5 重要工业品自动进口许可证明

1. 进口商：	2. 自动进口许可证明号：
3. 进口用户：	自动进口许可证明有效截止日期：

4. 贸易方式：	5. 贸易国（地区）：
6. 是否国营贸易：	

7. 外汇来源：	8. 原产地国（地区）：
9. 报关口岸：	10. 商品用途：
11. 商品名称：	12. 商品编码：

13. 规格型号	14. 单位	15. 数量	16. 单价	17. 总值	18. 总值折美元
19. 总计					

20. 备注：	21. 授权机构签章： 经办人签字： 22. 发证日期：

附录6 2022年原油非国营贸易进口允许量总量、申请条件和申请程序

根据《中华人民共和国货物进出口管理条例》和我国加入世贸组织的有关承诺，商务部制定了《2022年原油非国营贸易进口允许量总量、申请条件和申请程序》，现予公布。

商务部
2021年11月1日

2022年原油非国营贸易进口允许量总量、申请条件和申请程序

一、2022年原油非国营贸易进口允许量

2022年原油非国营贸易进口允许量为24300万吨。

二、申请条件

（一）近2年（2020年—2021年10月，下同）具有原油进口业绩或经国家产业主管部门核准的使用进口原油的资格。

（二）拥有不低于5万吨的原油水运码头（或每年200万吨换装能力的铁路口岸）的使用权，以及库容不低于20万立方米原油储罐的使用权。

（三）银行授信不低于2000万美元（或1.2亿人民币）的对外贸易经营者。

（四）拥有从事石油国际贸易专业人员（至少2人）。

（五）企业合法依规经营，符合安全生产、环保、税务、海关和外汇管理法律法规，无未整改违法违规行为。

三、申请材料

申请企业须提交以下材料：

（一）申请函。包括公司基本情况、符合申请条件的说明、申请原因及有关原油采购、生产使用或销售的具体方案、从事石油国际贸易专业人员简介等。

（二）公司基本证明材料。包括有效期内的《企业法人营业执照副本》复印件、《进出口货物收发货人报关注册登记证书》和《组织机构代码证》复印件。

（三）银行出具的授信额度证明文件。需提供各银行总行或直属分行出具的正式文件原件，其中，中央企业的子公司可提供总公司集体授信证明。

（四）提供原油码头（或铁路口岸）、储罐等设施的使用协议原件，地市级以上投资主管部门（或环保、消防等其他部门）出具的该码头（铁路口岸）装卸能力和储罐库容能力的证明文件复印件。

（五）国家产业主管部门批复的进口原油使用资质文件。

2021年获得商务部赋予原油非国营贸易进口资格的加工企业无需提供（二）（三）（四）（五）项材料，其他申请允许量的企业均需按要求提供上述材料。所有申请企业须对上述材料真实性负责，提供复印件的同时应提供原件以供核对，并提供申请材料真实性的企业法人代表签字证明。

我部将向有关部门了解申报企业遵守国家法律法规的情况。

四、分配原则

（一）分批下达。2022年第一批允许量将于2021年12月31日前下达给符合条件的企业。其后将视情分批下达剩余允许量。

（二）追加调整。根据企业实际进口情况、经营需求和新增符合条件的加工企业申请，适时追加和调整下达允许量。

（三）严格考核。近2年无进口业绩的企业不再安排允许量；允许量依据符合条件的企业2021年的实际执行情况和新增合法产能情况计算下达。

根据《中华人民共和国货物进出口管理条例》，不能完成持有进口允许量的企业，应在当年9月1日前，通过所在地商务主管部门或中央企业集团公司将当年无法完成的允许量交还商务部。

五、申报及审核程序

地方申请企业须向所在地省级商务主管部门提出申请，中央企业的子公司须通过集团总部统一申请。省级商务主管部门、中央企业汇总符合条件的企业名单、申请材料后，于 2021 年 11 月 19 日前以邮寄、快递、当面递交等方式将申请及有关材料送达商务部行政事务服务大厅，逾期概不受理。

报送地址：北京市东长安街 2 号商务部行政事务服务大厅 18 号窗口；联系电话：010-65197862；邮政编码：100731。封装申请材料的信封或者物流纸箱的表面需注明"事项编号：18010-001"字样。

商务部对企业的申请材料进行审核后，于 2021 年 12 月 31 日前对符合条件的企业分配进口允许量，并将分配结果下达给有关省级商务主管部门及中央企业。

六、有关要求

获得原油非国营贸易进口允许量的企业应遵守国家安全生产等有关法律法规，自觉守法经营，维护正常的进口秩序。违反相关法律法规规定的，一经查实，将根据《中华人民共和国货物进出口管理条例》和《货物自动进口许可管理办法》等有关规定进行处罚。

附录 7 2021 年成品油（燃料油）非国营贸易进口允许量申领条件、分配原则和相关程序

（商务部公告 2020 年第 68 号）

根据《中华人民共和国货物进出口管理条例》和《原油、成品油、化肥国营贸易进口经营管理试行办法》(原外经贸部令 2002 年第 27 号)，商务部制定了《2021 年成品油（燃料油）非国营贸易进口允许量申领条件、分配原则及相关程序》(商务部公告 2020 年第 68 号)，现予公布。

第一条 成品油（燃料油）进口管理

成品油（燃料油）（以下简称燃料油）进口实行国营贸易管理，同时根据中国加入世界贸易组织议定书相关规定，允许一定数量的非国营贸易进

口，由符合非国营贸易进口允许量申领条件的企业在年度进口允许量范围内进口。

第二条 燃料油非国营贸易进口允许量

2021 年燃料油非国营贸易进口允许量（以下简称燃料油进口允许量）为 1620 万吨。

第三条 燃料油非国营贸易进口允许量申领条件

（一）获得进出口经营资格，具有独立的法人资格；

（二）拥有不低于 1 万吨的燃料油进口码头或铁路专用线（仅限边疆陆运企业）等接卸设施所有权或使用权；

（三）拥有库容不低于 5 万立方米的燃料油储罐或油库所有权或使用权；

（四）国内银行授信额度不低于 2000 万美元或 1.2 亿元人民币；

（五）近两年无违反国家法律法规的行为；

（六）其他需要考虑的因素。

第四条 申请报送材料

（一）企业申请函，包括：公司基本情况、符合申请条件的说明；企业法人营业执照副本复印件（须加盖申请企业公章）；申请企业的海关编码、企业代码和授信额度材料。

（二）拥有不低于 1 万吨码头或铁路专用线（仅限边疆陆运企业）的申请企业提供相关产权证明文件；不拥有码头或铁路专用线（仅限边疆陆运企业）的企业需提供码头或铁路专用线（仅限边疆陆运企业）等的使用权协议一式两份（包含原件一份）。

（三）拥有不低于 5 万立方米燃料油储罐或油库的申请企业提供相关产权证明文件；不拥有燃料油储罐或油库的企业需提供签订燃料油储罐或油库使用权协议一式两份（包含原件一份）。

（四）国内银行出具的授信证明文件。

（五）近两年无违反国家法律法规行为的企业承诺书。

以上申请材料当年有效。

第五条 审核和公示

新申请企业可根据本公告有关规定，向所在省、自治区、直辖市、计划单列市及新疆生产建设兵团商务主管部门（以下称省级商务主管部门）提交 2021 年燃料油非国营贸易进口允许量申请。省级商务主管部门于 2021 年 6 月 30 日前将企业名单及有关材料汇总并报送商务部（报送地址：北京市东长安街 2 号商务部行政事务服务大厅 18 号窗口李又萍；联系电话：010-65197862；邮政编码：100731）。封装申请材料的信封或者物流纸箱的表面需注明"事项编号：18010-001"字样。

中央管理企业直接将申请及有关材料按上述时间报送商务部（寄送要求同上）。

商务部对企业申请进行审核，并在网站公示经审核符合条件的企业名单，公示期 5 个工作日。公示期间，对公示名单有异议的，可向商务部提请复核。材料不齐全的企业可以继续补充申报材料。公示通过的企业纳入已符合燃料油非国营贸易进口允许量申领条件的企业名单，可按程序申领燃料油进口允许量。

商务部定期公布已符合燃料油非国营贸易进口允许量申领条件的企业名单（2021 年名单附后）。连续两年没有实际进口燃料油的企业，从名单中移除。

第六条 进口允许量先来先领

2021 年燃料油进口允许量实行"先来先领"的分配方式。符合非国营贸易进口允许量申领条件的企业根据实际进口需求申领燃料油进口允许量，其可申领的起始数量根据 2020 年燃料油进口允许量完成情况、许可证核销率设定。在起始申领数量内企业可分次申领燃料油自动进口许可证。企业报关进口或将未使用完毕的自动进口许可证退回后，可在不超过起始数量的范围内再次申领自动进口许可证，直至燃料油进口允许量总量申领完毕。

第七条 2021 年起始进口允许量

（一）2020 年燃料油许可证核销率 80% 且起始允许量完成率 80% 以上的企业，2021 年起始进口允许量上调 10 万吨；

（二）2020 年燃料油许可证核销率 50%～79% 且起始允许量完成率 50% 以上的企业，2021 年起始进口允许量上调 5 万吨；

（三）2020年燃料油许可证核销率25%以下的企业，2021年扣减50%的起始进口允许量；

（四）符合燃料油非国营贸易进口允许量申领条件的新企业，2021年起始进口允许量为5万吨；

（五）2021年燃料油起始允许量最高不超过30万吨，最低不低于5万吨。

第八条 燃料油自动进口许可证的申领

企业向商务部配额许可证事务局和相关省级发证机构申领燃料油自动进口许可证时须提供以下材料原件或副本：

（一）《自动进口许可证申请表》；

（二）具有法律效力的进口合同或委托代理的进口合同；

（三）相关发证机构要求出具的其他材料。

第九条 燃料油自动进口许可证的受理及发放

商务部配额许可证事务局和各地省级发证机构负责受理企业申领燃料油自动进口许可证，在申请材料齐全后5个工作日内为符合条件的企业签发自动进口许可证。

第十条 燃料油自动进口许可证有效期、更改和遗失

燃料油自动进口许可证自签发之日起3个月内有效，最迟不得超过2021年12月31日。需要延期或者变更的，需重新办理，旧证撤销后换发新证需在备注栏中注明原证号。自动进口许可证遗失，企业应在10个工作日内向原发证机构和原证所列报关口岸办理挂失手续。核实无误后，原发证机构签发新证并在备注栏中注明原证号。

第十一条 未使用燃料油自动进口许可证的退还

企业将未使用或未使用完毕的燃料油自动进口许可证在有效期满后10个工作日内退还原发证机构。企业退回的未使用允许量归入全国未使用燃料油允许量，供企业先来先领。

第十二条 未使用燃料油进口允许量的公布

未使用燃料油进口允许量不足年度允许量10%时，商务部配额许可证事务局每半个月公布燃料油允许量使用率和剩余数量，方便企业做好进口

业务安排。

第十三条 企业的相关责任

企业需对所报送燃料油非国营贸易资格备案和燃料油自动进口许可证的申请材料真实性负责，并出具加盖企业公章的承诺函。企业如有伪造、变造报送和申领材料行为的，将追究其法律责任。

伪造、变造或者买卖自动进口许可证的，将依法追究其刑事责任。

对有上述违法行为的企业，两年内将不予受理其燃料油进口业务申请。

第十四条 其他

自2020年12月31日起，各发证机构受理燃料油自动进口许可证申请并发放2021年燃料油自动进口许可证。

第十五条 本公告由商务部负责解释。

参考文献

[1] 胡国松.国际石油贸易[M].北京：石油工业出版社，2016.

[2] 胡国松，朱世宏.现代国际石油经济论[M].成都：四川科学技术出版社，2009.

[3] 廉云.试分析国际油价的下跌对石油贸易格局的影响[J].中国集体经济，2017（13）.

[4] 姜向强，田纳新，殷进垠，等.全球油气资源分布与勘探发现趋势[J].当代石油石化，2018，26（06）.

[5] 张抗，张立勤.世界油气格局新特点及其影响分析[J].国际石油经济，2017，25（05）.

[6] 严绪朝，俞志华，丛强.对石油产业寡头垄断与市场竞争的深入思考[J].国际石油经济，2014，22（04）：1-8，108.

[7] 阿司古丽·亚森.石油和天然气的合理利用探讨[J].广东化工，2016，43（04）：66-67，56.

[8] 张玉柯，胡光辉.国际石油价格波动理论：基于石油属性的分析[J].河北大学学报（哲学社会科学版），2012，37（06）.

[9] 李金山.海洋油气产业的发展现状与前景研究[M].广州：广东经济出版社，2018.

[10] 徐蕾，尹翔硕.不完全竞争、贸易与资源配置扭曲[J].国际贸易问题，2013（01）：17-30.

[11] 李亮，徐凌.天然气价格驱动因素的结构性分析[J].价格月刊，2018（09）.

[12] 胡国松，李允.国际石油贸易[M].北京：中国财政经济出版社，2008.

[13] 胡国松，任皓．石油金权：国际石油贸易真相考证 [M]．北京：石油工业出版社，2010．

[14] 钱兴坤，姜学峰．2014年国内外油气行业发展报告 [M]．北京：石油工业出版社，2015．

[15] 冯连勇，陈大恩，等．国际石油经济学 [M]．北京：石油工业出版社，2013．

[16] 闫玉玲．我国石油贸易行业发展及面临的问题 [J]．中国石油企业，2012（5）．

[17] 陈蕊，张东波．国际石油市场2013年回顾与2014年展望 [J]．国际石油经济，2014（12）．

[18] 张国生，梁坤，武娜．未来十年世界石油供需格局判断 [J]．国际石油经济，2012，4．

[19] 李兴伟．石油价格下跌及各国应对 [J]．中国经济报告，2015（1）．

[20] 潘继平，车长波，杨虎林，等．未来世界石油资源格局分析 [EB/OL]．中国油气网．

[21] 中国现代国际关系研究院经济安全研究中心．全球能源大棋局 [M]．北京：时事出版社，2005．

[22] 杨景民．现代石油市场：理论、实践、研究、创新 [M]．北京：石油工业出版社，2003．

[23] Fereidun Fesharaki. Asian Demand Growth Driving Gas Trade Outlook. Oil & Gas Joural, May 15, 2000.

[24] Behrendt HG. Future Developments and Trends in Pipeline Construction.Oil Gas European Magazine 2/2000.

[25] Favennec JP. The Impact of Technological Progress on the Production and Processing of Oil and Gas. Oil Gas European Magazine 2/2000.

[26] 皮光林，董秀成．当前国际原油价格暴跌原因及对策研究 [J]．价格理论与实践，2014（12）．

[27] 殷冬青，吴秉辉．中东北非动荡与中国石油进口安全 [J]．国际石油经济，2012（10）．

[28] 韩彩珍."贷款换石油":中国寻求海外油源的新探索 [J]. 经济研究导刊, 2010 (13).

[29] 梁恒瑞. 浅析国际石油贸易与我国能源安全 [J]. 经济论坛, 2013 (4).

[30] 刘金霞, 刘家利, 白琳, 等. 我国石油进口市场特征分析 [J]. 交通科技与经济, 2008 (3).

[31] 张宏民. 石油市场与石油金融 [M]. 北京:中国金融出版社, 2009.

[32] 杜继飞. 我国石油贸易现状分析及其发展策略研究 [J]. 中国市场, 2014 (10).

[33] 赖黎明. 关于提升我国在国际石油市场价格话语权的探讨 [J]. 当代石油石化, 2014 (8).

[34] 汪巍. 中俄油气合作发展特点及趋势分析 [J]. 经济师, 2015 (1).

[35] 佚名. 世界原油贸易重心将转向亚太 [J]. 天津航海, 2014 (4).

[36] Vivoda V. Evaluating energy security in the Asia-Pacific region: A novel methodological approach [J].Energy Policy, 2010, 38 (09): 5258-5263.

[37] 兹比格纽·布热津斯基. 中国国际问题研究 [M]. 上海:上海人民出版社, 2008.

[38] Lefevre N. Measuring the energy security implications of fossil fuel resource concentration [J]. Energy Policy, 2010, 38 (04): 1635-1644.

[39] Gupta E. Oil vulnerability index of oil-importing countries[J].Energy Policy, 2008, 36 (03): 1195-1211.

[40] Kruyt B, Van Vuuren D P, De Vries H, et al. Indicators for energy security[J]. Energy Policy, 2009, 37 (06): 2166-2181.

[41] Guy C K Leung, China's energy security: Perception and reality [J]. Energy Policy, 2011.

[42] Peggy Mischke. China's energy statistics in a global context: A methodology to develop regional energy balances for East, Central

and West China [J].MPRA Paper from University Library of Munich, Germany 2013（09）.

[43] 王海运.世界能源格局的新变化及其对中国能源安全的影响[J].上海大学学报（社会科学版），2013（11）.

[44] 李毅中.适应世界能源新变化改善我国能源布局[J].产业发展，2013（07）.

[45] 何贤杰，刘增洁，等.我国石油安全评价及建议[J].国土资源情报，2012（10）.

[46] 王云凤，张晓晴.中国进口石油地理集中度问题研究[J].税务与经济，2014（04）.

[47] 杨足膺，赵媛，等.中国石油资源空间流动的驱动机制分析[J].地理研究，2014（05）.

[48] 单卫国.国际石油贸易格局变化趋势及我国应对策略[J].国际贸易，2011（02）

[49] 齐明，樊书旗.中国未来原油进口的多元化分析[J].资源科学，2014（03）.

[50] 冯玉军.国际石油战略格局与中俄能源合作前景[J].现代国际关系，2004（05）.

[51] 张茉楠.美国"能源独立"战略影响全球大格局[J].宏观经济管理，2012（06）.

[52] 赵林，李晓峰，等.2013年以来海外重点油气合作区投资环境综述[J].国际合作，2013,（11）.

[53] 冯建新.我国石油安全的进口贸易战略分析[J].中外企业家，2012（11）.

[54] 尚艳丽，张运东，等.中伊油气合作现状及其前景分析[J].国际市场，2014（07）.

[55] 李小鹿.中伊能源合作面临的挑战[J].国际研究参考，2013（12）.

[56] 薛静静，杨兴礼，等.中国—伊朗石油贸易风险与应对[J].国际商

务论坛，2011（01）．

[57] 杨振发．中国与南苏丹石油合作的机遇与挑战[J]．西亚非洲，2012（06）．

[58] 殷冬青．北非地区油气投资风险分析及应对[J]．国际经济合作，2014（09）．

[59] 汪巍．委内瑞拉油气开发趋势与拓展中委石油合作对策[J]．环球经济，2013（03）．

[60] 李少林，张涛．美国原油出口现状及分析[J]．国际石油经济，2014，（08）．

[61] 何培，冯连勇．加拿大石油出口市场和管线新动向[J]．国外能源，2014（06）．

[62] 张金川，陶佳，李振，等．中国深层页岩气资源前景和勘探潜力[J]．天然气工业，2021，41（01）．

[63] 杨金华，张焕芝．非常规、深层、海洋油气勘探开发技术展望[J]．世界石油工业，2020，27（06）．

[64] 焦姣，刘知鑫，范文君，等．2020油气勘探技术进展与趋势[J]．世界石油工业，2020，27（06）．

[65] 侯明扬．美国页岩油气产业或将演进为"巨头的游戏"[J]．中国石化，2020（12）．

[66] 王宜强，赵媛．世界天然气流动节点格局演化及其资源效应[J]．资源科学，2020，42（08）．

[67] 刘小兵，边海光，汪永华，等．全球油气勘探特点与启示[J]．石油科技论坛，2019，38（06）:43-47，63．

[68] 张威，陈弘．非常规油气开发的技术现状与发展[J]．石化技术，2019，26（12）:227，223．

[69] 程中海，南楠，张亚如．中国石油进口贸易的时空格局、发展困境与趋势展望[J]．经济地理，2019，39（02）．

[70] 周庆凡．中国石油与天然气在世界的地位[J]．石油与天然气地质，2020，41（05）．

[71] Gil-Alana L A, Dadgar Y, Nazari R. An analysis of the OPEC and non-OPEC position in the World Oil Market: A fractionally integrated approach[J]. Physica A: Statistical Mechanics and its Applications, 2020, 541.

[72] Qian X, Zhang J. Exploration and Development Technology of Shale Oil and Gas in the World: Progress, Impact, and Implication[J]. IOP Conference Series Earth and Environmental Science, 2020, 526:012131.

[73] Virine L, Mccoskey S. Comparative Analysis of Full-Cycle Cost of Oil and Gas Exploration, Development and Production World-Wide[C]// SPE Middle East Oil and Gas Show and Conference, 2019.

[74] 瓦茨拉夫·斯米尔. 石油简史 [M]. 北京：中国经济出版社，2020.

[75] 胡森林，王佩云，林益楷，等. 百年石油中国策 [M]. 北京：石油工业出版社，2020.

[76] 刘强. 世界能源安全的中国方案 [M]. 北京：五洲传播出版社，2019.

[77] 白益民. 能源就是命脉 [M]. 北京：中国经济出版社，2018.

[78] 王能全. 石油的时代 [M]. 北京：中信出版社，2018.

[79] Melvin A Conant. The World Gas Trade[M]. Taylor and Francis, 2019.

[80] 中国期货业协会. 原油期货 [M]. 北京：中国财政经济出版社，2018.

[81] 闫建涛. 图解原油期货：300 张图说清原油期货 [M]，北京：石油工业出版社，2018.

[82] 闫建涛，刘小丽，姜学峰. 图解天然气：600 张图说清天然气行业和市场 [M]. 北京：石油工业出版社，2018.